*Otto Kaiser*

# Des Menschen Glück und Gottes Gerechtigkeit

Tria Corda

Jenaer Vorlesungen zu Judentum, Antike und Christentum

Herausgegeben von

Walter Ameling, Karl-Wilhelm Niebuhr und Meinolf Vielberg

1

Otto Kaiser

# Des Menschen Glück und Gottes Gerechtigkeit

## Studien zur biblischen Überlieferung im Kontext hellenistischer Philosophie

Mohr Siebeck

*Otto Kaiser*, geboren 1924; Professor emeritus für Altes Testament in Marburg; Ehrendoktor der Theologischen Fakultäten der Universitäten Jena, Tartu (Dorpat) und Salzburg; Träger der Burkit Medal for Biblical Studies der British Academy.

ISBN 978-3-16-149471-0
ISSN 1865-5629 (Tria Corda)

Die Deutsche Bibliothek verzeichnet diese Publikation in der Deutschen Nationalbibliographie; detaillierte bibliographische Daten sind im Internet über *http://dnb.d-nb.de* abrufbar.



Das Buch wurde von Martin Fischer in Tübingen aus der Garamond Antiqua gesetzt, von Gulde-Druck in Tübingen auf alterungsbeständiges Werkdruckpapier gedruckt und von der Buchbinderei Held in Rottenburg gebunden.

# Zu den Tria-Corda-Vorlesungen

*Tria corda* – drei Herzen – behauptete der lateinische Dichter Quintus Ennius (3./2. Jh. v. Chr.) in seiner Brust zu haben, weil er neben seiner Muttersprache, dem Oscischen, auch noch Griechisch und Latein beherrschte. So überliefert es Aulus Gellius in seinen „Attischen Nächten" (XVII 17). Die Vorlesungsreihe „Tria Corda. Jenaer Vorlesungen zu Judentum, Antike und Christentum" wird gemeinsam von den Lehrstühlen für Altes und Neues Testament der Theologischen Fakultät und vom Institut für Altertumswissenschaften der Philosophischen Fakultät der Friedrich-Schiller-Universität veranstaltet. Zu den beiden Sprachen der Klassischen Antike, die auch für das Frühjudentum in hellenistisch-römischer Zeit traditionsbildend wurden, tritt hier, anders als bei Ennius, noch das biblische Hebräisch. Aus drei Herzen belebt und bewegt, sind Judentum, Antike und Christentum bis heute prägend für unsere Kultur. An ihre Wurzeln zu gehen, ist Ziel der Tria-Corda-Vorlesungen.

Nach dem Vorbild der „Lectures" an englischen oder amerikanischen Universitäten präsentieren in den Jenaer Vorlesungen herausragende Gelehrte aus den Fachgebieten der Bibelwissenschaften und der Klassischen Altertumswissenschaften einem akademischen, aber nicht auf Fachgrenzen fixierten Publikum ihre Forschungsergebnisse. In knappen, prägnanten Monographien werden die Vorlesungen anschließend mit vollem wissenschaftlichem Apparat ausgestattet und publiziert. Je nach Eigenart der behandelten Themen und Quellen können hier auch längere Quellenzitate, in der Regel sowohl in Originalsprache als auch in moderner Übersetzung, dargeboten werden. Auf diese Weise werden die Leser nicht nur in Probleme und Fragestellungen der aktuellen Forschung zur hellenistisch-römischen Antike, zum antiken Judentum und zum frühen Christentum eingeführt, sondern zugleich auch zur eigenen Begegnung mit den Quellen angeregt.

Die Vorlesungsreihe ebenso wie die Publikation ihrer Erträge verdanken sich dem Zusammenwirken von Fachvertretern verschiedener Institute und Lehrstühle an der Friedrich-Schiller-Universität Jena, das weit über das in der Regel übliche oder wenigstens wünschenswerte Maß kollegialer Kontakte hinausgeht. Gemeinsame Forschungsprojekte und Graduiertenprogramme belegen das ebenso wie Kooperationen in der akademischen Lehre. Dieses Zusammenwirken ist aus der Einsicht geboren, dass die Geisteswissenschaften an den Universitäten im 21. Jahrhundert sich nicht allein auf die großen Traditionen ihrer Fächer seit Herausbildung der klassischen deutschen Universitätslandschaft im 19. und 20. Jahrhundert stützen können, sondern auf dieser Basis Fragestellungen aufzugreifen und Probleme zu bearbeiten haben, die nur im gemeinsamen Zugriff aus verschiedenen Blickwinkeln Erfolg versprechend zu bewältigen sind.

Durch diese Einschätzung soll keineswegs der Eindruck erweckt werden, Interdisziplinarität sei erst eine Erfindung unserer Tage. Was jedenfalls die Geisteswissenschaften betrifft, ist eher das Gegenteil der Fall. War für Philologen, Historiker und Theologen früherer Generationen die klassisch-humanistische Gymnasialbildung mit entsprechenden durchaus vertieften und differenzierten philologischen, historischen und religionsgeschichtlichen Kompetenzen die gemeinsame Grundlage, auf der Spezialisierungen der universitären Lehre und Forschung aufbauen konnten, so haben Umwälzungen im Bildungssystem ebenso wie Veränderungen in der öffentlichen Wahrnehmung von Wissenschaft dazu geführt, dass unsere Fächer in der Gefahr stehen, nur noch als „Orchideen" geschätzt zu werden, als hübsche Blumen, an denen man sich gelegentlich erfreuen mag, die man auch pflegen sollte, sofern man es sich leisten kann, die aber, wenn es knappe Ressourcen zu verteilen gilt, noch am ehesten als verzichtbar erscheinen.

Man muss heute vielleicht nicht Oscisch können, um sich an aktuellen Gesprächen über die Bedeutung von Geist und Materie für das Leben der Menschen in der globalen Zivilgesellschaft des 21. Jahrhunderts kompetent beteiligen zu können. Die Überlieferungen von Judentum, Antike und Christentum sind aber weit mehr als lediglich ein „kulturelles Erbe", das vielleicht noch eine Zeit lang in Ehren zu halten sei, dann aber nach und nach aufgebraucht werden könnte. Sie sind Prägungen, die auch heute wirksam sind bis in politische, ökonomische und gesellschaftliche Entscheidungsprozesse hinein, ob wir es im einzelnen wahrnehmen oder nicht – besser aber sollten wir es wahrnehmen und reflektieren!

In diesem Sinne wünscht sich die Reihe der Jenaer Tria-Corda-Vorlesungen Hörer und Leser, die mit wachen Sinnen die Bedeutung der Antike für die Gegenwart wahrnehmen und dort aufsuchen, wo sie uns am besten zugänglich ist: in den Quellen.

*Jena, im September 2007* *Die Herausgeber*

# Vorwort

Die vier hier veröffentlichten Aufsätze stellen die überarbeitete und erweiterte Fassung der Vorträge dar, die ich vom 3. bis zum 6. November 2003 auf Einladung der Theologischen und der Philosophischen Fakultät der Friedrich-Schiller-Universität Jena als Tria-Corda-Vorlesungen zu halten die Ehre hatte. Sie behandeln das Thema „Des Menschen Glück und Gottes Gerechtigkeit" in einem weiten Sinne, indem sie den Dialog, der innerhalb der hellenistischen Philosophie und durch sie angeregt im hellenistischen Judentum stattfand, nachzeichnen, der sich mit den Grundfragen der menschlichen Freiheit, der göttlichen Vorsehung, der Harmonie der Welt angesichts des Bösen und der Übel und nicht zuletzt mit der über dem Schicksal stehenden Freiheit des Menschen beschäftigte. Dabei stehen unter den philosophischen Stimmen die der frühen und mittleren Stoa deshalb im Vordergrund, weil beide in besonderer Weise auf den jüdischen Weisen Jesus Sirach und den jüdischen Philosophen Philo von Alexandrien eingewirkt haben, deren Dialog mit der hellenistischen Philosophie in den Vorträgen exemplarisch nachgezeichnet wird. Philo wurde deshalb als letztes Beispiel gewählt, weil sich bei ihm zeigt, daß die Universalisierung der Weisheit Gottes, als deren höchste Form Ben Sira und Philo das Gesetz vom Sinai verstanden haben, die Ausweitung des Geltungsanspruchs der Thora auf alle Völker zur Folge hatte, die freilich in der Verheißung von der Völkerwallfahrt zum Zion Mich 4,1–5 par Jes 2,2–5 eine biblische Wurzel besessen hat. Es läßt sich erkennen, daß der Aneignung philosophischer Konzepte bei den jüdischen Gelehrten Grenzen gesetzt waren, die in den ihnen eigenen selbstverständlichen Denkvoraussetzungen mit ihren biblischen Wurzeln begründet waren: Dazu gehören der Glaube an den absoluten Unterschied zwischen Gott dem Schöpfer und der Welt als seiner Schöpfung, an das am Sinai offenbarte Gesetz als umfassende Regelung des Lebens und an die dem Menschen verliehene Fähigkeit, dem Gesetz zu gehorchen. Doch wenn alle Weisheit von Gott ausgeht, erschien es Jesus Sirach wie Philo geboten, jene auf Elemente zu überprüfen, die ihre eigenen Glaubensgedanken bestätigten oder erweiterten. Das Judentum und das Christentum haben diesen Dialog bis in die Gegenwart hinein fortgesetzt und fortsetzen müssen, weil sich Existenz- und Weltauslegung des Menschen in der Zeit beständig wandeln. Würde der Prozeß der Auslegung der Schrift und der Bekenntnisse im Rückblick auf das Denken der Väter und im Umblick auf das der eignen Zeit willkürlich unterbrochen, verlören die biblischen Religionen die Möglichkeit, ihre Botschaft den Menschen ihrer Zeit verständlich zu machen. Verließen sie dabei ihre grundlegenden Voraussetzungen, so lösten sie sich im Belanglosen auf. Insofern sind die hier vorgelegten Ausführungen nicht allein von einem retrospektiven historischen Interesse, sondern auch von einem informativen und paradigmatischen geleitet. Daß sich ihr Verfasser um die in diesem Rahmen angebrachte und mögliche philologische Genauigkeit bemüht hat, wird der Fachmann den Noten entnehmen. Auf die Grundfragen unseres Lebens und Sterbens gibt es nicht beliebig viele Antworten. Daher verdienen die der Alten auch heute noch Gehör.

Mein Dank gilt noch einmal den beiden Fakultäten der Friedrich-Schiller-Universität Jena für die Einladung, den Professoren Dr. theol. Jürgen van Oorschot, Dr. theol. Uwe Becker, Dr. phil. Meinolf Vielberg und Dr. phil. Walter Ameling für ihre liebenswürdige Einleitung meiner Vorträge und anschließende Diskussionsführung. Zu danken habe ich an dieser Stelle besonders Herrn Kollegen Professor Dr. theol. habil. Karl-Wilhelm Niebuhr, der mich bei der Herstellung der Druckvorlage wesentlich unterstützt und sich mit seinen Helfern, von denen ich besonders Herrn stud. theol. et phil. Alexander Lucke erwähnen möchte, um das Buch verdient gemacht hat. Für alle verbliebenen Versehen und Irrtümer übernehme ich, wie es sich ziemt, die Verantwortung.

*Marburg, im Mai 2007* *Otto Kaiser*

# Inhaltsverzeichnis

# I. Determination und Freiheit in der Frühen Stoa und bei Jesus Sirach

## 1. Schicksal, Freiheit und Notwendigkeit als Grundprobleme der Auslegung menschlicher Existenz

Die Frage, ob und in welchen Grenzen der Mensch für sein Handeln verantwortlich ist, gehört nicht nur zu den grundlegenden Problemen der modernen Psychiatrie und Jurisprudenz, sondern beschäftigt den menschlichen Geist seit alters. Daher sind die einst gegebenen Antworten nicht nur von antiquarischem, sondern durchaus noch von aktuellem Interesse, weil ihre Beantwortung das Selbstverständnis des Menschen entscheidend bestimmt. Denn ob er sich dem Zusammenspiel der kosmischen Kräfte ausgesetzt und mit ihnen „ins unabsehlichr Große mit Welten über Welten und Systemen von Systemen überdem noch in grenzenlosen Zeiten ihrer periodischen Bewegung, deren Anfang und Fortdauer" verbunden und durch sie bestimmt denkt oder sich dank seiner Vernunft dem Anblick dieser Weltenmenge im stolzen Bewußtsein seiner Persönlichkeit gegenübergestellt weiß (weil ihn sein moralisches Bewußtsein über sie erhebt, indem es ihn für sein Tun und Lassen verantwortlich und mithin für frei erklärt),[1] stellt anthropologisch einen so gravierenden Unterschied dar wie den zwischen Himmel und Hölle. Denn im ersten Fall ist der Mensch

[1] I. Kant, Kritik der praktischen Vernunft, (288–290), 186.

eine denkende Maschine, im zweiten in seinem Denken und seinen Entscheidungen frei und verantwortlich. Der Beitrag der Stoiker zur Lösung dieses Problems besteht darin, daß es ihnen gelungen ist, die in der Freiheit des Denkens verwurzelte Wahlfreiheit und die alle kosmischen und irdischen Prozesse bestimmende Notwendigkeit zusammenzudenken.

Von ihnen werden wir im Folgenden den Begründer der in Athen in der Stoa Poikilē beheimateten und nach ihr benannten Schule Zenon von Kition (333/2–260 v. Chr.)[2] sowie seine Nachfolger Kleanthes von Assos (310–230/29 v. Chr.)[3] und Chrysippos von Soloi (ca. 280–207 v. Chr.),[4] aber auch M. Tullius Cicero (106–43 v. Chr.) als die uns erhaltene Hauptquelle[5] befragen und fallweise die beiden[6] römischen Stoiker L. Annaeus Seneca (4/1 ? v.–65 n. Chr.)[7]

---

[2] Zur Grundinformation über die ältere Stoa vgl. Forschner, Stoa, 24–39; zu Zenon knapp B. Inwood, Art. Zenon [2]. Z. von Kition, übers. von B. Strobel, DNP XII/2, 2003, 744–748 und ausführlich Steinmetz, Stoa, 518–554 (Daten nach Steinmetz, a. a. O.).

[3] Zur Grundinformation vgl. B. Inwood, Art. Kleanthes [2], übers. von J. Derlien, DNP VI, 1999, 499–500, und ausführlich Steinmetz, Stoa, 566–578.

[4] Zur Grundinformation vgl. B. Inwood, Art. Chrysippos [2], übers. von M. Mohr, DNP II, 1997, 1177–1183, und ausführlich Gould, Philosophy of Chrysipp, und jetzt Steinmetz, Stoa, 584–625.

[5] Zur Grundinformation vgl. K. Brodersen, Art. Cicero I: Historisch, DNP II, 1997, 1193–1196 und J. Leonhardt, Art. Cicero II. Als Redner und Schriftsteller, DNP II, 1997, 1196–1202 bzw. Görler, Cicero, 83–109, und ausführlich Seel, Cicero, bes. 378–407; Gelzer, Cicero, bes. 264–363; Fuhrmann, Cicero, bes. 204–230, und zumal Gawlick, Cicero, 892–1083, und Görler, Cicero-Philosophie, 1084–1168.

[6] Gegebenfalls werden auch die kaiserzeitlichen Stoiker Epiktet, Teles und Musonius berücksichtigt.

[7] Zur Grundinformation vgl. J. Dingel, Art. Seneca. [2]. L. Annaeus S., DNP XI, 2001, 411–419 bzw. Maurach, Seneca, 146–168 bzw. ausführlicher ders., Seneca. Leben.

und Kaiser Marcus Aurelius (188–217 n. Chr.)[8] heranziehen. Damit gewinnen wir nicht nur den Horizont für die spezifische Art der Verteidigung der menschlichen Freiheit durch die Stoiker, sondern werden zugleich mit wesentlichen Konzepten bekannt, deren sich der jüdische Weise Jesus Sirach bei seiner Verteidigung der jüdischen Gesetzesreligion als der Religion der praktischen Vernunft bediente.

## 2. Besitzt der Mensch Wahl- oder Willensfreiheit?

Doch ehe wir uns den Texten und Konzepten zuwenden, muß der Historiker an die vermutlich auf manchen ernüchternd wirkende Tatsache hinweisen, daß in dem antiken Denken der Wille als eine selbständige anthropologische Konstituente erst durch den afrikanischen Kirchenvater Augustinus eingeführt worden ist, während man bis dahin die Ursachen des Handelns als ein Zusammenspiel der sensitiven, voluntativen und noetischen Aspekte der Seele verstand.[9] Das sei kurz und knapp am Beispiel der aristotelischen Handlungstheorie vorgestellt:[10] Nach ihr wirken an dem Zustandekommen einer Handlung 1.) die ὄρεξις, das Streben, 2.) die vernünftige, die Ziele des Handelns setzende Beratung, die βούλευσις, die nicht den Schranken des Möglichen unterworfen ist, 3.) die an das ἐφ' ἡμῖν, an das für uns Mögliche gebundene προαίρεσις, die abwägende Entschließung oder Wahl, zusammen. Dabei ist die προαίρεσις, der Entschluß, die eigentliche ἀρχή oder

---

[8] Vgl. zu ihm W. Eck, Art. Marcus Aurelius, DNP VII, 1999, 870–875 bzw. Hadot, Mark Aurel, 199–213 und das Nachwort von Nickel zu seiner Ausgabe von Marc Aurel, Wege, 376–390.

[9] Vgl. dazu Dihle, Vorstellung vom Willen, bes. 31–78.

[10] Vgl. dazu den Anhang, unten 52–62.

Ursache des Handelns. In dem von ihr geltend gemachten ἐφ' ἡμῖν, dem, was in unserer Verfügungsgewalt steht, liegt die Begrenzung der menschlichen Freiheit auf die Wahlfreiheit beschlossen. Die Entscheidung des Wählenden wird allerdings nicht nur durch die äußeren Möglichkeiten, sondern auch durch den teils angeborenen, teils erworbenen Charakter bestimmt. Mithin beruht die Verantwortlichkeit des Menschen unbeschadet der Determination seines Charakters darauf, daß er selbst die Ursache seiner Entscheidung ist. Mithin erweisen sich Determination und Verantwortlichkeit als miteinander kompatibel. Besäße der Mensch Willensfreiheit im strengen Sinne, so müßte er selbst die *causa sui* sein, eine Möglichkeit, welche die platonischen Reinkarnationsmythen sichern sollten.[11] Andernfalls aber können wir nur von Wahlfreiheit reden. Sehen wir zu, wie es sich in dieser Beziehung mit der stoischen Handlungstheorie verhält.

## 3. Die stoische Handlungstheorie

Die stoische Handlungstheorie ist trotz ihres voluntaristischen Einschlages intellektualistisch. Die Erkenntnis kommt nach stoischer Ansicht so zustande, daß der Mensch sinnliche Wahrnehmungen (αἰσθήσεις) macht, deren Inhalt, die αἰσθητά, den Gegenstand der Vorstellung, der φαντασία, bilden.[12] Die Vorstellung repräsentiert mithin als ein Ein-

---

[11] Vgl. Plat. rep. X 617e 4–5: ἡ αἰτία ἑλομένου θεὸς ἀναίτιος („Die Schuld liegt bei dem Wählenden. Gott ist schuldlos.“).

[12] Vgl. dazu z. B. Zeller, Philosophie der Griechen, 71–88; Pohlenz, Die Stoa, 54–63; Long, Hellenistic Philosophy, 123–131; Rist, Stoic Philosophy, 219–232 und zu Zenon Steinmetz, Stoa, 528–554; zu Kleanthes ders., Stoa, 570 und zu Chrysipp ders., Stoa, 593–595.

druck in der Seele Dinge und Vorgänge der Außenwelt.[13] Sie ist unmittelbar der Wahrnehmung entnommen und erfüllt das Wahrheitskriterium, indem sie die Dinge genau wiedergibt, eine „ergreifende Vorstellung" (καταλεπτικὴ φανθασία) ist.[14] Erst durch das Ergreifen oder Erfassen (wir würden sagen: Verstehen), die κατάληψις, wird die Vorstellung als wirklichkeitsgetreu konstituiert.[15]

Zwischen dem Ergreifen der Vorstellung und der Handlung liegt ein Prozeß des Prüfens, der in einem Urteil (ἀξίωμα) in Gestalt der Zustimmung (συνκατάθεσις) oder der Ablehnung (τὸ ἀπαρνεῖσθαι) endet. Dieses Urteil kann wahr oder falsch sein. Die Entscheidung darüber fällt im Zweifelsfall die Dialektik mittels einer logischen Untersuchung. Die Wahl dessen, was zu tun ist, muß sich beim Menschen einerseits im Rahmen dessen vollziehen, was in seiner Verfügungsgewalt steht (ἐφ' ἡμῖν). Anderseits unterliegt sie, wenn die Handlung eine sittliche sein soll, dem Maßstab des „Geziemenden" oder der Pflicht, dem καθῆκον. Die Entscheidung selbst vollstreckt der Trieb oder das Streben (ὁρμή). Er ist allen Lebewesen als Antrieb ihrer Bewegung in artspezifischer Weise vorgegeben und als solcher vom Schicksal, der Heimarmenē, geschaffen.[16] Das

---

[13] Diog. Laert. VII 45–46.

[14] Vgl. die Zenon zugeschriebene Definition der Erkenntnis bei Sext. emp. adv. math. VII 151 (SVF I 68): ἐπιστήμην μὲν εἶναι τὴν ἀσφαλῆ καὶ βέβαιαν καὶ ἀμετάθετον ὑπὸ λόγου κατάληψιν. („Erkenntnis ist das sichere und feste und von der Vernunft nicht veränderbare Verständnis"). Die Übersetzungen stammen, soweit nicht anders angegeben, vom Verfasser.

[15] Vgl. dazu SVF I 55 (Cic. ac. 1 40–42); zur Schwierigkeit, die συνκατάθεσις, κατάληψις und ἐπιστήμη scharf zu unterscheiden, vgl. Görler, Erkenntnistheorie, 83–92 bzw. knapp Steinmetz, Stoa, 529.

[16] SVF II 979 (Alex. Aphr. de fato ep. 13). Daß die Stoiker den Menschen nicht nur als eine *anima rationale*, sondern auch als ein affektives,

erste Streben (πρώτη ὁρμή) ist allen Lebewesen gemeinsam. Es richtet sich auf die Selbsterhaltung. Es läßt daher nur das zu, was ihm nützt, und wehrt ab, was ihm schadet. Das setzt voraus, daß es eine Selbstwahrnehmung, eine συναίσθησις, oder ein Selbstverhältnis, eine συνείδησις, besitzt.[17] Dabei hat das Streben des Menschen seiner Art gemäß am λόγος teil. Dieser überformt den Trieb.[18] Das spezifische Streben des Menschen ist mithin von der Vernunft geleitet.[19] Will man es dem Kriterium der Nützlichkeit oder Schädlichkeit unterwerfen, so darf man nicht bei der Sinnlichkeit stehen bleiben, sondern muß die Gesichtspunkte der Vernünftigkeit und Geselligkeit beteiligen. Denn dem Menschen wohnt nicht nur ein denkendes Streben inne, sondern auch ein solches, das auf das Mit-sein aus ist:

*Quodque nemo in summa solitudine vitam agere velit ne cum infinita quidem voluptatum abundantia, facile intellegitur nos ad coniunctionem congregationemque hominum et ad naturalem communitatem esse natos.*

Da außerdem niemand in der völligen Einsamkeit sein Leben zu führen wünscht, nicht einmal in einer unendlichen Fülle an Lust,

---

alogisches Wesen verstanden, zeigt ihre Lehre von den Affekten; vgl. dazu SVF III 462 und Cic. Tusc. IV 10–26 und dazu Zeller, Philosophie der Griechen, 229–239 und Forschner, Ethik, 114–142. Die Aufgabe des Menschen ist es nach stoischer Ansicht, die alogischen Antriebe seiner Vernunft zu unterwerfen. Auf der Freiheit von den Affekten, der ἀπαθία, beruhen die Freiheit und das Glück des stoischen Weisen; vgl. dazu SVF I 207 (Cic. ac. 1 I 38) und dann Cic. parad. V: *Solum sapientem esse liberum et omnis stultum servum* (Nur der Weise ist frei und jeder Dummkopf ist ein Sklave [übers. Nickel]), 226–235.

[17] SVF III 178 (Diog. Laert. VII 85.86), Long/Sedley 57 A, I 346–347 (413)/II 343–344.

[18] Diog. Laert. VII 86.

[19] SVF III 179 (Plut. mor. 13, 1038 b) vgl. auch SVF II 724 bzw. Long/Sedley 57 E, I 348 (415)/II 345–364. Zur sogenannten Oikeioesis-Lehre der Stoiker vgl. Forschner, Ethik, 150–159.

so ergibt sich leicht, daß wir zur Verbindung und Geselligkeit der Menschen und zu einer naturgemäßen Vergesellschaftung geboren sind.[20]

Also müssen auch die Ziele seines Handelns seiner natürlichen Eigenart und seiner Stellung in einer von der göttlichen Vernunft gestalteten und allen Menschen gemeinsamen Welt entsprechen.

## 4. Die kosmische Theologie der Stoiker und die Ziele des Handelns

Will man die Bestimmung der Ziele des Handelns bei den Stoikern verstehen, muß man sich vorab wenigstens die Grundzüge ihrer kosmischen Theologie vergegenwärtigen. Ihre zentrale Überzeugung bestand darin, daß die Welt samt ihren Bewohnern ein von Zeus oder der göttlichen Vernunft, dem unsichtbaren und unsterblichen göttlichen *Logos* (λόγος) gestalteter, gelenkter und in allen seinen Teilen harmonisch ausgeglichener Kosmos ist.[21] Diesen den ganzen Kosmos durchdringenden Logos stellten sie sich ihrem grundsätzlich materialistischen Weltverständnis gemäß als einen feinstofflichen Hauch oder ein πνεῦμα vor.[22] Der gesamte kosmische Prozeß wird weiterhin durch die göttliche Vorsehung, die πρόνοια oder *providentia* ebenso bewirkt wie gesteuert, wobei sie sich dabei der ἀνάγκη oder *necessitas*, der Notwendigkeit bzw. der göttlichen Schicksalsfügung,

---

[20] Cic. fin. III 65 (Übers. Gigon/Straume-Zimmermann).

[21] Vgl. SVF II 1021 (Diog. Laert. VII 147), Long/Sedley 54 A, I 323 (385)/II 321 mit SVF II 318 (Orig. De oratione II, p.246 Delarue). Zu den kosmologischen Voraussetzungen der stoischen Theologie vgl. auch Gerson, God, 142–153.

[22] Vgl. dazu Moreau, L'âme du monde, 70–71 und 164–170.

der εἱμαρμένη (*heimarmenē*) oder des *fatum,* bedient.[23] Bei Chrysipp heißt es in seinen Büchern „Über die Jahreszeiten“, „Über das Schicksal“ bzw. „Über die Welt“:

„Εἱμαρμένη ἐστὶν ὁ τοῦ κόσμου λόγος“ ἢ „λόγος τῶν ἐν τῷ κόσμῳ προνοίᾳ διοικουμένων“ ἢ „λόγος καθ’ ὃν τὰ μὲν γεγονότα γέγονε, τὰ δὲ γινόμενα γίνεται, τὰ δὲ γενησόμενα γενήσεται.“

„Das Schicksal ist die Vernunft der Welt“ oder „die Vernunft der in der Welt durch die Vorsehung erfolgenden Akte“ oder „die Vernunft, gemäß der alle früheren Ereignisse entstanden sind, alle gegenwärtigen entstehen und alle zukünftigen entstehen werden“.[24]

Ähnlich heißt es bei Diogenes Laertios:

ἔστι δὲ εἱμαρμένη αἰτία τῶν ὄντων εἰρομένη ἢ λόγος καθ’ ὃν ὁ κόσμος διεξάγεται.

Es ist das Schicksal die Ursachenverknüpfung aller Dinge oder die Vernunft, gemäß der die Welt geleitet wird.[25]

Zur Sache äußert sich auch Cicero:

*fieri igitur omnia fato ratio cogit fateri. fatum autem id appello, quod Graeci εἱμαρμένην, id est ordinem seriemque causarum, cum causae causa nexa rem ex se gignat. ea est ex omni aeternitate fluens veritas sempiterna. quod cum ita sit, nihil est factum, quod non futurum fuerit, eodemque modo nihil est futurum, cuius non causas id ipsum efficientes natura contineat. ex quo intellegitur, ut fatum sit (non id quod superstitiose, sed id, quod physice dicitur) causa aeterna rerum,*

---

[23] Vgl. SVF II 913 (Stob. Ecl. I 79,1).

[24] Long/Sedley 55 M, I 337 (402)/II 337 (Stob I 79, 1–12). Die Übersetzungen stammen, soweit nicht anders angegeben, vom Verfasser.

[25] SVF II 915 (Diog. Laert. VII 149). Zur kosmologischen Theologie der Stoiker vgl. z. B. Zeller, Philosophie der Griechen, 118–152; Pohlenz, Die Stoa, 64–110; Gould, Philosophy of Chrysippus, 92–102; Long, Hellenistic Philosophy, 147–170; zu Zenon Steinmetz, Stoa, 534–54; zu Kleanthes ders., Stoa, 571–574 und zu Chrysipp ders., Stoa, 603–608 sowie Wicke-Reuter, Providenz und Verantwortung, 15–35.

*cur et ea, quae praeterierunt, facta sint et, quae instant, fiant et, quae sequuntur, futura sint.*

Daß nun alles durch das Schicksal bestimmt ist, dies einzugestehen zwingen uns Denken und Vernunft. Mit ‚Schicksal' aber meine ich das, was die Griechen mit dem Begriff *heimarmenē* erfassen, d. h. die Reihung und Verkettung der Ursachen, da eine Ursache, mit der anderen verknüpft, je eine Wirkung aus sich hervorgehen läßt. Das ist die aus aller Ewigkeit fließende, wesenhafte Notwendigkeit, die kein Ende kennt. Weil dies sich so verhält, gibt es nichts, das nicht als Zukünftiges vorher schon bestanden hätte, und ebenso wird es nichts geben, dessen Ursachen, die eben auf die betreffenden Wirkungen angelegt sind, die Natur nicht schon enthielte. Daraus kann man ableiten, daß als Schicksal – nicht dasjenige, welches man aufgrund abergläubischer, sondern das, welches man aufgrund naturwissenschaftlicher Vorstellungen so bezeichnet – das ewige ursächliche Gesetz aller Dinge zu gelten hat, dem zufolge das Vergangene geworden ist, das Gegenwärtige wird und das Zukünftige sein wird.[26]

Als ein harmonisch gestaltetes Ganzes ist der Kosmos von der göttlichen Vorsehung mittels der *heimarmenē,* des Schicksals, so gestaltet, daß er alle Bedürfnisse seiner Bewohner und an erster Stelle die der Götter und Menschen erfüllt:

*Quorum igitur causa quis dixeret effectum esse mundum? Eorum scilicet animantium, quae ratione utuntur; hi sunt di et homines; quibus profecto nihil est melius; ratio est enim, quae praestat omnibus. Ita fit credibile deorum et hominum causa factum esse mundum, quaeque in eo mundo sint omnia.*

Für wen also soll die Welt geschaffen sein? könnte jemand fragen. Doch wohl für lebende Wesen, die Denkvermögen besitzen; das aber sind die Götter und die Menschen, zweifellos die vollkommensten Wesen, die es gibt, denn es ist gerade die Fähigkeit, denken zu können, die über allem steht. Deshalb wird es auch

[26] Cic. div. I 125–126 (Übers. Schäublin).

glaubhaft, daß die Welt und alles, was in ihr ist, der Götter und der Menschen wegen geschaffen ist.[27]

Daher ist der Kosmos gleichsam das gemeinsame Haus der Götter und Menschen:

*Restat, ut doceam atque aliquando perorem omnia, quae sint in hoc mundo, quibus utantur homines, hominum causa facta esse et parata … Est enim mundus quasi communis deorum atque hominum domus aut urbs utrorumque; soli enim ratione utentes iure ac lege vivunt.*

Ich habe nur noch zu beweisen, und damit zum Schluß zu kommen, wie alle Dinge der Welt, aus denen die Menschen ihren Nutzen ziehen, allein um der Menschen willen geschaffen und eingerichtet sind. […] Das Weltall ist sozusagen das gemeinsame Heim der Götter und Menschen oder eine Stadt für beide; denn nur sie sind imstande zu denken und nach Recht und Gesetz zu leben.[28]

Die generelle Handlungsanweisung der Stoiker geht auf den Akademiker Polemon (314–270/69 v. Chr.), den Lehrer Zenons zurück.[29] Ihre Grundformel lautete wohl lediglich ὁμολογουμένως ζῆν („übereinstimmend leben"). Sie setzt das Selbstverständnis des Menschen als Teil des vom Logos durchwalteten Ganzen voraus: Wenn der Mensch in Übereinstimmung mit der Weltvernunft lebt, so lebt er richtig. Um diesen Zusammenhang zum Ausdruck zu bringen, hat Zeno die Formel alsbald um das eingeschaltete τῇ φύσει („der

[27] Cic. nat. deor. II 133 (Übers. Gerlach/Bayer).

[28] Cic. nat. deor. II 154 (Übers. Gerlach / Bayer). Vgl. dazu erschöpfend Cic. nat. deor. II 155–168, aber auch schon 81–153.- Zu den Anfängen der teleologischen Naturbetrachtung vgl. Theiler, Geschichte der Naturbetrachtung, und zur stoischen Teleologie Wicke-Reuter, Providenz und Verantwortung, 19–31.

[29] Vgl. Cic. fin. II 34, zu Polemon K.H. Stanzel, Art. Polemon [1], DNP X, 2001, 6, und zum Folgenden Forschner, Ethik, 212–226 sowie Steinmetz, Stoa, 541–542.

Natur“) erweitert, so daß sie lautet: „in Übereinstimmung mit der Natur leben“.[30] Dabei ist die *Physis*, die Natur, „die in der Welt wirkende Gestalterin“.[31] Aber auch damit gab sich Zenon angesichts der Vieldeutigkeit des Naturbegriffs nicht zufrieden, sondern hat das Ziel des Handelns schließlich als ein κὰτ᾽ ἀρετὴν ζῆν, als ein „der Tugend gemäßes Leben“ bestimmt.[32] Daher ist die Pflicht (τὸ κατόρθῆκον bzw. τὸ κατόρθωμα) mit einem der Natur gemäßen und tugendhaften Leben identisch.[33] Oder anders ausgedrückt: Die Ziele des Handelns müssen mit einem der allgemeinen Vernünftigkeit der Welt harmonierenden tugendhaften Leben übereinstimmen.[34] Das aber schließt ein, daß sich die jeweiligen Handlungen mit vernünftigen Gründen rechtfertigen lassen.[35] Als Beispiele für der Vernunft widerstrebende und mithin pflichtwidrige Akte nennt Diogenes Laertius[36] in seinem Referat über die Ethik Zenons, die Eltern zu vernachlässigen, sich gleichgültig gegen Brüder zu verhalten,

---

30 Vgl. SVF III 16 (Stob, II 77,16) bzw. Long/Sedley 63 A, I 394 (470–471)/II 389).

31 Steinmetz, Stoa, 542.

32 SVF I 180 (Clem. Al. strom. II 21) und zu den drei Formeln SVF III 16 bzw. Long/Sedley 63 A, I 394 (470–471)/II 389.

33 Zur Unterscheidung zwischen dem sittlich Guten und Schlechten und Handlungen, die als „gleichgültige“ (ἀδιάφορα) und d. h. weder als gut noch schlecht bezeichnet werden, weil sie nicht in das Gebiet der Sittlichkeit fallen, vgl. Zeller, Philosophie der Griechen, 217–219 bzw. Pohlenz, Die Stoa, 121–123 und zum Verhältnis zwischen dem Wert der Handlungen, ihrer Entsprechung auf der Ebene der Güter und Werte und der Qualifikation der Menschen die Tabelle bei Steinmetz, Stoa, 546.

34 Vgl. dazu Gould, Philosophy of Chrysippus, 168–172.

35 Diog. Laert. VII 107.

36 Vgl. zu ihm D.T. Runia, Art. Diogenes [17] Laertios, übers. von T. Heinze, DNP III, 1997, 601–603.

Freunden nicht entgegenzukommen[37] und das Vaterland zu verachten.[38] Nicht anders als bei Platon[39] stand das Ehren der Götter und nach ihnen der Eltern auch bei den Stoikern unter den sittlichen Pflichten an erster Stelle.[40]

Die eine Tugend oder „Bestform" (ἀρετή) aber läßt sich nach Zenon gemäß ihren Aspekten und in Übereinstimmung mit dem klassischen Kanon in die vier Einzeltugenden der φρόνησις oder Einsicht, der ἀνδρεία oder Tapferkeit, der σωφροσύνη oder Besonnenheit und der δικαιοσύνη oder Gerechtigkeit einteilen.[41] Dabei beziehen sich die Einsicht und die Gerechtigkeit auf Gut und Böse, die Tapferkeit auf Einsicht beim Handeln, die Besonnenheit auf Entscheidungen und die Gerechtigkeit aber auf Einsicht beim Verteilen.[42] Doch wer eine Tugend besitzt, hat zugleich alle; denn sie bilden eine einheitliche Lebenshaltung.[43] Weil alle Menschen Vernunft besitzen, ist die ganze Welt ihre Polis und sind sie alle Kosmopoliten:

Εἰ τὸ νοερὸν ἡμῖν κοινόν, καὶ ὁ λόγος, καθ' ὃν λογικοί ἐσμεν, κοινός· εἰ τοῦτο, καὶ ὁ προστακτικὸς τῶν ποιητέων ἢ μὴ λόγος κοινός. εἰ τοῦτο, καὶ ὁ νόμος κοινός εἰ τοῦτο, πολῖταί ἐσμεν. εἰ τοῦτο, πολιτεύματός τινος μετέχομεν εἰ τοῦτο, ὁ κόσμος ὡσανεὶ πόλις ἐστί τίνος γὰρ ἄλλου φήσει τις τὸ τῶν ἀνθρώπων πᾶν γένος κοινοῦ πολιτεύματος μετέχειν; ἐκεῖθεν δέ, ἐκ τῆς κοινῆς ταύτης πόλεως, καὶ αὐτὸ τὸ νοερὸν καὶ λογικὸν καὶ νομικὸν ἡμῖν. ἢ πόθεν; ὥσπερ γὰρ τὸ γεῶδές μοι ἀπό τινος γῆς ἀπομεμέρισται καὶ

---

[37] Diog. Laert. VII 108.

[38] SVF III 469 (Diog. Laert. VII 109).

[39] Vgl. Plat. leg. IV 716d 4–718a 6.

[40] Diog. Laert. VII 120.

[41] Long/Sedley 61 C, I 378 (451)/II 375–376 (Plut. mor. 7, 1034 e); vgl. auch Diog. Laert. VII 92 und zur Geschichte der griechischen Moral- und Tugendvorstellungen Adkins, Merit and Responsibility, sowie F. Renaud, Art. Tugend, DNP XII/1, 2002, 894–896.

[42] Plut. mor. 7, 1034 e, vgl. Diog. Laert. VII 92.

[43] Diog. Laert. VII 125.

τὸ ὑγρὸν ἀφ' ἑτέρου στοιχείου καὶ τὸ πνευματικὸν ἀπὸ πηγῆς τινος καὶ τὸ θερμὸν καὶ πυρῶδες ἔκ τινος ἰδίας πηγῆς (οὐδὲν γὰρ ἐκ τοῦ μηδενὸς ἔρχεται, ὥσπερ μηδ' εἰς τὸ οὐκ ὂν ἀπέρχεται), οὕτω δὴ καὶ τὸ νοερὸν ἥκει ποθέν.

Wenn uns das Denkvermögen gemeinsam ist, dann ist uns auch die Vernunft, durch die wir vernünftig sind, gemeinsam. Wenn das zutrifft, dann ist auch die Vernunft, die uns bestimmt, was zu tun ist oder nicht, uns allen gemeinsam. Trifft das zu, so ist auch das Gesetz uns allen gemeinsam. Wenn das richtig ist, dann sind wir alle Bürger. In diesem Fall haben wir teil an einer Art von Staatswesen. Wenn dies zutrifft, dann ist der Kosmos gewissermaßen ein Staat. Denn zu welchem gemeinsamen Staatswesen, so könnte jemand fragen, sollte das ganze Menschengeschlecht sonst gehören? Von dort aber, d. h. aus diesem gemeinsamen Staat, haben wir unser Denkvermögen, unser vernünftiges Wesen und unser Bedürfnis nach dem Gesetz. Oder woher sonst?[44]

Die Gerechtigkeit aber ist das in der ganzen Kosmopolis geltende Gesetz (νόμος), das mit dem Walten des göttlichen Logos identisch ist;[45] denn der Nomos, das wahre Gesetz, ist seinem Wesen nach keine menschliche Satzung (θέσις), sondern eine der Natur immanente Ordnung.[46]

Den vier Tugenden entsprechen die vier ihr genaues Gegenteil darstellenden Laster der ἀφροσύνη oder Unvernunft, der δειλία oder Feigheit, der ἀδικία oder Ungerechtigkeit und der ἀκολασία oder Unbesonnenheit.[47] Da das Glück von der Leidenschaftslosigkeit der Seele, der ἀπαθία (*apathía*), abhängt, kann das Glück nur in einem besonnenen und

[44] M. Aur. IV 4 (Übers. Nickel).

[45] Vgl. Cic. nat. deor. I 36; Diog. Laert. VII 88, SVF I 162 (Sch. Lucan. II 9); SVF III 312 (Cic. fin. III 71).

[46] SVF III 308 (Diog. Laert. VII 128). Zum geschichtlichen Hintergrund der Antithese vgl. Heinimann, Nomos und Physis.

[47] Vgl. zum Folgenden Zeller, Philosophie der Griechen, 240–263; Pohlenz, Die Stoa, 131–141; Long, Hellenistic Philosophy, 184–205 und Forschner, Ethik, 171–182.

mithin tugendhaften Leben bestehen. Die entscheidenden Güter sind für den Stoiker die inneren und nicht die äußeren. Zu den inneren Gütern aber zählen die Tugenden und die ihr entsprechenden Handlungen. So sind die Tugenden zugleich Mittel zu einem glücklichen Leben und Ziel des glücklichen Lebens, weil sie es vollenden.[48]

Daher vermag allein der Weise glücklich zu sein und sich über alle Mißhelligkeiten seines Lebens hinwegzusetzen, denn der Weise lebt ohne Leidenschaften.[49] Denn in dem Bewußtsein, richtig und gut zu handeln und so mit der göttlichen Weltvernunft übereinzustimmen und ihrem Gesetz zu entsprechen,[50] steht er über der τύχη, dem Zufall. Daher ist sein Glück durch äußere Einflüsse nicht zerstörbar.[51] Das schließt freilich nicht aus, daß der Stoiker heiratet und Kinder zeugt[52] und einen großen Freundeskreis für eine gute Mitgift fürs Leben hält;[53] denn ein einsames Leben stünde im Widerspruch zu seiner geselligen und zum tätigen Leben bestimmten Natur.[54] Da der wahre Weise um Gut und Böse weiß und dank seiner inneren Freiheit der eigentliche König

---

[48] Diog. Laert. VII 95–98.

[49] Diog. Laert. VII 117 und dazu Pohlenz, Die Stoa, 153–158; Gould, Philosophy of Chrysippus, 172–176 und Long, Hellenistic Philosophy, 205–207 sowie unten, 83 zu SVF I 449.

[50] Vgl. dazu Zeller, Philosophie der Griechen, 226–229.

[51] Vgl. dazu Cic. parad. II 16–19: Ὅτι αὐτάρκης ἡ ἀρετὴ πρὸς εὐδαιμονίαν. In quo virtus sit, ei nihil deesse ad beate vivendum. („Niemandem, der die Tugend besitzt, fehlt etwas zum glücklichen Leben.“)

[52] Diog. Laert. VII 121. Zur Bedeutung der zwischenmenschlichen Beziehungen bei den Stoikern vgl. Zeller, Philosophie, 292–311, ferner Long, Hellenistic Philosophy, 197–199.

[53] Diog. Laert. VII 124. Zur freundschaftlichen Liebe zu den Jünglingen, die durch ihre äußere Erscheinung ihre innere Verwandtschaft zur Tugend zu erkennen geben, vgl. Diog. Laert. VII 129.

[54] Diog. Laert. VII 123.

ist,[55] sollte er sich auch politisch betätigen, um dem Bösen zu wehren und zur Tugend anzuregen.[56] So steht der Stoiker einem Soldaten Gottes gleich auf seinem Posten und erhebt sich in schwierigen Situationen über sein Schicksal, indem er sich auf seine innere Freiheit besinnt. So notierte sich der Stoiker auf dem Kaiserthron Mark Aurel:

Ὁ πόνος ἤτοι τῷ σώματι κακόν. οὐκοῦν ἀποφαινέσθω. ἢ τῇ ψυχῇ ἀλλ' ἔξεστιν αὐτῇ τὴν ἰδίαν αἰθρίαν καὶ γαλήνην διαφυλάσσειν καὶ μὴ ὑπολαμβάνειν, ὅτι κακόν. πᾶσα γὰρ κρίσις καὶ ὁρμὴ καὶ ὄρεξις καὶ ἔκκλισις ἔνδον καὶ οὐδὲν κακὸν ὧδε ἀναβαίνει.

Der Schmerz ist entweder für den Körper ein Übel – dann soll er es zeigen – oder für die Seele. Doch sie hat die Möglichkeit, sich die ihr eigentümliche Heiterkeit und Ruhe zu bewahren und nicht anzunehmen, daß er ein Übel ist. Jedes Urteil, jeder Wunsch, jedes Verlangen und jede Ablehnung entsteht in uns, und nichts kommt von außen herein.[57]

Fordert es sein Dienst, so kann er um seines Vaterlandes und seiner Freunde willen seinem Leben ein Ende setzen. Überfordert ihn sein Dienst durch unerträgliche Leiden, so steht ihm der Ausgang ebenfalls frei.[58]

So heißt es bei Teles in seinem Traktat „Von der Selbstgenügsamkeit":

ὥσπερ <ὁ> ἀγαθὸς ὑποκριτὴς εὖ καὶ τὸν πρόλογον εὖ καὶ τὰ μέσα εὖ καὶ τὴν καταστροφήν, οὕτω καὶ ὁ ἀγαθὸς ἀνὴρ εὖ καὶ τὰ πρῶτα τοῦ βίου εὖ καὶ τὰ μέσα εὖ καὶ τὴν τελευτήν. καὶ ὥσπερ ἱμάτιον τρίβωνα γενόμενον ἀπεθέμην καὶ οὐκέτι ἐφόρουν, οὕτως καὶ τὸν βίον ἀβίωτον γενόμενον οὐ. παρέλκω οὐδὲ φιλοψυχῶ, ἀλλὰ μὴ δυνάμενος ἔτι εὐδαιμονεῖν ἀπαλλάτομαι.

---

55 Diog. Laert. VII 122, vgl. Plat. rep. V 473c 11 – d 5.

56 Diog. Laert. VII 121.

57 M. Aur. VIII 28 (Übers. Nickel).

58 SVF III 757 (Diog. Laert. VII 130), Long/Sedley 66 H, I 425 (508)/II 421.

Wie der gute Schauspieler nicht nur den Prolog, sondern auch die Mitte und den Schluß des Stückes vorzüglich spielt, so verbringt auch der anständige Mensch Anfang, Mitte und Ende des Lebens auf würdige Weise. Und wie ich einen Mantel, der schäbig geworden ist, ablege und nicht weitertrage, so versuche ich auch mein Leben, wenn es unerträglich geworden ist, nicht weiter hinzuschleppen. Ich klebe nicht am Leben, sondern wenn ich nicht mehr glücklich sein kann, befreie ich mich davon.[59]

Seneca läßt die Vorsehung selbst diese Möglichkeit aufzeigen:

*„At multa incidunt tristia horrenda, dura toleratu." Quia non poteram vos istis subducere, animos vestros adversus omnia armavi: ferte fortiter. Hoc est quo deum antecedatis: ille extra patientiam malorum est, vos supra patientiam. Contemnite paupertatem: nemo tam pauper vivit quam natus est. Contemnite dolorem: aut solvetur aut solvet. Contemnite mortem: quae vos aut finit aut transfert. Contemnite fortunam: nullum illi telum quo feriret animum dedi. 7 Ante omnia cavi ne quis vos teneret invitos: patet exitus. Si pugnare non vultis, licet fugere.*

„Aber viel Trauriges und Schreckliches, schwer zu Ertragendes geschieht." Weil ich euch dem nicht entziehen konnte, habe ich eure Herzen gegen alles gewappnet: tragt es tapfer. Das ist es, womit ihr Gott übertrefft: er befindet sich außerhalb des Erleidens von Übeln, ihr über dem Erleiden. Verachtet die Armut: niemand lebt so arm, wie er geboren ward. Verachtet den Schmerz: entweder löst er sich oder er erlöst euch. Verachtet den Tod: entweder schenkt er euch das Ende oder bringt euch hinüber. Verachtet das Schicksal: keine Waffe ist ihm gegeben, mit der es eure Seelenstärke zerschlagen kann. (7) Vor allem habe ich sicher gestellt, daß euch niemand gegen euren Willen festhält; der Weg aus dem Leben steht offen: wenn ihr nicht kämpfen wollt, könnt ihr fliehen.[60]

---

[59] Teles II 16 (*Peri Autarkeias*) Von der Selbstgenügsamkeit (Übers. Nickel); vgl. zu ihm J. Renger, Art. Tennes [2], DNP XII/1, 2002, 135–136.

[60] Sen. prov. VI 6–7 (Sen. dial. I 6, 6–7), Übers. Krüger. Vgl. dazu

## 5. Das Problem der Kompatibilität von Notwendigkeit und Wahlfreiheit

Nach seinem Selbstverständnis ist der stoische Weise der in die Struktur der Welt und ihres Verlaufes eingeweihte Aristokrat. Anders als die ahnungslose Menge weiß er zudem, daß er zu der Gemeinschaft derer gehört, die wissen, daß die ganze Welt eine einzige, von Göttern und Menschen bewohnte Polis ist:

*Mundum autem censent regi numine deorum, eumque esse quasi communem urbem et civtatem hominum et deorum.*

Von der Welt aber lehren sie, daß sie durch Götter regiert würde als sei sie gleichsam eine gemeinsame Stadt und ein gemeinsamer Staat der Götter und Menschen.[61]

Deren Bürgerrecht aber erwerben und bewahren sie, indem sie an dem wahren und richtigen Denken, dem ὀρθὸς λόγος, und damit am göttlichen Gesetz, dem νόμος θεῖος, teil haben.[62] Aber nun kommt die von den Gegnern gesehene Achillesferse: Sind diese Freiheitshelden nach ihrer eigenen Lehre nicht lediglich Marionetten der Vorsehung und des Schicksals? Denn, wenn alles gemäß ihrer eigenen Lehre durch die *Heimarmenē,* das Schicksal, bestimmt ist, dann ist der Mensch weder für seinen Charakter, noch für die Umstände, in denen er sich befindet, noch für seine Taten verantwortlich. Diese Folgerung aber widerspricht ebenso dem gesunden Menschenverstand wie den bürgerlichen

---

auch Zeller, Philosophie der Griechen, 313–318 und Rist, Stoic Philosophy, 233–255 sowie unten, 89.

[61] SVF III 333 (Cic. fin. III 64). Vgl. auch SVF III 338 (Cic. rep. I 19).

[62] Vgl. SVF III 338 (Cic. rep. I 19); vgl. auch SVF III 337 (Philo. opif. 143).

Gesetzen, die den Bösen wegen seiner schlechten Taten bestrafen und den Guten für seine guten belohnen. Auf diesem Widerspruch beruht die witzige Anekdote, die Diogenes Laertius über Zenon und seinen Sklaven berichtet: Als Zenon eines Tages einen Sklaven wegen eines Diebstahls mit Geißelhieben züchtigte, habe der gerufen: „Es war vom Schicksal so bestimmt, ich mußte stehlen!" Daraufhin aber habe Zenon geantwortet: „Auch gepeitscht werden!"[63]

Eins steht jedenfalls fest: Würde der Mensch unter Berufung auf die Fatalität alles Geschehens das Handeln unterlassen, so könnte er nicht leben. Doch wer so argumentierte, würde sich des sog. „faulen Argumentes", des ἀργὸς λόγος, bedienen.[64] Wenn zum Beispiel ein Kranker erklärte, er wolle keinen Arzt aufsuchen, da es vorherbestimmt sei, ob er genesen oder sterben werde, so unterläge er damit einem Kurzschluß. Denn es ist zwar richtig, daß der Mensch, wenn es vom Fatum so bestimmt ist, mit oder ohne Mitwirkung eines Arztes entweder gesund wird oder stirbt.[65] Aber da der Kranke weder das eine noch das andere weiß, noch wissen kann,[66] würde es sich um ein hybrides Verhalten handeln. Denn es ist fraglos, daß der Mensch seinem Trieb, seiner vernunftgeleiteten ὁρμή gemäß so

---

[63] Diog. Laert. VII 23.

[64] Cic. fat. 28. Zur Analyse der Argumentation in fat. 28–29 vgl. Bobzin, Determinism and Freedom, 182–217.

[65] Cic. fat. 28–29.

[66] Die Stoiker waren allerdings der Überzeugung, daß die Mantiker dazu in der Lage seien, und nahmen daher deren Auskünfte als Argumente für die Existenz der Götter und des Fatums in Anspruch; vgl. dazu z. B. SVF II 1192 (Cic. div. I 82); SVF II 912 (Plut. mor. 11, 574d); zu ihren Arten Cic. div. I 117 und zu ihrer Funktionsweise Cic. div. 118; vgl. dazu auch Zeller, Philosophie der Griechen, 345–355; Pohlenz, Die Stoa, 106–108 bzw. ders., Stoa und Stoiker, 99–102.

handeln muß und normalerweise auch so handeln kann, als hingen Erfolg und Mißerfolg seiner Unternehmungen allein von ihm selbst ab.[67] Das Schicksal des Menschen vollzieht sich mittels seiner Handlungen, aber nicht an ihnen vorbei. Doch damit ist zwar die Notwendigkeit des Menschen zu handeln festgestellt, aber noch nicht bewiesen, daß der Mensch tatsächlich für sein Tun verantwortlich ist.

Nach dem Zeugnis des im späten 2.Jh. n. Chr. in Rom lebenden Schriftstellers Aulus Gellius[68] erkannten die Gegner der Stoiker unschwer die verheerenden Folgen, die sich aus der Annahme einer durchgehenden Determination des Handelns für das menschliche Zusammenleben ergeben würden, weil damit den mit der Verantwortung des Menschen rechnenden Gesetzen ihre Grundlage entzogen würde. Denn, so referiert Gellius:

*„Si Chrysippus," inquiunt, „fato putat omnia moveri et regi nec declinari transcendique posse agmina fati et volumnia, peccata quoque hominum et delicta non suscensenda neque inducenda sunt ipsis voluntatibusque eorum, sed necessitate cuidam et instantiae, quae oritur ex fato, omnium quae sit rerum domina et arbitra, per quam necesse sit fieri, quicquid futurum est; et propterea nocentium poenas legibus inique constitutas, si homines ad maleficia non sponte veniunt, sed fato trahuntur."*

„Wenn Chrysippus" so sagten sie, „der Meinung ist, daß alles vom Fatum in Bewegung gesetzt und regiert wird, und daß man des Schicksals Lauf und Wandel nicht ausweichen noch umgehen kann, dann soll man sich auch nicht über die Verfehlungen und Vergehen der Menschen erregen noch sie ihnen und ihrem sinnlichen Hang anrechnen, sondern einer gewissen Unvermeidbarkeit und einem Zwang, die vom Fatum ausgehen, welches die Herrin

[67] Vgl. dazu unten, 27.

[68] Vgl. zu ihm und seinem einzigen überlieferten Werk, den „Attischen Nächten", H. Krasser, Art. Gellius [6] A.G., DNP IV, 1998, 896–897.

und entscheidende Macht über alles ist und bewirkt, daß alles was in der Zukunft liegt, notwendig geschehen wird. Deshalb ist auch die durch die Gesetze festgelegte Bestrafung der Missetäter unangemessen, wenn die Menschen nicht freiwillig zu ihren Missetaten kommen, sondern durch das Fatum gezwungen werden."[69]

Zunächst gestand Chrysipp ein, daß die Menschen nach dem ihnen vorgegebenen Charakter handeln:

*„Quamquam ita sit," inquit, „ut ratione quadam necessaria et principali coacta atque conexa sint fato omnia, ingenia tamen ipsa mentium nostrarum proinde sunt fato obnoxia, ut proprietas eorum est ipsa et qualitas. Nam si sunt per naturam primitus salubriter utiliterque ficta, omnem illam vim, quae de fato extrinsecus ingruit, inoffensius tractabiliusque transmittunt. Sin vero sunt aspera et inscita et rudia nullisque artium bonarum adminiculis fulta, etiamsi parvo sive nullo fatalis incommodi conflictu urgeantur, sua tamen scaevitate et voluntario impetu in assidua delicta et in errores se ruunt. Idque ipsum ut ea ratione fiat, naturalis illa et necessaria rerum consequentia efficit, quae fatum vocatur. Est enim genere ipso quasi fatale et consequens, ut mala ingenia peccatis et erroribus non vacent."*

„Wenn es sich," so sagte er, „so verhält, daß alles auf eine gewisse notwendige und zumal zwanghafte Weise durch das Fatum miteinander verbunden ist, stammen demnach auch unsere angeborenen Charaktereigenschaften vom Fatum einschließlich ihrer Eigenart und Beschaffenheit. Denn wenn sie von Natur aus zuerst zuträglich und nützlich gebildet sind, werden sie ungehindert und mühelos mit den äußeren, schicksalhaften Zwängen fertig. Sofern sie jedoch ungestüm, ungeschickt, ungebildet und durch keinen Beistand guter Fertigkeiten erleuchtet sind, stürzen sie sich selbst im Fall einer kleinen und in keiner Weise verhängnisvollen Begebenheit aufgrund seiner Mißlichkeit mit freiem Entschluß in einschlägige Vergehen wie Irrtümer. Was also immer je auf seine Weise geschieht, bewirkt jene natürliche und notwendige Abfolge der Dinge, die man „Fatum" nennt. Es ist nämlich auf seine eigene

[69] SVF II 1000 (Gell. VII 2, 5).

Weise gleichsam schicksalhaft und angemessen, daß schlechte Charaktere nicht frei von Vergehen und Irrtümern bleiben."[70]

Dann aber suchte Chrysipp am Beispiel einer von einem Menschen auf die Erde geworfenen und auf ihr weiterrollenden steinernen Walze zu zeigen, daß man zwischen dem äußeren Anstoß und der inneren Selbstbestimmung unterscheiden müsse:

*„Sicut," inquit, „lapidem cylindrum si per spatia terrae prona atque derupta iacias, causa quidem ei et initium praecipitantiae feceris, mox tamen ille praeceps volvitur, non quia tu id iam facis, sed quoniam ita sese modus eius et formae volubilitas habet: sic ordo et ratio et necessitas fati genera ipsa et principia causarum movet, impetus vero consiliorum mentiumque nostrarum actionesque ipsas voluntas cuiusque propria et animorum ingenia moderantur."*

„Wenn du," so sagte er, „einen zylindrischen Stein auf eine geneigte und abschüssige Erdbahn wirfst, so bist Du gewissermaßen die Ursache und der Anfang seines Sturzes; sobald sich jener jedoch abwärts dreht, (tut er das ) nicht, weil du es so machst, sondern weil es der Art seiner Umdrehungsweise entspricht: es ist die vernünftige Ordnung und die schicksalhafte Notwendigkeit selbst, gemäß den Arten selbst und den Anfängen der Bewegung. Die Anstöße unserer mentalen Entschlüsse und Handlungen selbst (entstammen) eines jeden eigener Wahl und werden durch die angeborenen Charaktere bestimmt."[71]

Der Mann, der den Stein hinwirft, gibt also lediglich den Anstoß, ohne den sich dieser nicht bewegen würde. Ist er aber von außen in Bewegung gesetzt, so bewegt er sich mit Notwendigkeit gemäß seiner eigenen Gestalt. Entsprechend

---

[70] SVF II 1000 (Gell. VII 2, 7); vgl. zum Folgenden auch die sorgfältige Analyse der Argumentation von Bobzin, Determinism and Freedom, 250–258.

[71] SVF II 1000; vgl. Long/Sedley 62 D (Gell. VII 2, 11); vgl. auch SVF II 974, vgl. Long/Sedley 62 C (Cic. fat. 42–43) und dazu Bobzin, Determinism and Freedom, 258–271.

verhält es sich auch mit dem Handeln des Menschen: Angestoßen durch äußere oder innere Herausforderungen fällt er seine Entscheidungen und handelt dabei gemäß seinem eigenen Charakter. Weil er aber die Ursache seines Handelns ist, ist er auch dafür verantwortlich.

Nach Ciceros Referat[72] ging Chrysipp noch einen Schritt weiter; denn hier erklärt er bei der Auslegung des Beispiels, daß die Wahrnehmung des Menschen zwar in analoger Weise von einem äußeren Eindruck hervorgerufen werde, sie aber erst durch die im Bereich unserer Verfügungsgewalt (ἐφ' ἡμῖν) stehende Zustimmung (*adsensio* oder συγκατάθεσις) zu einem der Seele eingeprägten Bild (einer Vorstellung oder φαντασία) werde. Entscheidend ist also die Betonung des ἐφ' ἡμῖν, dessen, was in den Bereich unserer Möglichkeiten fällt. Auch für den charakterlich bereits festgelegten Menschen gibt es die Möglichkeit, sinnlichen Reizen zuzustimmen oder sie zu unterdrücken und vernünftigen Überlegungen zu folgen. Der visuelle Eindruck, die sinnliche Reizung ist also eine auslösende, aber damit noch keineswegs eine vollkommene oder selbständige Ursache; denn der Mensch hat teil am göttlichen Logos und besitzt die Fähigkeit, seine Wahrnehmungen zu kontrollieren und seine Urteile dialektisch zu überprüfen.[73]

Doch damit sind wir schon bei der Unterscheidung der Ursachen angekommen, die Chrysipp vorgenommen hat, um den Raum für die Verantwortlichkeit des Menschen freizuhalten. Nach Ciceros Referat unterschied er zwischen den folgenden vier, in zwei Paaren geordneten Ursachen: 1.) den *causae perfectae et principales* und 2.) den *causae adiuvantes*

---

[72] Cic. fat. 43. Zu Ciceros eigenem Verständnis des Kausalproblems in *De fato* 41–45 und in den *Topica* 58–61 vgl. Sharpies, Causes and Conditions, 247–271.

[73] Vgl. dazu oben, 6.

*et proximae*.[74] Unglücklicherweise ging man bis vor wenigen Jahrzehnten davon aus, daß hier nicht vier verschiedene Ursachen genannt werden, sondern nur zwei, die durch ein Hendiadyoin bezeichnet würden. Das erste Paar der *causae perfectae et principales* übersetzte man entsprechend mit „vollkommene und hauptsächliche Ursachen" bzw. zusammenziehend mit „vollkommene Hauptursachen". Das zweite Paar der *causae adjuvantes et proximae,* der „unterstützenden und nächsten Ursachen" aber übersetzte man ebenso als „helfende Nebenursachen."

Schema I:
1. *causae perfectae et principales* = vollkommene Hauptursachen
2. *causae adiuvantes et proximae* = helfende Nebenursachen

Doch seit Modestus van Straaten nachgewiesen hatte, daß es sich in Wahrheit nicht um ein Hendiadyoin, sondern um zwei Begriffspaare handelt,[75] und Woldemar Görler sich noch einmal der Untersuchung der Terminologie angenommen und dabei ein funktionsgerechtes (hier leicht abgewandeltes) Bild der chrysippischen Lehre von den Ursachen entworfen hat,[76] ist der knappe, von Cicero referierte Text um vieles verständlicher geworden.

Chrysipp unterscheidet zunächst zwischen zwei Arten von Ursachen, nämlich „vollkommenen" und „unterstützenden". Zu den vollkommenen rechnet er die „ersten" oder „von Anfang an wirkenden" (so ist das *principales* gemäß dem Sprachgebrauch Ciceros zu übersetzen)[77] und zu den *adiuvantes* die „nächsten" Ursachen. Durch den Vergleich der bei Clemens Alexandrinus bezeugten griechischen

---

[74] Cic. fat. 41.
[75] Van Straaten, Menschliche Freiheit, 501–518, vgl. bes. 510–511.
[76] Görler, Hauptursachen, 254–274.
[77] Vgl. ebd., 255 mit Anm. 2.B.

Terminologie[78] lassen sich die griechischen Äquivalente wie folgt bestimmen: Die *causa perfecta* entspricht dem αἰτίον αὐτοτελές, der „selbständigen Ursache",[79] die *causa principalis* dem αἰτίον προκαταρκτικόν,[80] der „anfänglichen Ursache". Die *causa adiuvans* aber ist natürlich mit dem αἰτίον συνεργικόν, der „mitwirkenden Ursache", und die *causa proxima* dem αἰτίον συνεκτικόν, der „verbindenden Ursache", identisch.

Schema II
1a: *causa perfecta*: vollkommene oder selbständige Ursache
αἰτίον αὐτοτελές
1b: *causa principalis*: anfängliche oder vorbereitende Ursache
αἰτίον προκαταρκτικόν
2a: *causa adiuvans*: unterstützende oder mitwirkende Ursache
αἰτίον συνεργικόν
2b: *causa proxima*: nächste oder verbindende Ursache
αἰτίον συνεκτικόν

Doch was bedeutet das innerhalb der stoischen Erkenntnis- und Handlungstheorie? Das αἰτίον προκαταρκτικόν, die „vorbereitende" oder Anfangsursache, bildet nach dem Referat von Clemens den ersten Ausgangspunkt und die Voraussetzung für alles weitere Geschehen. Anthropologisch entspricht sie dem Charakter des Menschen. Im Rahmen der Erkenntnis- und Handlungstheorie ist sie mit der Wahrnehmung (αἴσθησις) gleichzusetzen. Die mitwirkende Ursache hätte dann die Brückenfunktion zwischen der Wahrnehmung und der Zustimmung und wäre daher mit der Vorstellung (φαντασία) identisch. Fügt man die

[78] SVF II 346 (Clem. Al. strom. VIII 9), vgl. van Straaten, Menschliche Freiheit, 519.

[79] Görler, Hauptursachen, 258.

[80] Vgl. van Straaten, Menschliche Freiheit, 611 und Görler, Hauptursachen, 258–259.

κατάληψις, das „Ergreifen" oder die „Feststellung", ein, statt sie gegen Görler wiederum mit der Vorstellung zu identifizieren, so ist sie die letzte in der Kausalkette und zugleich die *causa proxima* oder das *αἰτίον συνεκτικόν*, die „verbindende Ursache".[81] Sie stellt dem Urteil der Zustimmung (συγκατάθεσις) als der selbständigen oder vollkommenen Ursache das Material zur Verfügung, indem sie in einem bestimmten Moment des Vorstellungsstroms „Halt!" sagt, so daß diese ihr positives oder negatives Urteil fällen und gegebenenfalls dem Antrieb, der ὁρμή (*hormē*), den Handlungsauftrag erteilen kann.

Schema III
1b *causa principalis*: vorbereitende Ursache: Wahrnehmung (αἴσθησις)
2a *causa adiuvans*: mitwirkende Ursache: Vorstellung (φαντασία)
2b *causa proxima*: verbindende Ursache: Feststellung (κατάληψις)
1a *causa perfecta*: selbständige Ursache: Zustimmung (συγκατάθεσις)

Mithin ist die *συγκατάθεσις* oder Zustimmung mit dem *αἰτίον αὐτοτελές*, der „selbständigen Ursache", identisch. Der Mensch ist selbst die *αἰτία*, die Ursache seines Handelns und daher für es verantwortlich. Seine Wahl aber setzt das Spiel mit den Möglichkeiten voraus, über deren Verwirklichung die „Zustimmung" entscheidet. Denn Möglichkeiten können realisiert werden oder nicht. Doch wenn eine von ihnen realisiert ist, so ist sie damit zu einer notwendigen geworden.[82] Die Überlegungen, die zur Entscheidung führen, nehmen an dem freien Spiel mit den Möglichkeiten

[81] Görler, Hauptursachen, 268.

[82] Cic. fat. 14, vgl. dazu auch Reesor, Fate and Possibility, 285–297, bes. 289; dies., Necessity and Fate, 187–202, bes. 190–191 und Bobzin, Determinism and Freedom, 146–150.

teil. Ist die Entscheidung getroffen, so ist sie samt ihren Folgen notwendig geworden.

Steht nun dieses abwägende Spiel mit den Möglichkeiten, das notwendig die Bedingung der Zustimmung oder Ablehnung für die nachfolgende Realisierung einer Vorstellung ist, nach Chrysipps Überzeugung außerhalb des von ihm wie von seinen Lehrern und Nachfolgern vertretenen Satzes, daß alles auf Grund des Fatums geschieht? Die Antwort, die er in dem von Cicero wiedergegebenen Zitat gibt, erhellt hinreichend, inwiefern der Mensch bei seinen Entschließungen vom Fatum abhängig ist.[83] Anhand des Walzenbeispiels erklärt er zunächst, daß die Zustimmung zu dem gehört, was im Bereich unserer Verfügungsgewalt liegt (*sed adsensio nostra erit in potestate*). Dann aber stellt er durchaus folgerichtig fest, daß ein einziger Fall, in dem eine Folge ohne Ursache eintrete, den Satz falsifiziere, daß alles aufgrund des Fatums geschähe (*omnia fato fieri*). Anschließend stellt er die Frage, wie man beweisen wolle, daß der Satz, daß alles aufgrund einer Ursache geschehe, falsch sei, wenn die Wahrscheinlichkeit für seine Gültigkeit spreche. Eine sachgemäße Erinnerung an die unterschiedliche Bestimmung (*distinctio*) und Verschiedenheit (*dissimilitudo*) der Ursachen reiche als Beweis aus. Ihr Unterschied besteht eben darin, daß die ersten drei Ursachen in Gestalt der Wahrnehmung, der Vorstellung und der Feststellung der vierten und allein einem vernünftigen Wesen eigentümlichen, der „selbständigen Ursache", dem αἰτίον αὐτοτελές, den Anstoß geben: Sie reagiert auf diesen von außen (oder innen) kommenden ersten Impuls dank der ihr eigenen Denk- und Urteilsfähigkeit auf ihre charakteristische Weise.

---

83 Cic. fat. 43.

Das ist völlig logisch gedacht. Denn ohne irgendeine Herausforderung würde der Mensch weder denken noch handeln. Beides aber liegt so offensichtlich im Bereich unserer Möglichkeiten, fällt (um es in der antiken Fachsprache zu sagen) unter das ἐφ' ἡμῖν, das, was in unserer Macht steht, daß es unsinnig wäre, diese Selbstbewegungen des menschlichen Geistes zu leugnen. Die nötigen „Denkanstöße" gliedern den Menschen aber trotzdem in den schicksalhaften Teppich der universalen Verknüpfung der Ursachen ein. Wir unterliegen dabei allenfalls einer inneren, in unserem Charakter liegenden Notwendigkeit, aber stehen prinzipiell nicht unter äußerem Zwang.

Der in den ersten Jahrzehnten des 2. Jh.s n. Chr. berühmte und zum Spott neigende kynische Philosoph Oinomaos von Gadara[84] fand für die stoische Position die griffige Formel, daß der Mensch als eine Mischung und Zusammensetzung aus dem, was bei ihm liege, und dem, was der Verknüpfung unterstehe, in seinem Besten und Schönsten nur halbfrei (ἡμίδουλον) sei.[85] Cicero selbst aber behauptet, daß Chrysipp die *motus animorum,* die Bewegungen der Seelen, vom Zwang der Notwendigkeit habe frei wissen wollen, sich aber dabei in solche Schwierigkeiten verwickelt habe, daß das Gegenteil herausgekommen sei.[86] Diese negativ gemeinten Urteile basieren auf einer unzureichenden Reflexion über die condition humaine, der gemäß der Mensch trotz seiner Fähigkeit zur Selbstbestimmung nicht der absolute Herr seiner selbst ist. Immerhin reicht seine Denk- und Urteilsfähigkeit aus, ihn für sein Tun und Lassen verantwortlich zu machen. Oder mit anderen Worten gesagt: Es

[84] Vgl. zu ihm M.-O. Goulet-Cazé, Art. Oinomaos [2], DNP VIII, 2000, 1146.

[85] Vgl. SVF II 978.

[86] Cic. fat. 39.

ging Chrysipp darum, die Wahlfreiheit des Menschen und seine auf ihr beruhende Verantwortlichkeit, nicht aber das Phantom einer Willensfreiheit zu beweisen.[87]

Empirisch aber besteht (nicht nur nach stoischer Überzeugung) ein gravierender Unterschied zwischen dem Menschen, der sein Schicksal akzeptiert, und dem, der sich dagegen sträubt: Wer seiner eigensten Notwendigkeit seine Zustimmung erteilt, ist innerlich frei und mit dem Schicksal versöhnt. Wer sich gegen es auflehnt, überwindet die schicksalhafte Selbstentfremdung nicht, sondern leidet unter ihr und ihren Folgen. Bei Hippolyt, dem zu Beginn des 3. Jh.s n. Chr. in Rom lebenden griechisch-christlichen Schriftsteller,[88] findet sich ein schönes, von der Tradition auf Zenon oder Chrysipp zurückgeführtes Gleichnis von den zwei vor einen Wagen gespannten Hunden: Von ihnen läuft der eine freiwillig mit, während sich der andere sträubt und trotzdem von dem Wagen mitgerissen wird.[89] Überträgt man das Gleichnis auf die stoische συγκατάθεσις, die Zustimmung, wie es das diesen Teil beschließende Zitat eines kleinen Gebets des Kleanthes rechtfertigt, so gleicht der Weise dem ersten Hunde: Er akzeptiert sein eigenes Geschick als Teil des großen, von der göttlichen Vernunft mittels der Vorsehung und der Notwendigkeit bewirkten universalen Zusammenhanges der Welt und ist damit der wahre und einzige Freie. Der Tor aber sträubt sich und wird doch von dem Wagen des Fatums mitgerissen. Das Gebet des Kleanthes aber lautet:

---

[87] Vgl. dazu auch Bobzin, Determinism and Freedom, 308–309 und 355 sowie zum ausschließlich politschen Gebrauch des Wortes ἐλευθερία in der Frühen Stoa 339–341.

[88] Vgl. zu ihm E. Wirbelauer, Art. Hippolytos [2] H. von Rom, DNP V, 1998, 602–604.

[89] Hippolyt. philos. 21 (SVF II 975).

ἄγου δέ μ', ὦ Ζεῦ, καὶ σύ γ' ἡ Πεπρωμένη,
ὅποι ποθ' ὑμῖν εἰμι διατεταγμένος·
ὡς ἕψομαί γ' ἄοκνος· ἢν δέ γε μὴ θέλω,
κακὸς γενόμενος, οὐδὲν ἧττον ἕψομαι.

Führe mich du, o Zeus, und Schicksal auch du,
auf den Wegen, die ihr mir bestimmt.
Ich folge euch ohne Zaudern. Wollte ich nicht,
wäre ich schlecht, folgen müßte ich doch![90]

Seneca aber hat es in seiner Nachdichtung auf die berühmte Formel gebracht:

*Ducunt volentem fata, nolentem trahunt.*

Es führt den Willigen das Schicksal,
den Unwilligen schleppt es mit.[91]

Und der Chor in Senecas Oedipus singt:

*Fatis agimur; cedite fatis.*
*non sollicitae possunt curae*
*mutare rati stamina fusi.*
*quidquid patimur mortale genus,*
*quidquid facimus venit ex alto,*
*servatque suae decreta colus*
*Lachesis nulla revoluta manu.*
*omnia secto tramite vadunt*
*primusque dies dedit extremum.*
*non illa deo vertisse licet*
*quae nexa suis currunt causis.*
*it cuique ratus prece non ulla*
*mobilis ordo. multis ipsum*
*metiusse nocet, multi ad fatum*
*venere suum dum fata timent.*

---

[90] SVF I 527 (Epikt. man. 53).

[91] SVF I 527 (Sen. epist. 107, 11). Zur Arbeitsweise Senecas vgl. Dahlmann, Nochmals, 342–351.

Vom Schicksal getrieben, weichet dem Schicksal.
Kein ängstliches Sorgen kann
ändern die Fäden der sicheren Spindel.
Was immer wir Sterblichen leiden,
was immer wir tun, es kommt von oben,
und hütet ihre Beschlüsse des Rockens
Lachesis, wendet sie keine Hand.
Alles verläuft auf bestimmten Bahnen,
und es bestimmt der erste Tag auch den letzten.
Keinem Gott steht es frei das zu ändern,
was eilig gemäß seiner Gründe geschieht.
Was jedem bestimmt ist, geschieht, ohne daß
ein Gebet es ändert. Vielen selbst
schadet die Furcht, viele verfallen
dem Schicksal, obwohl sie es fürchten.[92]

## 6. Göttliche Weisheit und menschliche Wahlfreiheit bei Ben Sira

### *6.1. Die universale und die spezielle Weisheit bei Ben Sira*[93]

Bei einem jüdischen Schreiber des frühen 2.Jh.s v. Chr. können wir keine analytische Handlungstheorie erwarten, wie wir sie bei den Stoikern kennengelernt haben. Das literarische *genus,* in dem er sich bewegt, ist die weisheitliche Lehrrede. Sie dient, wie ihr Name zu erkennen gibt, der Belehrung und bedient sich als ihrer Aufbauelemente in reiner oder begründeter Form des einfachen oder des komparativen Wahrspruchs, des Mahnwortes oder Rats, der

[92] Sen. Oed. 980–994.

[93] Zum Buch Jesus Sirach und seinem Verfasser vgl. Marböck, Sirach, 79–96 (ders., Weisheit und Frömmigkeit, 15–29); ders., Weiser an der Wende, 65–75; Kaiser, Apokrpyhen, 79–96; ders., Weisheit für das Leben, 123–157.

Abmahnung (Vetitiv), des Verbotes, der didaktischen Frage, des Rätsels und des Zahlenspruchs. Sie kann sich jedoch auch der poetischen Mittel der lehrhaften Aretalogie[94] und des Hymnus bedienen. Dabei heben sich immer wieder Einzelsprüche dank ihrer Prägnanz wie funkelnde Edelsteine von ihrer metallenen Fassung von ihrem Kontext ab und weisen damit auf die Herkunft der Lehrrede aus Einzelsprüchen zurück.

Charakteristisch für das Denken Ben Siras ist seine Unterscheidung zwischen einer generell allen Menschen und einer speziell nur Israel verliehenen Erkenntnis. Die generelle, allen Menschen zugängliche Weisheit besteht nach seiner Überzeugung darin, daß Gott ihnen allen Anteil an seiner Weisheit gibt, mit der er Himmel und Erde geschaffen hat, die spezielle freilich hat er nur Israel verliehen (Sir 1,1–10):[95]

1 Πᾶσα σοφία παρὰ κυρίου
καὶ μετ᾿ αὐτοῦ ἐστιν εἰς τὸν αἰῶνα.
2 ἄμμον θαλασσῶν καὶ σταγόνας ὑετοῦ
καὶ ἡμέρας αἰῶνος τίς ἐξαριθμήσει;
3 ὕψος οὐρανοῦ καὶ πλάτος γῆς
καὶ ἄβυσσον καὶ σοφίαν τίς ἐξιχνιάσει;
4 προτέρα πάντων ἔκτισται σοφία
καὶ σύνεσις φρονήσεως ἐξ αἰῶνος.
6 ῥίζα σοφίας τίνι ἀπεκαλύφθη;
καὶ τὰ πανουργεύματα αὐτῆς τίς ἔγνω;
8 εἷς ἐστιν σοφός, φοβερὸς σφόδρα,
καθήμενος ἐπὶ τοῦ θρόνου αὐτοῦ.
9 κύριος αὐτὸς ἔκτισεν αὐτὴν
καὶ εἶδεν καὶ ἐξηρίθμησεν αὐτὴν

[94] Zu den Grundformen weisheitlicher Rede vgl. Kaiser, Einleitung, 374–376; ders., Weisheit für das Leben, 149–156 und weiterhin Klein, Kohelet, 67–120. Zur Aufnahme von Elementen aus der Isis-Aretalogie in Sir 24 vgl. Marböck, Weisheit im Wandel, 47–54.

[95] G ist der Hauptzeuge, S der Nebenzeuge.

καὶ ἐξέχεεν αὐτὴν ἐπὶ πάντα τὰ ἔργα αὐτοῦ,
10 μετὰ πάσης σαρκὸς κατὰ τὴν δόσιν αὐτοῦ,
καὶ ἐχορήγησεν αὐτὴν τοῖς ἀγαπῶσιν[96] αὐτόν.

1 Alle Weisheit kommt vom Herrn
und bleibt bei ihm in Ewigkeit.
2 Der Sand des Meeres und die Regentropfen
und die Tage der Ewigkeit – wer kann sie zählen?
3 Die Höhe des Himmels und die Breite der Erde
und die Tiefe des Meeres[97] – wer kann sie ergründen?
4 Als erste von allen wurde die Weisheit geschaffen
und die verständige Einsicht von Ewigkeit her.[98]
6 Die Wurzel der Weisheit – wem wurde sie offenbart?
Und ihre Allwissenheit – wer hat sie erkannt?[99]
8 Einer ist weise,[100] zu fürchten gar sehr,
er sitzt auf seinem Thron: der Herr![101]
9 Er schuf sie, sah sie und zählte sie
und goß sie aus über all seine Werke.[102]
10 Sie findet sich bei allem Fleisch nach seiner Gabe,
und er verlieh sie reichlich denen, die ihn lieben.[103]

---

[96] Die Handschriften der Lukianischen Rezension und der Syrer lesen vermutlich unter dem Einfluß von V. 11 φοβουμένοις („denen, die ihn fürchten").

[97] Zur Auslassung des καὶ σοφίαν („und die Weisheit") vgl. den Überlieferungsbefund bei Sapientia Iesu Filii Sirach, ed. J. Ziegler, 128, und Rickenbacher, Weisheitsperikopen, 9.

[98] V. 5 ist erst in der G-II Tradition belegt und wird daher hier nicht berücksichtigt.

[99] Für V. 7 gilt dasselbe wie für V. 5.

[100] Vgl. aber Rickenbacher, Weisheitsperikopen, 9, der das Wort für sekundär hält; mit Recht anders z. B. Skehan/Di Lella, Wisdom of Ben Sira, 138–139 und Wicke-Reuter, Providenz und Verantwortung, 203–204.

[101] Das κύριος gehört mit L und S noch zu V. 8.

[102] Zur Zusammenziehung von 9 b und c in ein Kolon vgl. L und S und Wicke-Reuter, Providenz und Verantwortung, 203 Anm. 83.

[103] An der Lesart von G und L ist gegen die von S („ihn fürchten") festzuhalten.

Denken wir an die stoische kosmische Theologie, nach welcher der göttliche Logos, die Weltvernunft, als Geist den ganzen Kosmos durchdringt und die Menschen unmittelbar an ihm teilhaben, so liegt der Schluß nahe, daß Ben Sira bei seiner Konzeption der generellen Zuteilung der Weisheit an alles Fleisch, und das heißt hier: an alle Menschen, von der stoischen Lehre beeinflußt ist.[104] Andererseits war die Verbindung der Weisheit mit der Schöpfung bereits in den Buch der Sprüche Salomos vorgegeben. Dort heißt es (Prov 8,22–31):

22 Jahwe hat mich geschaffen am Anfang seines Weges,
als erstes der Geschöpfe von alters her.
23 Von Ewigkeit an bin ich geformt,
vom Beginn der Urzeit der Erde,
24 als es noch keine Fluten gab, wurde ich geboren,
als noch keine wasserreichen Quellen waren.
25 Bevor die Berge eingesenkt wurden,
ehe die Hügel waren, wurde ich geboren.
26 Als er Land und Fluren noch nicht gemacht,
noch die ersten Schollen der Erde.
27 Als er den Himmel schuf, war ich dort,
und als er den Erdkreis gründete über der Flut.
28 Als er droben die Wolken befestigte,
als die Quellen des Meeres stark waren.
29 Als er dem Meer seine Grenze setzte,
daß die Wogen nicht über seinen Rand liefen,
als er die Grundfesten der Erde festsetzte,
30 war ich bei ihm, dem Werkmeister,[105]
und war ‚sein Ergötzen' Tag um Tag,

[104] Vgl. dazu Marböck, Weisheit im Wandel, 93–94; Kaiser, Anknüpfung und Widerspruch, 54–69, bes. 58–60 (ders., Weisheit, 201–216, bes. 205–207); Collins, Jewish Wisdom, 60–61 und Wicke-Reuter, Providenz und Verantwortung, 202–206 und 220–223.

[105] Zur Konstruktion und Interpretation vgl. Müller, Proverbien, 236–237 Anm. 2 und Neher, Wesen und Wirken, 47–48.

als ich vor ihm spielte zu jeder Zeit,
31 als ich spielte auf seinem Erdenrund
und die Menschen mein Ergötzen waren.

Man darf sich durch das poetische Pathos nicht täuschen lassen: Die Weisheit ist hier weder als Hypostase Gottes noch sonst als eine reale Person vorgestellt, sondern wie in Prov 8,1–11.12–21 eine poetische Personifikation. Während in 8,1–21 auf diese Weise der Besitz der Weisheit als Voraussetzung für jeden Erfolg und alles Gelingen bezeichnet wird,[106] geht es in 8,22–31 um die Versicherung, daß Gott die Welt weise erschaffen hat.[107] Im Hintergrund dieser Aussage steht Ps 104,24:[108]

Wie zahlreich sind deine Werke, Jahwe,
du hast sie alle mit Weisheit gemacht,
und voll ist die Erde von deinen Geschöpfen.

Das Neue bei Ben Sira besteht mithin nicht in der Vorstellung, daß Gott seine Werke mit Weisheit geschaffen hat, sondern in der abgeleiteten Feststellung, daß er allen Menschen an seiner Weisheit Anteil gegeben hat. Damit ist die Verantwortungsfähigkeit des Menschen gesichert. Aber das eigentliche Interesse liegt nicht in der Anthropologie an sich, sondern an ihrer Bedeutung für die Soteriologie. Denn der Hymnus erreicht sein Ziel erst im letzten Kolon, in 1,10b: Die Rede von der allgemeinen Verleihung der Weisheit durch Gott an alle Menschen (V. 10a) ist hier auf die spezielle zugespitzt: Das volle Maß der göttlichen Weisheit hat Gott reichlich nur denen gegeben, die ihn

---

[106] Vgl. dazu Neher, Wesen und Wirken, 32–44.

[107] Vgl. Neher, Wesen und Wirken, 58–59 und zur Personifikation der Weisheit auch die Übersicht von Murphey, Personification of Wisdom, 222–233.

[108] Vgl. Neher, Wesen und Wirken, 49.

lieben, und das sind nach Ex 20,6 par Dtn 5,10 und Dtn 10,12 die, die seine Gebote halten. Die universale Weisheit wird durch die Offenbarung der Tora am Sinai als ihrem Inbegriff überboten.[109] Sie ist der besondere, allein Israel gegebene Anteil Gottes an seiner Weisheit. Damit ist der stoische Gedanke, daß alle Menschen am göttlichen Logos teilhaben, dem biblischen Glauben an die Erwählung Israels angepaßt: Die Juden besitzen ein beträchtliches Mehr an göttlicher Weisheit als alle Völker. Denn nur ihnen ist das „Gesetz des Lebens" gegeben (Sir 17,11).[110]

Diese Sonderstellung Israels kommt auch in der Aretaologie zum Ausdruck, die Sirach der personifizierten Weisheit in Sir 24 in den Mund legt:[111] Sie erklärt in den V. 10–17, daß sie auf dem Zion eingesetzt worden sei, in dem Eigentumsvolk des Herrn Wurzeln geschlagen habe und prächtig emporgewachsen sei. Ihrem Charakter als Wegweiserin zu einem gelingenden Leben gemäß empfiehlt sie sich in den V. 19–22 damit, daß wer von ihren Früchten esse, nicht mehr

---

[109] Vgl. auch Sir 17,1–10 mit 11–14.

[110] Den in der Logik des Textes liegenden nächsten Schritt hat erst Philo vollzogen, indem er das Gesetz des Moses mit dem kosmischen νόμος identifizierte (Phil. Opif. 1–3) und in der Konsequenz die Patriarchen als „lebende Gesetze" charakterisierte, die das Gesetz hielten, noch ehe es am Sinai offenbart war (Phil. Abr. 3–6); vgl. dazu Termini, Historical Part, 265–287, bes. 278–287.

[111] Vgl. dazu Conzelmann, Mutter der Weisheit, 225–234, bes. 228–233 und zuletzt Neher, Wesen und Wirken, 78–88, der zu Recht verneint, daß die Rede von der Weisheit in 1,1–10 und 24,1–34 mehr als eine poetische Personifizierung ist. Welche Schwierigkeiten es dem Verfasser der Weisheit Salomos bereitete, das Wesen und Wirken der Weisheit als Vermittlerin zwischen Gott und Menschen so zu beschreiben, daß dadurch der biblische Monotheismus nicht beschädigt wurde, zeigt schon eine sorgfältige Analyse von SapSal 1,1–10; vgl. dazu Neher, Wesen und Wirken, 89–98.

hungern, und wer auf sie höre, nicht zuschanden würde.[112] Dann aber lüften die V. 23 und 25–29 ihr eigentliches Geheimnis, indem sie unumwunden erklären, daß es um die göttliche Gabe des Gesetzes geht, das Israel eine Weisheit schenkt, die so überquellend ist, wie das Wasser der die Welt befruchtenden, aus dem Paradies kommenden Ströme[113] nach den Frühlings- und Herbstregenfällen:[114]

23 Ταῦτα πάντα βίβλος διαθήκης θεοῦ ὑψίστου,
νόμον ὃν ἐνετείλατο ἡμῖν Μωυσῆς
κληρονομίαν συναγωγαῖς Ιακωβ,
25 ὁ πιμπλῶν ὡς Φισων σοφίαν
καὶ ὡς Τίγρις ἐν ἡμέραις νέων,
26 ὁ ἀναπληρῶν ὡς Εὐφράτης σύνεσιν
καὶ ὡς Ιορδάνης ἐν ἡμέραις θερισμοῦ,
27 ὁ ἐκφαίνων ὡς φῶς παιδείαν,
ὡς Γηων ἐν ἡμέραις τρυγήτου.
28 οὐ συνετέλεσεν ὁ πρῶτος γνῶναι αὐτήν,
καὶ οὕτως ὁ ἔσχατος οὐκ ἐξιχνίασεν αὐτήν·
29 ἀπὸ γὰρ θαλάσσης ἐπληθύνθη διανόημα αὐτῆς
καὶ ἡ βουλὴ αὐτῆς ἀπὸ ἀβύσσου μεγάλης.

23 Das alles (gilt vom) Buch des Bundes des höchsten Gottes,
von dem Gesetz, das uns Mose aufgetragen hat
als Erbe für die Gemeinden Jakobs.[115]

---

[112] Vgl. Prov 3,13–20.

[113] Vgl. Gen 2,10–14. Zur hier vorliegenden Interpretation der Weisheit als Gesetz und den Vergleichen mit den Paradiesesströmen vgl. Marböck, Weisheit im Wandel, 77–79.

[114] Das Kapitel ist in den hebräischen Textfragmenten nicht überliefert. G und S sind die Hauptzeugen.

[115] Das Mahnwort in V. 24: „Laßt nicht ab, stark zu sein im Herrn, haltet an ihm fest, damit er euch stärkt. Der allmächtige Herr allein ist Gott, und außer ihm gibt es keinen Retter." gehört zur G-II-Tradition und fehlt auch in S. Zum bequemen Vergleich des syrischen Textes steht inzwischen eine spanische und englische Übersetzung von Nuria Calduch-Benages, Joan Ferrer und Jan Liesen zur Verfügung.

25 Voll Weisheit ist es wie der Pischon
und wie der Tigris in der Frühlingszeit.[116]
26 Wie der Eufrat fließt es über von Einsicht,
und wie der Jordan zur Erntezeit.[117]
27 Wie der Strom[118] strahlt es Bildung aus
und wie der Gichon zur Lesezeit.
28 Der Erste kam nicht zu Ende, sie zu erkennen,
und der Letzte wird sie nicht voll begreifen.
29 Denn voller als das Meer ist ihr Wissen
und ihr Rat als des Urmeers Tiefe.[119]

Kein Wunder also, daß Ben Sira seinen Schülern den Rat gibt (Sir 1,26):[120]

πιθυμήσας σοφίαν διατήρησον ἐντολάς,
καὶ κύριος χορηγήσει σοι αὐτήν.

Begehrst du Weisheit, so halte die Gebote,
und der Herr wird sie dir reichlich geben.

Denn wer versucht, die mehr als sechshundert Gebote der Tora zu halten, diszipliniert sein ganzes Leben und Denken. Dem entsprechend lautet der Wahrspruch (Sir 21,11):[121]

Ὁ φυλάσσων νόμον κατακρατεῖ τοῦ ἐννοήματος αὐτοῦ,
καὶ συντέλεια τοῦ φόβου κυρίου σοφία.

Wer das Gesetz hält, beherrscht seine Gedanken,
und das Ergebnis der Furcht des Herrn ist Weisheit.

---

[116] Die Bedeutung des *νέων* ist umstritten; vgl. die Übersicht bei Marböck, Weisheit im Wandel, 40 ad loc.

[117] S: „im Nisan", und d.h.: im März/April.

[118] G verwechselt „Licht" (אוֹר) und „Nil" (יְאוֹר). Gemeint ist der Nil, dessen Schwelle üblicher Weise im September erfolgte. Mithin denkt Ben Sira in seinen Vergleichen an den späten Regen im Frühjahr und den ersten im Herbst. Zur Nilschwelle vgl. Kees, Ägypten, 20–22.

[119] Sir 24,23–29.

[120] Der Vers ist in den hebräischen Textfragmenten nicht überliefert.

[121] Der Vers ist hebräisch nicht überliefert.

Mithin ist und bleibt die Tora für Ben Sira die Quelle der wahren Weisheit Israels.[122]

### *6.2. Die Urteilsfähigkeit des Menschen als Voraussetzung für den Gehorsam gegen die Tora*

Aber ohne das allen Menschen verliehene Denk- und Urteilsvermögen nützte ihm auch die Tora nichts. Die allgemeine und die spezielle Teilhabe an der Weisheit Gottes ergänzen einander, ohne daß dadurch das Privileg Israels geschmälert wird. Und daher darf man die Aussage in 1,9, daß Gott seine Weisheit über alles Fleisch und d.h. alle Menschen ausgegossen hat, in ihrer Bedeutung nicht unterschätzen; denn sie bildet die Voraussetzung für die Erkenntnisfähigkeit und Verantwortlichkeit des Menschen, die ihm nach Ben Siras Überzeugung als Geschöpf eigen ist (Sir 17,1–7):[123]

1 Κύριος ἔκτισεν ἐκ γῆς ἄνθρωπον
καὶ πάλιν ἀπέστρεψεν αὐτὸν εἰς αὐτήν.
καὶ ἔδωκεν αὐτοῖς ἐξουσίαν τῶν ἐπ' αὐτῆς.
3 καθ' ἑαυτὸν ἐνέδυσεν αὐτοὺς ἰσχὺν
καὶ κατ' εἰκόνα αὐτοῦ ἐποίησεν αὐτούς.
4 ἔθηκεν τὸν φόβον <αὐτῶν>[124] ἐπὶ πάσης σαρκὸς
καὶ κατακυριεύειν θηρίων καὶ πετεινῶν.[125]

---

122 Zum Verhältnis von Gesetz und Weisheit bei Jesus Sirach vgl. Schnabel, Law and Wisdom, 69–92, bes. 89–92; Marböck, Gesetz und Weisheit, 52–72; Collins, Jewish Wisdom, 42–61 und speziell zu Sir 24 Marböck, Gottes Weisheit unter uns, 73–87.

123 Die Kapitel 17 und 18 sind hebräisch nicht überliefert.

124 Lies mit S den Plural, Prato, problema, 275 und Wicke-Reuter, Providenz und Vorsehung, 153 ad loc.

125 V. 5 gehört zur G II- Tradition.

6 <ἔπλασεν> γλῶσσαν καὶ ὀφθαλμούς <καὶ> ὦτα[126]
καὶ καρδίαν ἔδωκεν διανοεῖσθαι αὐτούς.[127]
7 ἐπιστήμην συνέσεως ἐνέπλησεν αὐτοὺς
καὶ ἀγαθὰ καὶ κακὰ ὑπέδειξεν αὐτοῖς.

1 Der Herr schuf den Menschen aus Erde
und läßt ihn wieder zu ihr zurückkehren.
2 Er gab ihnen gezählte Tage und eine befristete Zeit
und machte ihn zum Herrscher über alles auf ihr.
3 Gleich sich selbst bekleidete er sie mit Stärke
und machte sie zu seinem Ebenbild.
4 Er legte die Frucht vor ihnen auf alles Fleisch,
damit sie herrschten über Tiere und Vögel.
6 Er bildete Zunge und Augen und Ohren,
und gab ihnen ein Herz zum Nachdenken.
7 Er erfüllte sie mit verständiger Einsicht
und zeigte ihnen, was gut und was böse.

Ben Sira geht also ganz sachgemäß davon aus, daß der Mensch nur dann ein sittlich verantwortliches Wesen sein kann, wenn die Verantwortungsfähigkeit zu seinem Wesen gehört.[128]

Zunächst braucht er also die Fähigkeiten (wenn wir sie organisch anordnen) zu sehen und zu hören, dann die zu sprechen und zu denken. Die Wahrnehmungen werden zu

[126] Zum Text vgl. Smend, Weisheit, 156 und Wicke-Reuter, Providenz und Verantwortung, 153 ad loc.

[127] Zum Text und zur Reihenfolge der Organe in G V. 6 = S V. 7 vgl. Smend, Weisheit, 156, Prato, problema, 276–278 und Wicke-Reuter, Providenz und Verantwortung, 153 ad loc.

[128] Vgl. dazu Prato, problema, 271–279; Wicke-Reuter, Providenz und Verantwortung, 154–160 und Kaiser, Mensch als Geschöpf, 1–12, (ders., Athen, 225–246, bes. 234–236); ders., Weisheit und menschliche Freiheit, 291–305 bes. 295–296.

Worten, und nur mittels der Worte kann der Mensch denken. Als Sitz des Denkens aber gilt, wie bei den Alten üblich, nicht der Kopf, sondern das Herz.[129] Das ist eine elementare Einsicht in die für den Menschen nötigen Voraussetzungen, auf Grund seines Denkens Entscheidungen zu treffen. Die sittliche Unterscheidungsfähigkeit selbst wird also von Ben Sira zur geschöpflichen Ausstattung des Menschen gerechnet.[130] Damit setzt sich der Weise stillschweigend über die Mythe in Gen 3 hinweg, nach der das sittliche Unterscheidungsvermögen eine Folge des Sündenfalls ist.[131] Denn das, was es dem Menschen ermöglicht, Gottes Tora zu befolgen, darf sich nicht wie in Gen 2–3 menschlicher Auflehnung gegen Gott, sondern muß sich Gottes umsichtigem Schöpfungshandeln selbst verdanken, zumal der Herr schon vor dem Fall an den Gehorsam des Menschen appelliert.[132]

---

[129] Vgl. dazu Kaiser, Mensch als Geschöpf, 6–7 (ders., Athen, 230–231) sowie ders., Gott des Alten Testaments 2, 297–299. Daß man dem Herzen auch heute noch eine wesentliche Beteiligung am Denken zuschreiben kann, belegt der Rat des Fuchses beim Abschied an den kleinen Prinzen bei Antoine de Saint-Exupéry, Le petit prince, in: Oeuvres, 474: »Voici mon secret. Il est très simple: on ne vois bien qu'avec le coeur. L'essentielle est invisible pour les yeux.«

[130] Vgl. dazu Collins, Jewish Wisdom, 59, der darauf aufmerksam macht, daß Ben Sira die Sündenfallerzählung von Gen 3 an dieser Stelle vollständig ignoriert: Der Tod ist hier anders als in Gen 2,16; 3,19 nicht Folge der Sünde, sondern der Mensch von Gott von Anfang an sterblich erschaffen; vgl. auch 14,17 und 40,1. Die Erkenntnis von Gut und Böse ist hier nicht die Folge des Essens vom Baum der Erkenntnis, vgl. Gen 2,9.16; 3,22, sondern gehört zu seiner schöpfungsgemäßen Ausstattung, vgl. auch 15,14. Nur in 25,24 wird der Tod als Folge der Sünde der Urmutter erklärt, ohne daß das sonst Ben Siras Denken über den Tod beeinflußt hat.

[131] Vgl. dazu Collins, ebd. und Kaiser, Gott des Alten Testaments 3, 61–64.

[132] Vl. Gen 2,16–17.

Es gehört zur Gottebenbildlichkeit des Menschen, daß er sich denkend in die Distanz zu seiner Welt setzen und überlegt handeln kann (17,1–7).[133] Nur so ist er in der Lage, über Landtiere und Fische zu herrschen und aufgrund seiner sittlichen Urteilsfähigkeit, dem Gesetz des Lebens zu folgen: Denn die Fortsetzung in 17,8–14 zeigt,[134] daß die noetische Grundausstattung des Menschen die Voraussetzung für die Möglichkeit bildet, Gottes Handeln in der Welt zu erkennen, seinen Ruhm in aller Welt kund zu tun und die von jedem Israeliten geforderte Bundestreue in Gestalt des Gehorsams gegen die Tora zu halten. Dabei unterstreicht ihre Bezeichnung als Gesetz des Lebens, daß es bei dem Gehorsam und Ungehorsam um nichts weniger als um Leben und Tod geht. Daher bedarf der Mensch nach V. 8 der Furcht Gottes als der Bedingung, vor Gott zu bestehen und weise zu werden. Sie ist nach Ben Siras Überzeugung Anfang, Wurzel und Krone der Weisheit (Sir 1,14–20). Denn nur, wer Gottes richtende Gewalt ernst nimmt, bleibt davor bewahrt, seinen heiligen Willen zu übertreten. Daher ist die Furcht Gottes die bleibende, den Frommen das ganze Leben begleitende Voraussetzung der Weisheit (Sir 21,11).[135]

Den Inhalt der Tora läßt Ben Sira Gott in 17,14 selbst dahingehend zusammenfassen, daß sich die Israeliten jedes Unrechts enthalten sollten, und weiterhin habe er ihnen „den Nächsten Betreffendes" aufgetragen. Ob Ben Sira seine

[133] Vgl. dazu auch Kaiser, Gott des Alten Testaments 2, 301–312 und Koch, Imago Dei, 24–32.

[134] Vgl. dazu Wicke-Reuter, Providenz und Verantwortung, 160–165.

[135] Siehe oben., S. 37. Vgl. dazu Sir 1,11–20(21) und Haspecker, Gottesfurcht bei Jesus Sirach, 327–332 und Di Lella, Fear of the Lord, 113–133 sowie zu ihrer Bedeutung als Kern der Religion Ben Siras Wischmeyer, Kultur des Buches Jesus Sirach, 278–281.

Schüler und Leser auf diese Weise an das im hellenistischen Judentum in den Mittelpunkt gerückte Doppelgebot der Gottes- und der Nächstenliebe,[136] an die beiden Tafeln des Dekalogs oder nur an den von ihnen geforderten Gehorsam gegen die Tora erinnern will, läßt sich nicht mit Sicherheit entscheiden.[137] Alle drei Möglichkeiten fügen sich jedenfalls in den Kontext ein. So lautet die Fortsetzung der in 17,1–7 begonnenen Lehrrede so (Sir 17,8–14):

8 ἔθηκεν τὸν ὀφθαλμὸν[138] αὐτοῦ ἐπὶ τὰς καρδίας αὐτῶν
δεῖξαι αὐτοῖς τὸ μεγαλεῖον τῶν ἔργων αὐτοῦ,
10 καὶ ὄνομα ἁγιασμοῦ αἰνέσουσιν,
9 ἵνα διηγῶνται τὰ μεγαλεῖα τῶν ἔργων αὐτοῦ.
11 προσέθηκεν αὐτοῖς ἐπιστήμην
καὶ νόμον ζωῆς ἐκληροδότησεν αὐτοῖς.
12 διαθήκην αἰῶνος ἔστησεν μετ᾽ αὐτῶν
καὶ τὰ κρίματα αὐτοῦ ὑπέδειξεν αὐτοῖς.
13 μεγαλεῖον δόξης εἶδον οἱ ὀφθαλμοὶ αὐτῶν,

---

[136] Vgl. Schreiner, Jesus Sirach, 96 und zum Doppelgebot als solchem Nissen, Gott und der Nächste, 161–168 und passim. Prato bezieht V. 14a auf das erste Gebot, während er b auf die Allgemeingültigkeit der Tora für jeden Menschen bezieht: „In altri termini, la legge è una forma di conscienza e di sapienza“ (ders., problema, 283).

[137] Zur Diskussion des Textes vgl. Prato, problema, 272–276; Wicke-Reuter, Providenz und Verantwortung, 164, die in Anm. 89 abschließend auf das umsichtige Urteil von Snaith, Ecclesiasticus, 88 verweist: „The author either gives a general summary of the whole law or summarizes some of the Ten Commandements.“

[138] Ziegler hat die Nebenlesart „seine Furcht“ in den Haupttext aufgenommen. Der Text der V. 8–10 ist jedenfalls sekundär durch 8c erweitert. S hat die Verse 6–10 neu angeordnet, V. 7 hinter V. 4 eingestellt und dann V. 6 und 8b als 8a folgen lassen. Dann folgt als neu gebildeter V. 8b „damit sie seine Wunder verstünden“ und als 8c „so daß sie der Welt seine Furcht verkünden.“ Vgl. dazu Prato, problema, 276–281 und Wicke-Reuter, Providenz und Verantwortung, 154 Anm. 43. Anders Sauer, Jesus Sirach, 547 und ders., Ben Sira, 140; Skehan/Di Lella, Wisdom of Ben Sira, 277 und Kaiser, Weisheit für das Leben, 41.

καὶ δόξαν φωνῆς αὐτοῦ ἤκουσεν τὸ οὖς αὐτῶν.
14 καὶ εἶπεν αὐτοῖς Προσέχετε ἀπὸ παντὸς ἀδίκου·
καὶ ἐνετείλατο αὐτοῖς ἑκάστῳ περὶ τοῦ πλησίον.

8 Er gab sein Auge in ihre Herzen,
um ihnen die Größe seiner Werke zu zeigen,[139]
9 damit sie seine großen Taten verkündeten
10 und seinen heiligen Namen priesen.
11 Er legte ihnen Erkenntnis vor
und gab ihnen als Erbteil das Gesetz des Lebens.[140]
12 Er errichtete einen ewigen Bund mit ihnen
und ließ sie wissen seine Rechte.
13 Ihre Augen sahen die Größe seiner Herrlichkeit,
und ihre Ohren hörten seine hoheitsvolle Stimme.
14 Und er sprach zu ihnen: Enthaltet euch von allem Unrecht
und befahl jedem (wie er) seinen Nächsten (behandeln soll).

### *6.3. Die Verantwortlichkeit des Menschen als Voraussetzung für den Gehorsam gegen die Tora*

Die Menschen werden mithin von Ben Sira ausnahmslos als verantwortlich für ihr Tun und Lassen beurteilt. Aber diese Ansicht war in seinen Tagen in Jerusalem nicht unbestritten. Denn sonst hätte er sich in 15,11–20 nicht ausdrücklich gegen ihre vermutlich unter dem Einfluß der griechischen Popularphilosophie erfolgte Leugnung gewandt, die aus Gottes Allmacht eine durchgehende Determination alles Geschehens ableitete und damit den eigenen Libertinismus verteidigte. Ben Sira hat sich dagegen energisch zur Wehr gesetzt: Für die moralischen Übel ist Gott jedenfalls nicht

---

[139] G II fügt als 8c ein: „und bestimmte für alle Zeiten, seine Wunder zu rühmen."

[140] GII fügt als V. 11c ein: „damit sie wissen, wer jetzt lebt, der stirbt."

verantwortlich;[141] diese haben sich die Menschen auf ihr eigenes Schuldkonto zu schreiben (Sir 15,11–20):[142]

11 Sage nicht: „ Von Gott kommt meine Sünde!"
Denn was er haßt, das hat er nicht erschaffen.
12 Sage nicht: „Er selbst ließ mich straucheln!"
Denn schlechter Menschen bedarf er nicht.[143]

13 Böses und Greuel haßt der Herr,
nicht läßt er es treffen, die ihn fürchten.[144]
14 Als Gott am Anfang die Menschen schuf,
gab er jeden in die Hand seines Trachtens.[145]
15 Wenn es dir gefällt, so hältst du das Gebot,
und Treue ist es, nach seinem Gefallen zu handeln.
16 Vor dir hingestellt sind Feuer und Wasser –
was dir gefällt, danach strecke aus deine Hand.
17 Vor dem Menschen (liegen) Leben und Tod,
und was ihm gefällt, das wird ihm gegeben.

18 Denn überfließend ist die Weisheit des Herrn,
er ist stark an Macht und er sieht alles.
19 Die Augen Gottes sehen seine Werke,[146]
und er nimmt alles Tun des Menschen wahr.

---

141 Zum vermutlich griechischen Hintergrund vgl. Wicke-Reuter, Providenz und Verantwortung, 131–138 und Di Lella, Free Will, 253–264, bes. 259–260 und 264. Zu den physischen Übeln vgl. unten, 103–105.

142 Zur Herstellung des Textes, der vor allem durch G, HA und S repräsentiert wird, vgl. Prato, problema, 220–223 und zu Text und Deutung jetzt vor allem Wicke-Reuter, Providenz und Verantwortung, 111–139.

143 Wörtlich: „denn er hat keinen Bedarf an Menschen der Gewalttat."

144 Lies in V. 13b mit HA und HB; vgl. Smend, Weisheit, 142; Prato, problema, 221 und Wicke-Reuter, Providenz und Verantwortung, 112 ad loc.

145 G interpretiert: „seiner Erwägung."

146 Lies mit HA, vgl. HB und Prato, problema, 247 und Wicke-Reuter, Providenz und Verantwortung, 112 ad loc.

20 Er hat keinem befohlen zu sündigen,
noch verleiht er Sündern Stärke.

Hier ist also von des Menschen Verantwortung und Wahlfreiheit die Rede, ohne daß das eine oder das andere Wort gebraucht wird. Beide Begriffe wurden auch in der Übersetzung mit Bedacht vermieden, weil sie suggerieren, daß Ben Sira unsere Vorstellungen vom Entstehen beabsichtigter Handlungen teilte. Wo wir erwarten, daß er vom Willen redete, spricht er vom „Sinnen und Trachten" oder vom „Trieb". Vielleicht war er dabei von der griechischen Vorstellung von der ὁρμή (Trieb) beeinflußt;[147] denn die Rede vom יֵצֶר (yēṣær), vom „Sinnen und Trachten" oder „Trieb", begegnet im Alten Testament erst auffallend spät wie z. B. in der Theodizee-Redaktion der Genesis[148] und beim Chronisten.[149] Der Mensch besitzt als Geschöpf Wahlfreiheit, sich für eine der vor ihm liegenden Möglichkeiten zu entscheiden, indem er das vorzieht, was ihm gefällt. Das hebräische Wort אָבָה (ʾābâ) besitzt, wie ein Blick auf das arabische Äquivalent zeigt, die Bedeutung „begehren" und korrespondiert damit dem dreimal in unserem Text begegnenden חָפֵץ (hāpaṣ) „begehren, nach etwas streben" bzw. „Gefallen haben an". Der Mensch besitzt mithin nach Ben Siras Überzeugung und in ausdrücklicher Übereinstimmung mit der deuteronomistischen Tradition, auf die er in V. 16 und 17 anspielt (vgl. Dtn 30,14.19–20), Wahlfreiheit und Verantwortlichkeit. Das göttliche Gebot ist ihm bekannt, damit auch das Wissen darum, daß es bei seiner Entscheidung um Tod und Leben geht. Entscheidet

[147] Vgl. dazu oben, 5–6 und 25.

[148] Gen 6,5 und 8,21; vgl. dazu Levin, Jahwist, 114.

[149] 1 Chr 28, 9 und 29,18; vgl. weiterhin den spätdtr Vers Dtn 31,21 und den zur Jesajaapokalypse gehörenden Beleg Jes 26,3.

er sich gegen Gottes Gebote, so trifft die Schuld nicht Gott, sondern ihn selbst. Da es der Mensch mit einem mächtigen Gott zu tun hat, der seine Geschöpfe keinesfalls aus dem Auge verliert (vgl. Ps 14,1–2 par 53,2–3), hat der Sünder keine Aussicht, Gottes Strafe zu entgehen. Das prägt Ben Sira seinen Schülern nachdrücklich in 16,11–22 ein, einem Text, in dem er sich erneut mit den Gedanken eines Gottlosen auseinandersetzt (Sir 16,11c–22):[150]

11c Denn Erbarmen und Zorn sind bei ihm,
er erläßt und vergibt, aber ergießt (auch) seinen Zorn.[151]
12 Wie die Fülle seines Erbarmens, so sind seine Strafen,
jedermann richtet er nach seinem Tun.
13 Keiner entkommt mit dem Raub seiner Sünde,
doch die Hoffnung des Gerechten hört niemals auf.
14 Jeder, der wohltut, erhält seinen Lohn,
und jeden trifft es nach seinen Taten.[152]

17 Sage nicht: ‚Vor Gott bin ich verborgen,
und in der Höhe, wer denkt da an mich?
In einer so großen Menge erkennt man mich nicht,
und was bin ich unter so vielen Menschen?‘[153]

---

[150] Der Text ist auch von HA überliefert.

[151] Zur Diskussion des Textes vgl. Prato, problema, 226 und Wicke-Reuter, Providenz und Verantwortung, 127 ad loc. HA fügt ein: „über die Frevler“.

[152] Die V. 15 und 16 sind griechisch nur in der G II-Traditon belegt, aber auch von HA überliefert. Prato, problema, 227 ad loc. entscheidet sich für ihre Aufnahme, Wicke-Reuter, Providenz und Verantwortung, 128 ad loc. hält mit Berufung auf Philonenko, interpolation, 317–321 essenischen Einfluß für möglich und scheidet daher die Verse mit ihm aus; ebenso Kaiser, Weisheit für das Leben, 40. Skehan/Di Lella, Wisdom of Ben Sira, 268 klammern sie ein. Sie lauten: „Der Herr verhärtete Pharao, daß er ihn nicht erkannte,/obgleich er durch seine Taten unter dem Himmel erkennbar war.// Der ganzen Schöpfung ist sein Erbarmen offenbar/an seinem Licht und Dunkel gab er Adam teil.“

[153] Zum Text von V. 17d vgl. Prato, problema, 227 ad loc.

18 Siehe, die Himmel und Himmelshimmel,
die Urflut und die Erde, sucht er sie heim, erbeben sie.[154]
19 Auch die Gründe der Berge und Fundamente der Erde
erbeben, wenn er auf sie blickt.

20 ‚Doch um mich kümmert er sich nicht
und meine Wege – wer nimmt sie schon wahr?
21 Wenn ich sündige, sieht mich kein Auge.
und lüge ich heimlich, wer weiß es schon?
22 Wer tut ihm die gerechten Taten kund,
und welche Hoffnung habe ich, wenn ich die Satzung halte?‘[155]
23 Nur Leute ohne Einsicht überlegen so,
und nur ein Tor erdenkt sich solches.

Es bleibt dabei: Die Verantwortung des Menschen für sein Ergehen liegt nach Ben Siras Überzeugung bei ihm selbst. Gott hat den Menschen nicht als Sünder geschaffen und trägt mithin auch keine Verantwortung dafür, wenn ein Mensch sündigt. Dank seiner Allmacht und Allweisheit besitzt er beides, die Kenntnis dessen, was auf Erden geschieht, und die Macht, den Menschen, die Gutes tun, Gutes zuteil werden zu lassen, und denen die sich in ihrer Torheit von Gott unentdeckt wähnen und Böses tun, Böses widerfahren zu lassen. Wären die Sünder klug oder würden sie es, so würden sie zum Gehorsam umkehren und damit selbst Gottes Erbarmen erlangen.

## 7. Rückblick und Ausblick

Der Mensch, so lautet die Botschaft des hier behandelten Lehrabschnitts Ben Siras, kann sich wegen seiner Ver-

---

[154] V. 18c gehört zur G-II Tradition „Die ganze geordnete Welt ist durch seinen Willen entstanden."

[155] Zum Text von V. 22b vgl. Prato, problema, 228–229.

fehlungen nicht mit dem Hinweis auf die göttliche Determination alles Geschehens herausreden, weil ihm Gott die Wahlfreiheit gegeben und seine Gebote als Anleitung zum richtigen, wohlgefälligen und ihm ein glückliches Leben einbringenden Handeln gegeben hat. Dieser Gott aber ist kein allgemeines Weltgesetz, sondern der bestimmte Gott Israels, der sein Volk in den Erzvätern erwählt, es aus der ägyptischen Knechtschaft befreit und ihm am Sinai das Gesetz des Lebens gegeben hat.[156] Er hat es in die Macht des Menschen gelegt, den göttlichen Geboten zu folgen oder sie zu übertreten. Doch gleichzeitig ist Gott langmütig und von großer Güte, der weiß, daß die Menschen nur kurze Zeit leben. Daher läßt er ihnen Zeit zur Umkehr, damit er sich ihrer erbarmen kann (Sir 18,8–14):

8 Τί ἄνθρωπος καὶ τί ἡ χρῆσις αὐτοῦ;
τί τὸ ἀγαθον αὐτοῦ, καὶ τί τὸ κακόν αὐτοῦ;
9 ἀριθμὸς ἡμερῶν ἀνθρώπου πολλὰ ἔτη ἑκατόν·[157]
10 ὡς σταγὼν ὕδατος ἀπὸ θαλάσσης καὶ ψῆφος ἄμμου,
οὕτως ὀλίγα ἔτη ἐν ἡμέρᾳ αἰῶνος.
11 διὰ τοῦτο ἐμακροθύμησεν κύριος ἐπ' αὐτοῖς
καὶ ἐξέχεεν ἐπ' αὐτοὺς τὸ ἔλεος αὐτοῦ.
12 εἶδεν καὶ ἐπέγνω τὴν καταστροφὴν αὐτῶν ὅτι πονηρά·
διὰ τοῦτο ἐπλήθυνεν τὸν ἐξιλασμὸν αὐτοῦ.
13 ἔλεος ἀνθρώπου ἐπὶ τὸν πλησίον αὐτοῦ·
ἔλεος δὲ κυρίου ἐπὶ πᾶσαν σάρκα·
ἐλέγχων καὶ παιδεύων καὶ διδάσκων
καὶ ἐπιτρέφων ὡς ποιμὴν τὸ ποίμνιον αὐτοῦ.
14 τοὺς ἐκδεχομένους παιδείαν ἐλεᾷ
καὶ τοὺς κατασπεύδοντας ἐπὶ τὰ κρίματα αὐτοῦ.

8 Was ist der Mensch, und was ist sein Wert?
was ist sein Glück und was ist sein Unglück?

---

[156] Vgl. Sir 44,1–45,5; 17,11.

[157] G-II bietet als 9b: ἀλόγιστος δὲ ἑκάστου πᾶσιν ἡ κοίμησις („unbegreiflich aber ist für einen jeden die Entschlafung“).

9 Die Zahl der Tage des Menschen ist groß,
wenn er hundert Jahre lang lebt.
10 Wie ein Tropfen aus dem Meer und ein Sandkorn
sind seine wenigen Jahre vor einem Tag der Ewigkeit.
11 Deswegen ist der Herr gegen sie langmütig
und gießt über sie sein Erbarmen aus.
12 Er sieht und weiß, daß ihr Ende schlimm ist,
daher gießt er über sie sein Vergeben aus.
13 Das Erbarmen eines Menschen gilt seinem Nächsten,
aber das Erbarmen des Herrn allem Fleisch.
Er prüft und züchtigt und belehrt
und führt zurück wie ein Hirt seine Herde.
14 Er erbarmt sich derer, die Zucht annehmen
und eifrig nach seinen Weisungen handeln.

Als *homo religiosus* besitzt Ben Sira unter den Stoikern in Kleanthes seinen nächsten Verwandten. Auch dieser rechnet damit und bittet darum, daß Zeus die Irrenden zur Einsicht führt.[158] Für ihn ist das Gesetz des Zeus das Gesetz der allgemeinen Vernunft, das den ganzen kosmischen Prozeß leitet. Für den Juden Jesus Sirach aber ist dieses Gesetz die seinem Volk am Sinai gegebene göttliche Weisung, die Tora. Daher unterscheidet er zwischen der allen Völkern von Gott gegebenen Weisheit und der besonderen, nur Israel, als dem Bundesvolk Gottes, geschenkten (vgl. 1,10). So setzt der biblische Erwählungsglaube für Ben Sira eine Grenze, die ihn hindert, die stoische Logoslehre in ihrer ganzen Konsequenz zu übernehmen.

Wie es sich in religionsgeschichtlicher Hinsicht mit der Tora vom Sinai verhält, können wir in diesem Zusammenhang nur andeuten, indem wir daran erinnern, daß die Tora das Ergebnis einer vielfältigen Theologisierung und Weiter-

[158] Vgl. dazu oben, 29.

bildung des israelitischen Gewohnheitsrechtes darstellt.[159] Als solches sanktionierte sie die Grundregeln, ohne die ein gemeinsames Leben unter den damaligen Verhältnissen nicht möglich war, und sicherte Gott zugleich den Platz, der ihm im Leben seines Volkes gebührt. Die Tora wurde von den für sie verantwortlichen Nachfahren der Staatsschreiber des Reiches Juda und ihren priesterlichen Kollegen mit der mythischen Weihe ihrer Offenbarung in der machtvollen Erscheinung des Gottes im Gewitter auf dem Sinai versehen: Aus ihm herab erscholl die göttliche Stimme, um die Zehn-Worte, den Dekalog als das Grundgesetz Israels zu verkünden.[160] Wer das Symbol zu deuten weiß, daß ein Erbeben der Erde unter den Donnerschlägen die göttlichen Epiphanie unterstreicht, erkennt, daß die Zehn-Worte die ganze Wahrheit über das Verhältnis Israels zu seinem Gott und das der Israeliten zueinander zu enthalten beanspruchen.[161] In ihnen ist das göttliche und menschliche Recht so wirksam zusammengefaßt, daß ihr Einfluß weit über die Grenzen des Judentums in die christliche und islamische Welt ausgestrahlt hat und noch heute die einfachste Zusammenfassung der religiösen und sittlichen Pflichten des Menschen ist. Sie lassen niemanden in Unkenntnis darüber, daß er Gott über alle Dinge zu fürchten und zu lieben und seinem Nächsten Ehre, Freiheit, Recht und Besitz zu

---

[159] Vgl. dazu Kaiser, Gott des Alten Testaments 1, 300–328 und Otto, Tora des Mose.

[160] Vgl. Ex 20 mit Dtn 5. Zur Einfügung des Dekalogs zwischen Ex 19,19a und 20,18b vgl. Oswald, Gottesberg, 150–151 und zur Rolle der Mosegestalt bei der literarischen Vermittlung des Rechts Otto, Tora des Mose, 11–33 und zum Dekalog auch Kaiser, Gott des Alten Testaments 3, 46–60.

[161] Vgl. dazu Kaiser, Bedeutung des Alten Testaments, 1–9, bes. 8 (ders., Weisheit, 282–290, bes. 289).

bewahren verpflichtet ist. Wäre diese Stimme tatsächlich gehört, wäre die Geschichte vieler Menschen und Völker, darunter auch die unseres eigenen, anders verlaufen. Würde sie gehört und würden sich alle Menschen als Kinder des einen Gottes oder, mit den Stoikern zu reden: als Bürger einer einzigen Polis verstehen, könnte die Menschheit auf friedliche Zeiten hoffen. So sei denn mit der Erinnerung an eine Lehre des Stoikers Epiktet (ca. 50/60?–135 n. Chr.) geschlossen, damit auch er noch in dieser Vorlesung zu Worte kommt. Sie handelt vom Menschen, der dank seiner Teilhabe an der göttlichen Vernunft ein Weltbürger ist:

τίς οὖν ἐπαγγελία πολίτου; μηδὲν ἔχειν ἰδίᾳ συμφέρον, περὶ μηδενὸς βουλεύεσθαι ὡς πόλυτον, ἀλλ᾽ ὥσπερ ἄν, εἰ ἡ χεὶρ ἢ ὁ ποὺς λογισμὸν εἶχον καὶ παρηκολούθουν τῇ φυσικῇ κατασκευῇ, οὐδέποτ᾽ ἂν ἄλλως ὥρμησαν ἢ ὠρέχθησαν ἢ ἐπανενεγκόντες ἐπὶ τὸ ὅλον.

Was ist dann die Aufgabe eines Bürgers? Nichts allein aus persönlichem Interesse behandeln, über keinen wie über einen (vom Ganzen der Welt) abgetrennten denken, sondern wie ein Fuß oder eine Hand zu handeln, die, besäßen sie Vernunft, um sich mit der Einrichtung der Welt zu beschäftigen, weder etwas beabsichtigten noch begehrten als das, was sich auf das Ganze bezieht.[162]

[162] Epikt. II 10.4–5 (LCL 131, 274–275). Zu seinem Leben und Wirken vgl. Long, Epictetus, 7–37, zu seiner Theologie und Ethik ebd., 180–206, bes. 200–201.

# Anhang I: Zur Aristotelischen Handlungstheorie

## 1. Kausalität und Zufall bei Aristoteles

Das uns im vorliegenden Rahmen interessierende Grundproblem der aristotelischen Handlungstheorie besteht darin, ob sie im Widerspruch zu seiner ontologischen Grundannahme steht, daß alles was geschieht, mit Notwendigkeit geschieht. So ist es sicher, daß alles was lebt, sterben muß. Ob der Tod durch Krankheit, Alter oder Gewalt eintritt, ist dagegen erst als bestimmt zu erkennen, wenn es eingetreten ist. Die apriorische Annahme verlangt im Einzelfall den aposteriorischen Nachweis der bestimmten Ursache, ohne doch das Prinzip aufzuheben, daß alles Geschehen einen zureichenden Grund besitzt.[163] Wenn wir zwischen Zufall und Notwendigkeit unterscheiden, so bezeichnen wir das als zufällig, was von dem Betrachtenden oder dem Handelnden nicht erwartet worden ist. Das bedeutet aber nicht, daß es dafür keine Ursachen gibt. Vielmehr treffen in einem solchen Fall unterschiedliche Kausalketten aufeinander (metaph. V. 30). Zufall ist mithin mit Christoph Jedan bei Aristoteles keine lediglich epistemische, sondern eine ontologische Kategorie.[164]

---

[163] Vgl. Aristot. metaph. VI 3, 1027a 29–b 16 und V 30, 1025a 24–30.

[164] Zur aristotelischen Kausalitätstheorie vgl. Jedan, Willensfreiheit bei Aristoteles, 15–61, bes. 61; zur Sache auch Wieland, aristotelische Physik, 259. – R. Sorabji, Necessity, Cause, and Blame. Perspectives in Aristotle's Theory, New York 1980 war mir leider nicht zugänglich; vgl. aber ders., Causation, 250–282, bes. 250–253, der aus der Feststellung des Aristoteles an. post. II 11; part. an. I 1; phys. II 9 und gen.

## 2. Die anthropologischen Konstituenten des Handelns

Die Voraussetzungen für die aristotelische Handlungstheorie liegen in seiner Anthropologie. Daher müssen wir uns vorab die für die Handlungsfähigkeit des Menschen entscheidenden anthropologischen Konstituenten vergegenwärtigen. Es handelt sich bei ihnen um die drei Fähigkeiten der Seele in Gestalt der Wahrnehmung (αἴσθησις),[165] des Denkens (νοῦς) und des Strebens (ὄρεξις).[166] Dabei versteht Aristoteles die Wahrnehmung als eine Form des Erleidens von Sinneseindrücken.[167] Das Streben aber betrachtet er als eine dem Körper und der Seele gemeinsame Funktion. Es besitzt eine gewisse Nähe zur Wahrnehmung, sofern es reflexartig durch angenehme oder unangenehme Empfindungen in Gang gesetzt wird.[168] Andererseits aber besitzt das Streben auch einen rationalen Aspekt, wobei es mit der βούλησις identisch ist.[169] In ähnlicher Weise besitzt auch der νοῦς zwei Aspekte: Der eine ist der passive, rezeptive Intellekt (νοῦς παθητικός), der durch die Erkenntnisgegenstände geformt wird, der andere

corr. II 11 folgert, daß Aristoteles im Widerspruch zu seiner Kausalitätstheorie nicht davon überzeugt war, daß die Ableitung von universellen, notwendigen Wahrheiten in allen Fällen zur Erklärung eines Vorgangs ausreichend sei. Jedan, Willensfreiheit bei Aristoteles, 69 kommt bei seiner Nachprüfung zu dem Ergebnis, daß sich „die Aristotelische Kausaltheorie (…) durchgängig als deterministisch verstehen" läßt. Auch Aristoteles' Theorie des Zufälligen und der akzidentellen Verursachung läßt sich in seine Kausaltheorie integrieren.

[165] Zur Aristotelischen Vorstellung von der Sinneswahrnehmung vgl. Jedan, Willensfreiheit bei Aristoteles, 90–97.

[166] Aristot. eth. Nic. VI 2, 1139a 17–18.

[167] Vgl. z. B. Aristot. an. II 11, 424a 1: τὸ γὰρ αἰσθάνεσθαι πάσχειν τι ἔστιν und zum Befund Jedan, Willensfreiheit bei Aristoteles, 90–97.

[168] Aristot. an. III 10, 433b 19.21.

[169] Aristot. an. III 10, 433a 23–24. Vgl. dazu Jedan, Willensfreiheit bei Aristoteles, 121–123.

aber der aktive, der mit der Bedingung der Möglichkeit des Denkens identisch ist.[170] Während der passive mit dem Tode des Leibes zugrunde geht,[171] löst sich der aktive von der Seele im Tode ab.[172] Sachlich zeigt sich eine eigentümliche Analogie der Grundbewegungen des Denkens und des Streben: Denn dem Bejahen (κατάφασις) und Verneinen (ἀπόφασις) des Denkens (διάνοια) entspricht das Suchen (δίωξις) oder Fliehen (φυγή) des Strebens (ὄρεξις).[173]

## 3. Die zur Handlung führenden seelischen Vorgänge

Wenden wir uns nun der *Lehre von den zur Handlung führenden seelischen Vorgängen* im 3. Buch der Nikomachischen Ethik zu,[174] so unterscheidet der Stagirite dort zwischen Handlungen, die freiwillig (ἑκουσίως), und solchen, die unfreiwillig (ἀκουσίως) getan werden. Eine unfreiwillige Handlung ist eine solche, die durch Gewalt oder Unwissenheit ausgelöst wird, eine freiwillige, wenn der Ursprung (ἀρχή) der Handlung bei uns selbst (ἐφ' ἡμῖν) liegt.[175] Jede Handlung wurzelt in einer Absicht oder einem

---

[170] Aristot. an. III 4, 429a 10–18.

[171] Aristot. an. III 10, 430a 24–25.

[172] Aristot. an. III 10, 430a 22–23. Vgl. dazu Jedan, Willensfreiheit bei Aristoteles, 107–120, bes. 114–120.

[173] Aristot. eth. Nic. VI 2, 1139a 21–22.

[174] Vgl. dazu Rapp, Freiwilligkeit, 109–133.

[175] Aristot. eth. Nic. III 1, 1109b 35–1110a 3; III 3, 1111a 22–25. Zur Bedeutungsbreite der beiden Begriffe vgl. Hardie, Ethical Theory, 152–159; zur Argumentation in eth. Nic. III 1–3 Rapp, Freiwilligkeit, 110–121. Zu der hier vorliegenden Bedeutung von ἀρχή als dem Anfangspunkt der Handlung vgl. Jedan, Willensfreiheit bei Aristoteles, 131; daß man aus der Rede von freiwilligen Handlungen bei Aristoteles nicht auf eine vorausgesetzte Willensfreiheit, sondern nur auf eine

Wunsch (βούλησις),[176] der entweder aufgrund vernunftloser Begierde (ἐπιθυμία), Leidenschaft (θυμός), Meinung (δόξα) oder vernünftiger Erwägung zur Wahl oder Entscheidung (προαίρεσις)[177] führt,[178] die ihrerseits den Handlungsimpuls oder Antrieb, das Streben (ὄρεξις) in Gang setzt und dadurch die Tat auslöst.[179] Die βούλησις oder Überlegung bezieht sich auf das Gewünschte, die προαίρεσις oder Entscheidung auf das Mögliche. Jene hat es mit den Zwecken oder dem Ziel (τέλος) und diese mit den Mitteln oder den zum Ziel führenden Wegen (πῶς πράξει) zu tun. Die Überlegung oder Erwägung bleibt offen, die Wahl oder Entscheidung kommt zu einem Ergebnis.[180] Mithin ist die βούλησις ein überlegendes Streben nach dem, was im Bereich unserer Möglichkeiten (ἐφ' ἡμῖν) liegt.[181] Die aus der bedachten Wahl oder Entscheidung entspringenden Handlungen aber sind freiwillige (ἑκούσιοι).[182] Oder um die formale Argumentation

---

Wahlfreiheit zurückschließen darf, ergibt sich aus dem Zusammenhang der Aristotelischen Argumentation. Er betont dagegen die Spontaneität der Entscheidung in demselben Sinne, wie er Tieren und Kindern spontane Reaktionen und Bewegungen zuschreibt, eth. Nic. III 4, 1111b 6–10. Allein diese Spontaneität des Entscheidens berechtigt überhaupt dazu, in unserer nachaugustinischen anthropologischen Terminologie von einem Willen zu sprechen.

[176] Zu ihrer Funktion in eth. Nic. III 2–4 vgl. Hardie, Ethical Theory, 165–166.

[177] Zur Funktion der προαίρεσις in eth. Nic. III 2–4 vgl. ebd., 164–167.

[178] Aristot. eth. Nic. III 4, 1111b 10–12.

[179] Vgl. zum Folgenden Hardie, Ethical Theory, 160–181 und Rapp, Freiwilligkeit, 121–127.

[180] Aristot. eth. Nic. III 5, 1113a 2–5.

[181] Aristot. eth. Nic. III 5, 1113a 10–11. Vgl. auch Aristot. an. 404b 24–25 und zur Sache Hardie, Ethical Theory, 165–166 und Rapp, Freiwilligkeit, 122.

[182] Aristot. eth. Nic. III 7, 1118b 3–5.

inhaltlich mit einem Zitat von Christof Rapp abzurunden: „Die Entscheidung ist eine Überlegung, die zu einer Festlegung oder einem Urteil (κρίσις) führt.[183] Ausgewählt wird dabei diejenige Handlungsweise, von der wir am sichersten wissen, daß sie gut ist' (1112a 7f.)".[184]

## 4. Die Bedingung für sittliches Handeln

Für das sittliche Handeln aber stellt Aristoteles folgende Vorbedingungen auf:

ὥστ' ἐπειδὴ ἡ ἠθικὴ ἀρετὴ ἕξις προαιρετική, ἡ δὲ προαίρεσις ὄρεξις βουλευτική, δεῖ διὰ ταῦτα μὲν τόν τε λόγον ἀληθῆ εἶναι καὶ τὴν ὄρεξιν ὀρθήν, εἴπερ ἡ προαίρεσις σπουδαία, καὶ τὰ αὐτὰ τὸν μὲν φάναι τὴν δὲ διώκειν. αὕτη μὲν οὖν ἡ διάνοια καὶ ἡ ἀλήθεια πρακτική.

Wenn die ethische Tugend eine Haltung des Entscheidens ist und die Entscheidung ein überlegendes Streben, muß der Ausspruch der Vernunft wahr und das Streben richtig sein, wenn die Entscheidung sittlich sein soll, und ein und dasselbe von der Vernunft bejaht und von der Entscheidung erstrebt werden.[185]

Das tugendhafte Verhalten aber ist einerseits eine natürliche Begabung, ein angeborener Charakter, andererseits eine aus richtigen ethischen Entscheidungen und weiterhin aus einer unablässigen Erziehung hervorgehende Gewöhnung oder Haltung.[186] Und da sich die Mehrzahl der Menschen eher dem Zwang als dem Wort und der Strafe als dem An-

---

[183] Aristot. eth. Nic.III 5, 1113a 10–11.

[184] Rapp, Freiwilligkeit, 123.

[185] Aristot. eth. Nic. VI 2, 1139a 22–26.

[186] γίνεσθαι δ' ἀγαθοὺς οἴονται οἱ μὲν φύσει οἱ δ' ἔθει οἱ δε διδαχῇ (eth. Nic. X 9, 1179b 20–21). Vgl. zur Gewinnung der ethischen Tugend durch tugendhaftes Handeln eth. Nic. II 1, 1103a 31–1103b 6. Der Charakter und die ethische Haltung sind mithin kausiert.

stand (καλόν) unterwerfen,[187] sind einige der Ansicht, der Gesetzgeber müsse zwar zur Tugend ermahnen, aber die Zuchtlosen bestrafen und die Unbelehrbaren ausmerzen.[188]

## 5. Der Mensch als „mitverantwortlich" für seinen sittlichen Charakter

Offenbar ist der Mensch nach der Meinung des Aristoteles nicht der absolute Alleinverantwortliche für seine ethischen Haltung, sondern ‚mitverantwortlich' (συναίτιος). Die Entscheidungen sind demgemäß notwendige, aber nicht hinreichende Bedingungen für die Entstehung charakterlicher Eigenschaften.[189] Das aber reicht aus, den Menschen für sein Tun und Lassen verantwortlich zu machen:

εἰ δέ τις λέγοι ὅτι πάντες ἐφίενται τοῦ φαινομένου ἀγαθοῦ, τῆς δὲ φαντασίας οὐ ύριοι, ἀλλ' ὁποῖός ποθ' ἕκαστός ἐστι, τοιοῦτο καὶ τὸ τέλος φαίνεται αὐτῷ· εἰ μὲν οὖν ἕκαστος ἑαυτῷ τῆς ἕξεώς ἐστί πως αἴτιος, καὶ τῆς φαντασίας ἔσται πως αὐτὸς αἴτιος.

Wollte aber einer sagen, daß alle nach dem strebten, was ihnen als gut erschiene, sie aber nicht Herr über ihre Vorstellungen seien, sondern wie ein jeder beschaffen sei, so erschiene ihm auch das Ziel (seines Handelns); (so ist zu erwidern): wenn denn jeder irgendwie Ursache seiner eigenen Haltung ist, so ist er auch irgendwie selbst die Ursache seiner Vorstellungen.[190]

Denn wenn der Mensch der Grund (ἀρχή) und der Urheber (γυννητής) seiner Handlungen ist, so lassen sich diese auch

---

187 Aristot. eth. Nic. X 8, 1180a 4–5.

188 Vgl. auch Plat. leg. IV, 722a 7–723d 4 und leg. 847 a 3.

189 Vgl. Jedan, Willensfreiheit, 161–162.

190 Aristot. eth. Nic. III 8, 1114b 20–25. Vgl. auch eth. Nic. III 7, 1114a 31–1114b 3. Zur Sache vgl. Hardie, Ethical Theory, 178–179 und Rapp, Freiwilligkeit, 132.

auf niemanden anders zurückführen als ihn selbst, weil sein Handlungsvermögen in den Bereich dessen fällt, was ἐφ' ἡμῖν, was in unsere Verfügungsgewalt und mithin in unsere Verantwortung fällt.[191]

Für Aristoteles bedarf es daher keiner besonderen Begründung der Verantwortlichkeit, sondern er kann sogleich darauf verweisen, daß die Gesetzgeber davon ausgehen, indem sie die, die ohne fremden Zwang oder aus Unwissenheit Böses tun, bestrafen, und die, die Gutes tun, auszeichnen.[192] Doch angesichts der faktischen Zügellosigkeit der Menge und der Möglichkeit, seine sittliche Haltung aufs Spiel zu setzen,[193] verweist Aristoteles auf die oberste Erziehungs- und Ordnungsinstanz in Gestalt der zwingenden Kraft des Gesetzes als Garanten eines der Vernunft gemäßen und richtig geordneten Lebens:

εἰ δ' οὖν, καθάπερ εἴρηται, τὸν ἐσόμενον ἀγαθὸν τραφῆναι καλῶς δεῖ καὶ θισθῆναι, εἶθ' οὕτως ἐν ἐπιτηδεύμασιν ἐπιεικέσι ζῆν καὶ μήτ' ἄκοντα μήθ' ἑκόντα πράττειν τὰ φαῦλα, ταῦτα δὲ γίνοιτ' ἂν βιουμένοις κατά τινα νοῦν καὶ τάξιν ὀρθήν, ἔχουσαν ἰσχύν· ἡ μὲν οὖν πατρικὴ πρόσταξις οὐκ ἔχει τὸ ἰσχυρὸν οὐδὲ [δὴ] τὸ ἀναγκαῖον, οὐδὲ δὴ ὅλως ἡ ἑνὸς ἀνδρός, μὴ βασιλέως ὄντος ἤ τινος τοιούτου· ὁ δὲ νόμος ἀναγκαστικὴν ἔχει δύναμιν, λόγος ὢν ἀπό τινος φρονήσεως καὶ νοῦ.

Wenn aber nun, wie gesagt, einer, der gut werden soll, gut aufgezogen und gewöhnt werden muß, damit er weiterhin in ordentlichen Verhältnissen lebt und weder unfreiwillig noch freiwillig etwas Schlechtes tut, so dürfte das wohl bei denen geschehen, die einem entsprechenden Geist und einer richtigen und zugleich kraftvollen Ordnung gemäß leben; die väterliche Ermahnung besitzt nämlich nicht die Kraft und Gewalt, und überhaupt nicht die eines

[191] Vgl. Aristot. eth. Nic. III 7, 1113b 17–21.

[192] Aristot. eth. Nic.III 7, 1113b 21–26. Jedan, Willensfreiheit bei Aristoteles, 171–172.

[193] Zur moralischen Schwäche des Menschen in Aristoteles' Sicht in eth. Nic. vgl. Hardie, Ethical Theory, 258–293.

einzelnen Mannes, es sei denn, er wäre König oder dergleichen. Das Gesetz aber besitzt die zwingende Kraft als eine Rede, die aus Einsicht und Verstand stammt.[194]

## 6. Die Ziele des sittlichen Handelns

Fragen wir abschließend nach den Zielen des Handelns, so erinnert sich jeder, der die *Nikomachische Ethik* auch nur einmal gelesen hat, an ihren ersten Satz:

Πᾶσα τέχνη καὶ πᾶσα μέθοδος, ὁμοίως δὲ πρᾶξίς τε καὶ προαίρεσις, ἀγαθοῦ τινὸς ἐφίεσθαι δοκεῖ· διὸ καλῶς ἀπεφήναντο τἀγαθόν, οὗ πάντ' ἐφίεται.

Jede Kunstfertigkeit und jedes geregelte Vorgehen, gleichwie Handlung als auch Entscheidung, scheint nach irgendeinem Guten zu streben; daher hat man das Gute zutreffend als das bezeichnet, nach dem alles strebt.[195]

Als dieses jedes Vorhaben des Menschen bestimmende Ziel aber erweist sich die εὐδαιμονία, das Glück, worunter man in der Regel sowohl das Gut-Leben wie das Gut-Handeln als Glücklich-Sein versteht.[196] Es besteht freilich entgegen der allgemeinen Meinung nicht ausschließlich in einem gesunden und wohlgestalteten Leib, reichlichem Besitz und lustvollem Leben sondern in einer der Bestform oder Tugend gemäßen Tätigkeit der Seele (ψυχῆς ἐνέργεια κατ' ἀρετήν). Sie gewährt zusammen mit einem vollen, mit äußeren Glücksgütern hinreichend ausgestatteten Leben das Glück.[197] Zu ihm gehört grundsätzlich der Verkehr mit Freunden; denn diese sind das Notwendigste für das

[194] Aristot. eth. Nic. X 10, 1180a 14–23.
[195] Aristot. eth. Nic. I 1, 1094a 1–3.
[196] Aristot. eth. Nic. I 2, 1094b 17–20.
[197] Aristot. eth. Nic. I 10, 1099b 25–1100a 9.

Leben. Verfügte der Mensch auch über alle nur denkbaren Besitztümer und hätte keine Freunde, so könnte er doch nicht glücklich sein.[198] Grundsätzlich aber kann niemand unglücklich werden, der niemals etwas Hassenswertes und Schlechtes tut (1100a 33–35). Der tugendhafte Mensch aber ist der, der Maß zu halten versteht; denn eben das ist der Sinn des nur allzu oft als Mittelmäßigkeit mißverstandenen μέσον als der Mitte zwischen zwei Extremen:

Ἔστιν ἄρα ἡ ἀρετὴ ἕξις προαιρετική, ἐν μεσότητι οὖσα τῇ πρὸς ἡμᾶς, ὡρισμένῃ λόγῳ καὶ ᾧ ἂν ὁ φρόνιμος ὁρίσειεν. μεσότης δὲ δύο κακιῶν, τῆς μὲν καθ' ὑπερβολὴν τῆς δὲ κατ' ἔλλειψιν.

Es ist aber die Tugend eine Haltung des Wählens, das sich an die uns angemessene Mitte hält, und zwar so, wie sie durch die Vernunft bestimmt ein verständiger Mann zu bestimmen pflegt, nämlich als die Mitte zwischen zwei Übeln, nämlich dem des Zuviel und dem des Zuwenig.[199]

So ist zum Beispiel die Mäßigkeit die Mitte zwischen der Unmäßigkeit und Lustunempfindlichkeit (1107b 5–6) oder der Mut die zwischen Kühnheit und Furchtsamkeit.[200] Man erinnert sich an die beiden delphischen, auf Solon und Kleoboulos zurückgeführten Mahnworte des μηδὲν ἄγαν und das μέτρον ἄριστον, an das „Nichts zu sehr!" und „Das Maß ist das Beste!".[201] Ihm entspricht in Platons „Nomoi" die

---

[198] Aristot. eth. Nic. VIII 1, 1155a 1–6. Vgl. dazu Price, Love and Friendship, 103–161; ders., Friendship, 229–252. Zur generellen Bedeutung der Freundschaft in der Antike vgl. Konstan, Friendship, zu Aristoteles hier 67–79.

[199] Aristot. eth. Nic. II 6, 1106b 36–1107a 3. Vgl. dazu Wolf, Mesoteslehre (II), 83–108 und zu ihrer Praktikabilität ebd. 99–107. Zum Prozeß der Moralisierung der altgriechischen Adelsethik im 5. und 4. Jh. v. Chr. vgl. Adkins, Merit and Responsibility, 172–194.

[200] Aristot. eth. Nic. III 11, 1116a 11–12.

[201] DK 10, 63 Solon 1 und Kleoboulos 1.

Aufforderung des Atheners an die Siedler des zu gründenden kretischen Megara, Gott ähnlich zu werden, indem sie ihn zum Maß aller Dinge machen.[202]

## 7. Der Charakter ist des Menschen Schicksal

Blicken wir zurück, so stellen wir verwundert fest, daß in Aristoteles' Anthropologie und Ethik für den Willen als eine besondere Eigenschaft kein Platz ist: Der Mensch besitzt einen bestimmten Charakter, der ihn in unterschiedlicher Weise befähigt, sein Handeln statt durch seine durch Wahrnehmungen ausgelösten Gelüste (ἐπιθυμία) und Leidenschaften (θυμός) durch vernünftige Erwägung (βούλευσις) seiner Ziele (τέλη) und vernünftige Wahl und Entscheidung (προαίρεσις) über seine Mittel (πῶς πράξει) bestimmen zu lassen. Doch dabei gilt über die sittliche Haltung und den Charakter des Menschen, was Heraklit gesagt hat: ἦθος ἀνθρώπῳ δαίμων („Der Charakter ist des Menschen Dämon/ Schicksal").[203] Darin liegt seine Größe und Grenze: Er ist Mitgestalter seines Schicksals gemäß seiner Eigenart, in der er sich selbst vorgegeben ist. Sein Streben ist eben sein und kein beliebiges Streben. Er besitzt Wahl- aber keine Willensfreiheit. Als Vernunftwesen, dem die Entscheidung für das Gute prinzipiell offen steht, bleibt er für sein Handeln verantwortlich. Aber ob und inwieweit er sie gemäß dem Leitbild der ἀρετή, der „Bestform", faktisch auszuüben vermag, läßt sich nicht generalisierend festlegen, sondern ist von einer solchen Vielzahl von Faktoren abhängig, wie sie die

202 Plat. leg. IV, 715e 7–717d 4. Vgl. dazu Kaiser, Gott und Mensch als Gesetzgeber, 278–295, bes. 291–293 (ders., Athen, 63–80, bes. 76–78).

203 DK 22 B 119 (KRS 247).

sittliche Situation ihrem Wesen nach enthält. Daher kennt die Ethik nur phänomenologische Beschreibungen, aber nicht die Aufstellung notwendiger, die Abläufe erfassender Gesetze.[204] Der Weg zum höchsten Glück des ungestörten Denkens, der geistigen Schau oder θεωρία bei zureichender Lebenslänge, im Verkehr mit Freunden und versehen mit ausreichenden Gütern ist eine seltene Gabe der Gottheit an die Weisen, die sie denen gibt, die sie am meisten liebt.[205]

[204] Vgl. Aristot. eth. Nic. I 1, 1094b 11–27.

[205] Vgl. Aristot. eth. Nic. X 7, 1177b 16–28 mit X 9, 1179a 30–31. Vgl. dazu auch Hardie, Ethical Theory, 344–346 und Kullmann, Lebensform, 253–276, bes. 272–274, der den hier zu Tage tretenden Unterschied zwischen Platon und Aristoteles herausarbeitet: Bei Platon ist der „theoretische" Philosoph zugleich politischer Philosoph, bei Aristoteles ist er dagegen nicht zum Herrschen verpflichtet: „Die unterschiedlichen Lebensformen sind nicht schicksalhaft festgelegt, sie unterliegen keinem totalitären Zwang wie in Platons Staatsmodell, sondern sind frei wählbar. Menschen, für die das Geldverdienen nicht der höchste Lebenszweck ist, sind deswegen nicht dümmer als andere" (274). Zur Parallelstelle zu eth. Nic. X 7, 1177 b 16–28 in eth. Eud. VIII, 1249a 21–1249b 25 vgl. Buddensieck, Theorie des Glücks, 229–254. Zur Auseinandersetzung mit Dirlmeiers Auslegung, daß es statt um die Schau des unbewegten Bewegers um das Göttliche in uns in Gestalt des göttlichen νοῦς gehe (vgl. Dirlmeier, Eudemische Ethik, 498–500 zu eth. Eud. VIII 3, 1249a 21–25) vgl. Buddensieck, Theorie des Glücks, 246–248.

# Anhang II: Eine Bemerkung zum Determinismus

Um der Vorstellung des Determinismus ihren Schrecken zu nehmen, sei im Anschluß an die Handlungstheorie von Nicolai Hartmann Folgendes festgestellt: In seinem zielgerichteten Handeln macht der Mensch die Kausalität seiner Finalität dienstbar. Er hebt damit den determinierten Zusammenhang alles Geschehens nicht auf, sondern fügt ihm eine weitere, seiner spezifischen Spontaneïtät entstammende Determinante hinzu.[206] Der in seinem So-sein bestimmte Mensch, besitzt im Rahmen des ihm durch das Denken eröffneten Spielraums die Fähigkeit, gemäß seiner spezifischen Bedingungen handelnd und gestaltend in den Ablauf der Welt einzugreifen. Dabei geben ihm, um mit dem dänischen Religionsphilosophen Knut Løgstrup weiterzudenken, seine spontanen Daseinsäußerungen des Vertrauens, der Wahrhaftigkeit, Hilfsbereitschaft und Barmherzigkeit den Maßstab für das zwischenmenschliche Handeln vor.[207] Oder anders ausgedrückt: Das sittliche Sollen des Menschen wurzelt in dem seine Existenz wesentlich bestimmenden Mitsein.[208] Beim Reden von seiner Freiheit

---

[206] Vgl. dazu Hartmann, Aufbau der realen Welt, 507–517 und schon ders., Ethik, 664–671. Zur Diskussion des Zusammenhangs zwischen Ursache und Wirkung in der Neuzeit vgl. M. Albrecht, Art. Ursache/Wirkung III: Neuzeit, HWP XI, 2001, 389–399.

[207] Vgl. dazu Løgstrup, Norm und Spontaneität, 6–36, bes. 35–36.

[208] Vgl. dazu Heidegger; Sein und Zeit, 118: „Auf dem Grunde dieses Mithaften In-der-Welt-seins ist die Welt je schon immer die, die ich mit dem Anderen teile. Die Welt des Daseins ist Mitsein." Zum aristotelischen Hintergrund vgl. ders., Grundbegriffe, 45–64, bes. 62–64.

muß man zwischen Wahl-, Handlungs-, Bewegungs- und Gedankenfreiheit unterscheiden. Freiheit im Vollsinn des Ledigseins von allem inneren und äußeren Druck aber gewinnt er in der Tat nur, indem er sein schicksalhaftes und endliches Da-Sein und So-Sein unbedingt annimmt. Die Annahme der eigenen Sterblichkeit ist die Wurzel seiner vollendeten Freiheit.[209]

[209] Vgl. dazu Heidegger, Sein und Zeit, 264.

# II. Die göttliche Vorsehung in der Frühen Stoa und bei Jesus Sirach

## 1. Von der Moira zur Pronoia

Der Glaube an eine göttliche Vorsehung als der ordnenden Kraft der Welt und Leiterin sowohl der kosmischen Prozesse als auch der menschlichen Geschicke steht im Gegensatz zu der Annahme, daß beide dem Zufall ausgesetzt sind und es mithin keinen Sinn und keine Bedeutung hinter ihnen zu suchen gibt, sondern alle Ereignisse das Ergebnis von Zufall und Notwendigkeit sind. Dabei ist „Zufall" nur ein Name dafür, daß uns die Gründe, die zu einem bestimmten Ereignis geführt haben, verborgen sind oder von uns nicht vorausgesehene Kausalabläufe hemmend oder fördernd auf die Erreichung unserer Ziele eingewirkt haben.

Gehen wir zu den Wurzeln des griechischen Denkens zurück, so begegnen uns bei Homer gleich drei Bezeichnungen für die schicksalhafte Zuteilung als μοῖρα (Zuteilung), Moiren und Keren sowie die mit den Erinnyen identischen Göttinnen, die den Schicksalsfaden spinnen (Klotho), abteilen (Lachesis) und seine Unveränderlichkeit festlegen (Atropos). Sie waren für Hesiod allesamt Töchter der Nacht[1] und mithin chthonische, zur Erdentiefe gehörende Gottheiten:

[1] Zur entsprechenden Beziehung der Moiren in den Orphischen Hymnen vgl. Dietrich, Death, 68–72.

Νὺξ δ' ἔτεκε στυγερόν τε Μόρον καὶ Κῆρα μέλαιναν
καὶ Θάνατον, τέκε δ' Ὕπνον, ἔτικτε δὲ φῦλον Ὀνείρων.
δεύτερον αὖ Μῶμον καὶ Ὀιζὺν ἀλγινόεσσαν
οὔ τινι κοιμηθεῖσα θεῶν τέκε Νὺξ ἐρεβεννή,
Ἑσπερίδας θ', αἷς μῆλα πέρην κλυτοῦ Ὠκεανοῖο
χρύσεα καλὰ μέλουσι φέροντά τε δένδρεα καρπόν·
καὶ Μοίρας καὶ Κῆρας ἐγείνατο νηλεοποίνους,
[Κλωθώ τε Λάχεσίν τε καὶ Ἄτροπον, αἵ τε βροτοῖσι
γεινομένοισι διδοῦσιν ἔχειν ἀγαθόν τε κακόν τε,][2]
αἵ τ' ἀνδρῶν τε θεῶν τε παραιβασίας ἐφέπουσιν,
οὐδέ ποτε λήγουσι θεαὶ δεινοῖο χόλοιο,
πρίν γ' ἀπὸ τῷ δώωσι κακὴν ὄπιν, ὅστις ἁμάρτῃ.

Aber die Nacht gebar den verhaßten Moros, die schwarze
Ker und Thanatos,[3] dann den Schlaf und die Scharen der Träume,
– keiner hatte den Schoß der nächtigen Herrin befruchtet –,
Momos, den Tadler, sodann und Oizys, die schmerzliche Drangsal,
ferner die Hesperiden, die jenseits des ruhmvollen Ringstroms
goldene Äpfel und Bäume, von Früchten prangend, bewachen.
Dann gebar sie die Moiren und Keren,[4] die grausamen Rächer,
[Klotho, Lachesis, Atropos, sie, die bei den sterblichen Menschen
gleich bei der Geburt bestimmen Gutes und Schlimmes,]
aller Vergehen Spur von Menschen und Göttern verfolgen,
von ihrer göttlichen Wut, der entsetzlichen, nimmermehr lassen,
bis ihr böser Blick den Verbrecher vernichtend getroffen.[5]

Die Unterwerfung dieser finsteren Mächte, die den Menschen das Schicksal und nicht zuletzt seinen besonderen Tod

[2] Zur Interpolation der V. 218–219 aus 905–906 vgl. West, in: Hesiod Theogony, 229.

[3] Alle drei bezeichnen das Todesgeschick des Menschen, vgl. West, Orphic Poems, 227.

[4] Zum Unterschied zwischen Moros, Ker und Thanatos als dem bestimmten Todesgeschick und den Moiren und Keren als den Mächten, die es bestimmen, vgl. West, Orphic Poems, 229.

[5] Hes. theog. 211–221 (Übers. Schirnding). Zur im Hintergrund stehenden Logik vgl. Hesiod, Theogony, 34–35.

bestimmen, unter den göttlichen Willen des Zeus bahnt sich bereits in der Odyssee an. Als Athene Zeus zürnte, weil sie wähnte, daß Odysseus, obwohl er ein König war, der Recht und Sitte beachtete, nicht in die Heimat zurückkehren dürfe, klärte der Vater der Götter und Menschen sie über den wahren Sachverhalt auf. Dann aber erteilte er in ihrem Beisein dem Götterboten Hermes den Auftrag, der ihn zurückhaltenden Kirke zu eröffnen, daß sich der Held nach dem untrüglichen Ratschluß der Götter (νημερτέα βουλήν) seiner Heimat zuwenden werde; denn es sei ihm bestimmt (οἱ μοῖρ' ἐστί), die Seinen wiederzusehen und in sein stattliches Haus zurückzukehren.[6] Weiterhin kann die von den Göttern gegebene moīra zum Inbegriff der von den Menschen erwarteten maßvollen Lebensführung werden, wie es in Hom. Od. XIX 589–595 der Fall ist: Penelope gibt nach einem ausführlichen Gespräch mit dem gerade heimgekehrten, aber von ihr noch nicht erkannten Odysseus ihren Entschluß, die Unterhaltung abzubrechen und sich in ihr Gemach zurückzuziehen, mit den folgenden Worten bekannt:

εἴ κ' εθέλοις μοι, ξεῖνε, παρήμενος ἐν μεγάροισι
τέρπειν, οὔ κέ μοι ὕπνος ἐπὶ βλεφάροισι χυθείη.
ἀλλ' οὐ γάρ πως ἔστιν ἀΰπνους ἔμμεναι αἰὲν
ἀνθρώπους· ἐπὶ γάρ τοι ἑκάστῳ μοῖραν ἔθηκαν
ἀθάνατοι θνητοῖσιν ἐπὶ ζείδωρον ἄρουραν.
ἀλλ' ἤ τοι μὲν ἐγὼν ὑπερώϊον εἰσαναβᾶσα
λέξομαι εἰς εὐνήν, ἥ μοι στονόεσσα τέτυκται.

Fremdling, beliebt dir hier im Saale zu sitzen und länger
Mich zu erfreuen, mir würde kein Schlaf die Wimpern befallen.
Aber es geht nicht an, daß die Menschen immer des Schlummers
Sich enthalten, es gaben ja allen Dingen die Götter

[6] Hom. Od. V 1–42, vgl. bes. 30 und 41–42.

Maß und Ordnung (μοῖρα) unter den Menschen der nährenden
Ehre.
Ich aber gehe nun in meine obern Gemächer,
Mich auf mein Lager zu betten, das so viel Seufzer vernommen.[7]

Angemessen hat Thassilo von Scheffer hier das Wort μοῖρα mit „Maß und Ordnung" übertragen. Wörtlich übersetzt würde es heißen: „es gaben ja die Unsterblichen jedwedem Ding bei den Sterblichen einen bestimmten Teil." Sachlich ist der Begriff der *moīra* auf diese Weise in die Nähe der θέμις (*thémis*), dessen was nach göttlicher Ordnung recht und billig ist, gerückt.[8] Aber es bleibt weiterhin in einer gewissen Schwebe, ob die Götter die *moīra* bestimmen oder ob sich ihr Wille nach dem ihnen bereits bekannten Schicksalsratschluß der Moīra, der „Zuteilerin" richtet, den sie in Kraft setzen:

θεόθεν γὰρ κατὰ Μοῖρ' ἐκράτησεν
τὸ παλαιόν.

Denn von Gott her nach der Zuteilerin gewann Herrschaft
das Alte.[9]

Die neueren Übersetzungen heben das Schwebende auf, indem sie Gott zum Lenker der Geschicke machen. So übersetzte etwa Johann Christian Droysen die Stelle:

Denn ein Gott hat das Geschick
In der Urzeit uns bestimmt.[10]

---

7 Hom. Od. XIX 589–595 (Übers. Scheffer).

8 Zur Göttin Themis vgl. Wolf, Griechisches Rechtsdenken I, 32–34, zur homerischen Rede von *themis* 76–84.

9 Aischyl. Pers. 102–103. Zum theologischen Kerngedanken des Dramas, daß die Verblendung (ἄτη) den Menschen zu hybrider Selbstüberhebung verführt und er damit die Katastrophe herbeizieht, vgl. Wolf, Griechisches Rechtsdenken I, 359–363.

10 Aischylos, Tragödien, 20 (Übers. Droysen).

Und in der neueren Übersetzung von Oskar Werner heißt es (und wir zitieren nun die ganze dritte Strophe der Parodos 102–107):

θεόθεν γὰρ κατὰ Μοῖρ' ἐκράτησεν
τὸ παλαιόν, ἐπέσκηψε δὲ Πέρσαις
πολέμους πυργοδαΐκτους
διέπειν ἱππιοχάρμας
τε κλόνους πόλεών τ' ἀναστάσεις.

Ja, die Gottheit lieh dem Schicksal von Urzeit
Alle Macht, so verhängte es den Persern,
Nur dem Landkrieg, der die Burg stürmt,
Der zu Roß tobt in der Feldschlacht,
Sich zu weihn und der Städte Niederwurf.[11]

Aber sie verfielen der Verblendung, ließen sich auf das Meer locken und gerieten dadurch in ein Fangnetz, dem kein Sterblicher entflieht. Die Moira ist hier die Macht, die das dem Menschen Angemessene bestimmt. Ihre Gegenspielerin ist die Atē, die Verblendung, die den Menschen verlockt, gegen sein Teil zu handeln und sich daher selbst zu vernichten.

Der Ursprung der Vorstellung von der göttlichen Vorsehung ist jedoch nicht im altgriechischen Schicksalsglauben, sondern bei den ionischen Naturphilosophen und genauer bei ihrem letzten, Diogenes von Apollonia, zu suchen. Der Höhepunkt dieses Denkers und Arztes dürfte in die Jahre zwischen 440–430 fallen; denn schon 423 konnte ihn Aristophanes in seinen *Nubes*, seinen *Wolken*, parodieren.[12] Der in einer Hängematte liegende Sokrates erklärt dem Strepsiades:

---

[11] Aischylos, Tragödien, 15 (Übers. Werner).

[12] Vgl. zu ihm Guthrie, Greek Philosophy II, 362–381; Kirk/Raven/Schofield, 473–492 bzw. knapp I. Bostnár, Art. Diogenes [12], übers. T. Heinze, DNP III, 1997, 596–598.

... οὐ γὰρ ἄν ποτε
ἐξηῦρον ὀρθῶς τὰ μετέωρα πράγματα
εἰ μὴ κρεμάσας τὸ νόημα καὶ τὴν φροντίδα,
λεπτὴν καταμείξας εἰς τὸν ὅμοιον ἀέρα.
εἰ δ' ὢν χαμαὶ τἄνω κάτωθεν ἐσκόπουν,
οὐκ ἄν ποθ' ηὗρον· οὐ γὰρ ἀλλ' ἡ γῆ βίᾳ
ἕλκει πρὸς αὑτὴν τὴν ἰκμάδα τῆς φροντίδος.
πάσχει δὲ ταὐτὸ τοῦτο καὶ τὰ κάρδαμα.

Wie könnt ich wahr das Überird'sche deuten,
Wenn schwebend nicht des Geistes zarter Äther
Mit dem verwandten Element sich mischte?
Umsonst vom Boden unten schaut ich auf
Nach oben; denn die Erde zieht zu sich
Unwiderstehlich des Gedankens Tau:
Ein Beispiel hast du in der Brunnenkresse.[13]

Von Diogenes ist die Feststellung überliefert,[14] daß es „ohne Einsicht (für die zugrundeliegende göttliche Grundsubstanz, die Luft) nicht möglich" wäre, „so aufgeteilt zu sein, daß sie für alle Dinge Maße hat, für Winter und Sommer, für Nacht und Tag, für Regenfälle, Winde und schönes Wetter. Und wenn man andere Dinge erwägen wollte, so könnte man auch bei ihnen finden, daß sie auf die bestmögliche Weise disponiert sind."

οὐ γὰρ ἄν, οἷόν τε ἦν οὕτω δεδάσθαι ἄνευ νοήσιος ὥστε πάντων μέτρα ἔχειν, χειμῶνος τε καὶ θέρους καὶ νυκτὸς καὶ ἡμέρας καὶ ὑετῶν καὶ ἀνέμων καὶ εὐδιῶν. καὶ τὰ ἄλλα, εἴ τις βούλεται ἐννοεῖσθαι, εὑρίσκοι ἂν οὕτω διακείμενα ὡς ἀνυστὸν κάλλιστα.[15]

Die Geschwindigkeit, mit der sich der aus diesem Ansatz entwickelte Gedanke der göttlichen Vorsehung verbreitete, geht daraus hervor, daß schon Herodot III.108.2 mit ihm

---

[13] Aristoph. Nub. 227–233 (Übers. Seeger/Newiger).
[14] DK 64 B 3/Kirk/Raven/Schofield 601.
[15] Zit. nach Kirk/Raven/Schofield, 479–480.

die Tatsache begründet, daß alle furchtsamen und eßbaren Tiere gemäß ihrer Weisheit fruchtbar, die schädlichen und unangenehmen Tiere aber weniger fruchtbar geschaffen worden seien.[16] Xenophon aber läßt seinen Sokrates dem Aristodemos erklären, daß die nützliche Wahrnehmungsfähigkeit des Menschen und die Zweckmäßigkeit der dazu nötigen Organe ein Werk der göttlichen Vorsehung seien.[17] Platon ließ dann seinen Timaios im gleichnamigen Dialog erklären, daß diese geordnete Welt nach der Wahrscheinlichkeit „ein beseeltes und in Wahrheit Vernunft begabtes Wesen" und „aufgrund der Vorsorge des Gottes entstanden" sei.[18] Nach den *Nomoi* gebührt der Vorrang gegenüber allen Körpern der sich selbst bewegenden und zugleich den Umschwung des Himmels lenkenden göttlichen Seele.[19] Sie ist als erstes aller Geschöpfe entstanden, aber unvergänglich.[20] Sie durchwaltet und bewegt als die beste den ganzen Kosmos durch ihre vernünftige Fürsorge und ordnende Kraft.[21] Sie ist allerdings nicht mit der Urvernunft oder dem jenseitigen Gott identisch, der seinerseits das Maß aller Dinge ist[22] und mittels der Weltseele die geordneten

---

[16] Vgl. dazu auch Henderson, Divinity and History, 239.

[17] Xen. Mem. I 4, 2–19, vgl. bes. 6. Vgl. auch IV 3, 3–14, wo Xenophon aus der Vernünftigkeit der sichtbaren Schöpfungswerke auf die unsichtbaren Schöpfergötter zurückschließt.

[18] Plat. Tim. 30b 6–c 1. οὕτως οὖν δὴ κατὰ λόγον τὸν εἰκότα δεῖ λέγειν τόνδε τὸν κόσμον ζῷον ἔμψυχον ἔννουν τε τῇ ἀληθείᾳ διὰ τὴν τοῦ θεοῦ γενέσθαι πρόνοιαν (Übers. Zekl, 33). Vgl. auch Tim. 40c. Zur platonischen Vorstellung von der Weltseele im Timaios vgl. Guthrie, Greek Philosophy V, 292–299 bzw. Moreau, L'ame du monde, 53–55.

[19] Plat. leg. X 891b 8–899d 3.

[20] Vgl. Plat. leg X 896b 10–c 3 mit XII 966d 9–e 2 und 967d 4–7. Vgl. auch Plat. Tim. 34b10–c 5.

[21] Plat. leg X 897c4–9. Zum Problem der Entstehung der Seele vgl. Guthrie, Greek Philosophy V, 366–367.

[22] Plat. leg. IV 716c 4–6.

Bewegungen des Himmels bewirkt.[23] Doch dieser Gott, den man analog zu dem, was Plato über das Gute sagt,[24] „jenseits des Seins" (ἐπέκεινα τῆς οὐσίας) zu suchen hat[25] und der die unvergängliche Quelle aller Ordnung und Weisheit und der Wächter der Sittlichkeit ist,[26] wird von ihm in diesem Zusammenhang nicht in den Vordergrund gerückt. Versetzen wir dieses transzendente Prinzip in die Welt selbst, so sind wir bei den Stoikern angekommen.[27]

## 2. Die stoische Providenzlehre, ihre philosophische Bestreitung und ihre Rezeption bei Ben Sira

Nach stoischer Lehre ist die Welt samt ihren Bewohnern ein von Zeus oder der göttlichen Vernunft, dem unsichtbaren und unsterblichen *Logos* (λόγος) gestalteter, gelenkter und in allen seinen Teilen harmonisch ausgeglichener Kosmos.[28] Ihm liegen zwei Prinzipien (ἀρχαί) zugrunde, die man als zwei Aspekte der einen Wirklichkeit betrachten kann: das aktive, formative des Logos oder Pneumas und mithin Gottes und das passive der gestaltlosen Materie oder Hyle.[29] Der ganze Kosmos aber wird in seiner Gestalt und seinem gesamten Verlauf durch die göttliche Vorsehung, die

---

23 Plat. leg. X 897c 3–8.

24 Plat. rep. VI 509b 8–10.

25 Vgl. dazu Gerson, God, 57–62 und zur Problematik Gaiser, Platon's ungeschriebene Lehre, 201.

26 Vgl. dazu Morrow, Plato's Cretan City, 400.

27 Zur Fragwürdigkeit der unterstellten aristotelischen Einflüsse auf die frühen Stoiker vgl. Sandberg, Aristotle, bes. 55–57.

28 Vgl. SVF II 1021 (Diog. Laert. VII 147), Long/Sedley 54 A, I 323 (385)/II 321 mit SVF II 318 (Orig. De oratione II, p. 246 Delarue).

29 Vgl. dazu SVF I 85 (Diog. Laert. VII 134) und dazu Long, Hellenistic Philosophy, 153–154; Lapidge, Cosmology, 161–185; Graeser,

πρόνοια oder *providentia* bewirkt und geleitet, die sich der εἱμαρμένη (lat. *fatum*), der schicksalhaften „Zuteilung“ bzw. der ἀνάγκη (lat. *necessitas*), der Notwendigkeit, als Vermittlerinnen[30] bedient.[31]

Bei Cicero heißt es in *De legibus*, wo die auf beider Vernunft beruhende Ähnlichkeit der Menschen mit den Göttern als Ursache dafür bezeichnet wird, daß die Natur zum Vorteil und Nutzen der Menschen eingerichtet ist:

*Itaque ad hominum commoditates et usus tantam rerum ubertatem natura largita est, ut ea, quae gignuntur, donata consulto nobis, non fortuito nata videantur, nec solum ea, quae frugibus atque bacis terrae fetu profunduntur, sed etiam pecudes, quod perspicuum sit partim esse ad usum hominum, partim ad fructum, partim ad vescendum procreatas.*

Deshalb hat die Natur zum Vorteil und Nutzen der Menschen einen so großen Reichtum an Dingen gespendet, daß alles, was hervorgebracht wird, mit Absicht uns geschenkt und nicht rein zufällig entstanden zu sein scheint; das gilt nicht nur für alles, was in Gestalt von Feld- und Baumfrüchten durch die Fruchtbarkeit der Erde in großer Menge erzeugt wird, sondern auch für die Tiere, die ganz offensichtlich teils zum Gebrauch für die Menschen, teils zur Nutznießung und teils zur Ernährung geschaffen wurden.[32]

---

Zenon von Kition, 94–108; Forschner, Ehtik, 25–32 und ausführlich Steinmetz, Stoa, 535–540.

[30] Vgl. SVF II 913 (Stob. Eccl. I 79,1), Long/Sedley 55 M, I 337 (402)/II 337. – Die Übersetzungen stammen, soweit nicht anders angegeben, vom Verfasser. Zur Sache vgl. auch Cic. div. I 125–126. Zur kosmologischen Theologie der Stoiker vgl. z. B. Zeller, Philosophie der Griechen, 118–152; Pohlenz, Die Stoa, 64–75; Gould, Philosophy of Chrysipp, 92–102; Long, Hellenistic Philosophy, 147–158; Steinmetz, Stoa, 534–541 (Zenon), 571–574 (Kleanthes) und 603–608 (Chrysipp) sowie Wicke-Reuter, Providenz und Verantwortung, 15–36.

[31] Vgl. dazu oben 9–10.

[32] Cic. leg. I 25 (Übers. Nickel).

Diese Vorzugsstellung des Menschen findet nach Cicero in seiner körperlichen Gestalt, seinem Gesicht als Spiegel seines Charakters und in der zweckmäßigen Ausstattung des übrigen Körpers und vor allem der Stimme als der Voraussetzung der Sprache ihren Ausdruck, die ihrerseits die wesentliche Voraussetzung für die Entstehung der menschlichen Gemeinschaft, der *humana societas*, ist.[33] Wenn Cicero in diesem Zusammenhang die aufrechte Haltung des Menschen als Bedingung seiner Betrachtung des Himmels bezeichnet, mit dem er gewissermaßen verwandt sei und in dem er früher gewohnt habe, kommt darin ein platonischer Gedanke zum Zuge.[34] Einen vergleichbaren Gedanken trägt Epiktet in seiner 1. Diatribe vor:

Μὴ θαυμάζετ᾽ εἰ τοῖς μὲν ἄλλοις ζῴοις τὰ πρὸς τὸ σῶμα ἕτοιμα γέγονεν, οὐ μόνον τροφαὶ καὶ πόμα, ἀλλὰ καὶ κοίτη καὶ τὸ μὴ δεῖσθαι ὑποδημάτων, μὴ ὑποστρωμάτων, μὴ ἐσθῆτος, ἡμεῖς δὲ πάντων τούτων προσδεόμεθα. τὰ γὰρ οὐκ αὑτῶν ἕνεκα, ἀλλὰ πρὸς ὑπηρεσίαν γεγονότα οὐκ ἐλυσιτέλει προσδεόμενα ἄλλων πεποιηκέναι. ...καίτοι νὴ τὸν Δία καὶ τοὺς θεοὺς ἓν τῶν γεγονότων ἀπήρκει πρὸς τὸ αἰσθέσθαι τῆς προνοίας τῷ γε αἰδήμονι καὶ εὐχαρίστῳ.

Wundert es euch nicht, daß die anderen Lebewesen von Natur aus besitzen, was ihr Körper braucht – nicht nur Essen und Trinken, sondern auch ein Bett –, und daß sie keine Schuhe, keine Decken und keine Kleidung brauchen, wir aber alles dies noch nicht haben? Denn diese Geschöpfe, die nicht um ihrer selbst willen da sind, sondern um anderen zu dienen, hätten ja keinen Nutzen, wenn sie auf fremde Hilfe angewiesen wären. ... Doch beim Zeus und den anderen Göttern, ein einziges dieser Geschöpfe würde genügen – einem Menschen jedenfalls, der Ehrfurcht und

---

[33] Cic. leg. I 26.

[34] Zum Topos der providentiellen Ordnung in der ganzen Natur vgl. erschöpfend Cic. nat. deor. II 154–168, aber auch schon 81–153.

Dankbarkeit empfindet –, um das Walten der Vorsehung sichtbar zu machen.[35]

Gleichzeitig ist die Welt von großer Harmonie und Schönheit:

*At vero quanta maris est pulchritudo, quae species universi, quae multitudo et varietas insularum, quae amoenitates orarum ac litorum, quot genera quamque disparia partim submersarum, partem fluitantium et innantium beluarum, partim ad saxa nativis testis inhaerentium. Ipsum autem mare sic terram adpetens litoribus eludit, ut una ex duabus naturis conflata videatur*

Aber erst das Meer! Wie groß ist seine Schönheit! Wie herrlich sein Anblick! Welche Fülle und Mannigfaltigkeit der Inseln! Welche Anmut der Küsten und Gestade! Wie viel verschiedene Arten von Tieren leben unter der Oberfläche des Wassers, lassen sich auf ihm treiben und schwimmen in ihm oder hängen mit ihren eigenen Schalen an den Riffen! Das Meer selbst aber strebt nach dem Lande zu und brandet so an die Gestade, daß es aussieht, als seien zwei Elemente zu einem zusammengeschmolzen.[36]

Darüber hinaus kommen ihm Dauer und Bestand seiner sämtlichen Teile und Bewohner zu:

*Ut vero perpetuus mundi esset ornatus, magna adhibita cura est a providentia deorum, ut semper essent et bestiarum genera et arborum omniumque rerum, quae a terra stirpibus continerentur; quae quidem omnia eam vim seminis habent in se, ut ex uno plura generentur. … (128) Quid loquar, quanta ratio in bestiis ad perpetuam conservationem earum generis appareat? Nam primum aliae mares, aliae feminae sunt, quod perpetuitatis causa machinata natura est, deinde*

---

[35] Epikt. I 16 (Übers. Nickel). Zu den Anfängen der teleologischen Naturbetrachtung vgl. Theiler, Geschichte der Naturbetrachtung und zur stoischen Teleologie Wicke-Reuter, Providenz und Verantwortung, 19–31.

[36] Cic. nat. deor. II 100. Vgl. z. B. auch das Lob der Mannigfaltigkeit der Tierwelt, II 121.

*partes corporis et ad procreandum et ad concipiendum aptissimae, et in mari et in femina commiscendorum corporum mirae libidines.*

Um der Schönheit der Welt aber auch Dauer und Bestand zu verleihen, hat die göttliche Vorsehung große Sorge dafür walten lassen, daß die einzelnen Gattungen der Tiere, Bäume und all der Gewächse, die sonst noch von der Erde mit Wurzeln festgehalten werden, immer erhalten bleiben. Denn alle haben eine solche Menge von Samen in sich, daß aus einem von ihnen gleich eine Vielzahl entstehen kann. ... (128) Doch wie groß ist erst die Umsicht, die sich bei den Tieren in der dauernden Erhaltung ihrer Gattung zeigt! Da gibt es zunächst ja männliche und weibliche Tiere, eine Einrichtung, die die Natur zu deren Erhaltung getroffen hat, dann die zum Zeugen und zum Empfangen so zweckmäßig gebildeten Körperteile, und schließlich wohnt den Männchen und Weibchen ein erstaunlicher Trieb nach der Begattung inne.[37]

Darin liegt nach stoischer Ansicht ein klarer Beweis für die Existenz eines Gottes vor, der für diese durch und durch vernünftig gestaltete Welt verantwortlich ist. Entsprechend läßt Cicero den Stoiker Balbus in *De natura deorum* erklären:

*Sic undique omni ratione concluditur mente consilioque divino omnia in hoc mundo ad salutem omnium conservationemque admirabiliter administrari.*

So führt denn von allen Seiten jede vernünftige Überlegung zu dem Schluß, daß göttliche Vernunft und göttliche Umsicht alles in dieser Welt zum Wohle und zur Erhaltung aller Wesen in wunderbarer Weise leitet.[38]

Wir stellten oben fest, daß sich der Gedanke der von Gott zweckmäßig geschaffenen Welt bis zu Diogenes von Apollonia zurückverfolgen läßt und daß sie zumal von Xenophon aufgenommen und entfaltet worden ist. Schon bei ihm findet sich die These, daß der Schöpfer den Menschen in

[37] Vgl. Cic. nat. deor. II 127–128 (Übers. Gerlach/Bayer).
[38] Cic. nat. deor. II 132 (Übers. Gerlach/Bayer).

seiner Vorsehung die Sinnesorgane zur Wahrnehmung der Welt und die Organe zum Zeugen von Kindern gegeben und ihnen darüber hinaus eine vernünftige Seele verliehen habe, so daß sie wie die Götter leben und die anderen Lebewesen überragen können.[39] Diesen Ansatz haben die Stoiker nach dem Zeugnis von Cicero *De natura deorum* II.73–165 umfassend ausgebaut. Dabei haben sie das Wirken der göttlichen Vorsehung von der Bewegung der Gestirne (II.119) bis hin zur Organisation des menschlichen Leibes und der menschlichen Fähigkeit verfolgt, den Lauf der Gestirne zu berechnen und aus ihren regelmäßigen Bahnen auf die Existenz der Götter zurückzuschließen (II.134–153). Aus diesen Beobachtungen haben sie den Schluß gezogen, daß das ganze Weltall um der Menschen bzw. richtiger: um der Götter und Menschen willen erschaffen worden sei (II.154–155). Das aber haben sie wiederum mit vielen Beispielen von dem Nutzen, den die Menschen aus der Natur schöpfen, belegt. So heißt es in *De natura Deorum*:

*Ut fides igitur et tibias eorum causa factas dicendum est, qui illis uti possent, sic ea, quae dixi, is solis confitendum est esse parata, qui utuntur.*

Wie nun von einer Lyra oder Flöte gilt, daß sie nur für die, die sie auch spielen können, gemacht sind, so versteht sich auch, daß das oben Genannte nur für die bereitet ist, die es zu gebrauchen wissen.[40]

---

39 Xen. mem. I 4,4–14 und dazu Theiler, Geschichte der Naturbetrachtung, 14–21.

40 Cic. nat. deor. II 157 (Übers. Gerlach/Bayer).

## 3. Das Problem der Verträglichkeit der göttlichen Providenz mit den Übeln und dem Bösen in der Welt

Doch diese optimistische Weltsicht besaß ihre problematische Schattenseite, weil es in der Welt nicht nur die rational einsichtige Fürsorge Gottes für die Menschen, sondern auch die physischen Übel und das moralisch Böse gibt. Die physischen Übel bestehen in allem, was dem Leben auf dieser Erde schadet, die moralischen in dem Überwiegen der Schlechten und in der Unmöglichkeit, einen Zusammenhang zwischen sittlicher Würdigkeit und äußerer Glückseligkeit nachzuweisen. Wenn aber, wie es die Stoiker lehren, der göttliche λόγος die Welt überblickt, bestimmt und lenkt, wobei er allem irdischen Geschehen mittels des Wirkens der εἱμαρμένη (lat. *fatum*), der Zuteilung oder des Schicksals, und der ἀνάγκη (lat. *necessitas*), der Notwendigkeit einen unabänderlichen Charakter verleiht, dürfte es nach der Ansicht der Epikureer und Akademiker eigentlich keine Übel und keine Bösen in der Welt geben. Die Epikuräer leugneten daher die Annahme, daß alles was geschieht, notwendig ist, sondern erklärten sich einerseits das Schicksal des Menschen als durch das Zusammenspiel zwischen der Notwendigkeit und der menschlichen Freiheit bedingt,[41] während sie es andererseits für mit der göttlichen Seligkeit unvereinbar hielten, daß sich die Götter um die Menschen kümmern.[42] Die akademische Kritik machte geltend, daß die zahlreichen physischen und moralischen

[41] Vgl. dazu den Brief Epikurs an Menoikos bei Diog. Laert. X 134–135, Epicurea, ed. Usinger, 65–66; und zu Epikur und seiner Schule umfassend Erler, Epikur – Die Schule des Epikurs – Lukrez, 29–490 bzw. knapp ders., Epikur, 40–60.

[42] Vgl. dazu den Brief Epikurs an Menoikos bei Diog. Laert. X 123–124; Epicurea, ed. Usinger, 59–60.

Übel in der Welt gegen die Annahme einer göttlichen Vorsehung überhaupt sprächen. In diesem Sinne läßt Cicero in seiner Schrift *De natura deorum* die akademische Kritik mittels des nachfolgenden Zitats aus einer uns unbekannten Dichtung so auf einen Nenner bringen:

*Nam si curent, bene bonis sit,*
*male malis; quod nunc abest.*

Denn sorgten sie für sie, dann ging's den Guten gut,
den Schlechten aber schlecht, und dem ist nicht so.[43]

Die Antwort der Stoiker auf diesen Einwand bestand zunächst in der Erklärung, daß es sich bei der Herstellung der Welt nicht vermeiden ließ, daß außer dem Nützlichen auch das Schädliche und außer den Guten auch die Bösen erschaffen und in die Harmonie des Ganzen eingeordnet worden sind.[44] Nur ganz gelegentlich spielte bei ihnen das herkömmliche religiöse Argument eine Rolle, daß die Übel von Zeus als Mittel zur Züchtigung der Bösen verwendet werden, wobei die Guten davon so mitbetroffen werden wie von einem Unglück, das eine ganze Stadt trifft.[45]

Gegen die Annahme, kosmische Katastrophen seien Ausdruck des göttlichen Zorns, wird sich später Seneca ausdrücklich in seinen *Naturales quaestiones* wenden:

---

[43] Cic. nat. deor. III 79 (Übers. Gerlach/Bayer).

[44] Vgl. SVF II 1184 (Clem. Alex. strom. I 369); Kleanthes bei Stob. Eccl. I 1.12 (SVF I 537), dazu Wicke-Reuter, Providenz und Verantwortung, 41–42.

[45] Vgl. Plut. mor. 35, 1050e und dazu Zeller, Philosophie der Griechen, 176–182 und Wicke-Reuter, Providenz und Verantwortung, 39–40, zu der entsprechenden traditionellen griechischen Anschauung vgl. Wolf, Griechisches Rechtsdenken I, 70–165 und Lloyd-Jones, Justice of Zeus, 28–54.

*Illud quoque proderit praesumere animo, nihil horum deos facere, nec ira numinum aut caelum converti aut terram, suas ista causas habent nec ex imperio saeviunt, sed quibusdam vitiis ut corpora nostra turbantur et tunc, cum facere videntur iniuriam, accipunt. (2) nobis autem ignorantibus verum omnia terribiliora sunt, utique quorum metum raritas auget. levius accidunt familiaria. ex insolito formido maior est. quare autem quicquam nobis insolitum est? quia naturam oculis, non ratione, comprehendimus nec cogitamus, quid illa facere possit, sed tantum quid fecerit. damus itaque huius neglegentiae poenas tamquam novis territi, cum illa non sint nova, sed insolita.*

Hilfreich mag es auch sein, sich vorzustellen, daß die Götter an all diesem keinen Anteil haben und Erde oder Himmel nicht durch den Zorn der Götter auf den Kopf gestellt werden. Diese Vorgänge haben ihre eigenen Ursachen, und dieses Toben ist nicht befohlen, sondern es sind Störungen aufgrund bestimmter Mängel wie bei unserem Körper, und gerade, wenn die Welt Gewalt auszuüben scheint, geschieht ihr Gewalt. (2) Weil wir aber den wahren Grund nicht wissen, ist es noch schrecklicher für uns, da auch die Seltenheit solcher Geschehnisse unsere Angst steigert. Was man kennt, trifft nicht so schwer, während bei Ungewohntem die Angst größer ist. Warum aber ist uns etwas ungewohnt? Weil wir die Natur nur mit den Augen, nicht aber mit der Vernunft auffassen und nicht bedenken, was sie zu tun vermag, sondern nur, was sie getan hat. Also müssen wir Strafe leiden für diese Gedankenlosigkeit, erschreckt wie über Unerhörtes, während dies doch nur ungewohnt ist, nicht aber unerhört.[46]

Im Blick auf den Glauben, die Zerstörungen durch Blitze nähme Jupiter willentlich vor, wendet er ein:

*In his, prima specie si intueri velis, errat antiquitas. quid enim tam imperitum est quam credere fulmina e nubibus Iovem mittere, columnas, arbores, nonnumquam statuas suas petere, uti impunitis sacrilegis percussoribus incendiariis pecudes innoxias feriat, et ad suum sumi consilium a Iove deos, quasi in ipso parum consilii sit? illa laeta*

[46] Sen. nat. VI 3, 1–2 (Übers. Schönberger).

*esse et placata fulmina, quae solus excutiat, perniciosa, quibus mittendis maior turba numinum interfuit?*

In diesem Glauben irrt, man sieht es auf den ersten Blick, das Altertum. Denn was ist so unbedarft, als zu glauben, Jupiter schleudere die Blitze aus den Wolken und ziele auf Säulen, Bäume, ja manchmal sogar auf seine eigenen Statuen, so daß er Tempelschänder, Mörder, Brandstifter ungestraft läßt, dafür aber harmlose Schafe zerschmettert? Und Jupiter sollte Götter zu seiner Beratung beiziehen, als ob er selbst nicht Rat genug wüßte? Und das sollen erfreuliche und sanfte Blítze sein, die er allein schleudert, verderbliche aber solche, zu deren Aussendung ein größerer Götterhaufe zusammenkam?[47]

Die Zurückweisung dieser Ansichten, welche die Einfältigen im Zaum halten (42.3) und gleichzeitig daran erinnern sollten, daß man auf unterschiedliche Weise strafen müsse (44.2), besitzt ihre Begründung in der Lehre (45.1), daß Jupiter der Lenker und Hüter des Alls, der *rector* und *custos universi* und der belebende Geist der Welt, *animus ac spiritus mundi*, ist, auf den jeder Name passt:

*vis illum fatum vocare, non errabis. hic est, ex quo suspensa sunt omnia, causa causarum; vis illum providentiam dicere, recte dices. is est enim, cuius consilio huic mundo providetur, ut inoffensus exeat et actus suos explicet; vis illum naturam vocare, non peccabis. hic est, ex quo nata sunt omnia, cuius spiritu vivimus; vis illum vocare mundum, non falleris. ipse enim est hoc, quod vides totum, partibus suis inditus, et se sustinens et sua. idem Etruscis quoque visum est, et ideo fulmina mitti dixerunt a Iove, quia sine illo nihil geritur.*

Willst du ihn Schicksal nennen, gehst du nicht fehl; er ist es, von dem alles abhängt, Ursache der Ursachen. Willst du ihn Vorsehung nennen, trifft dein Wort, ist er es doch, nach dessen Rat für diese Welt gesorgt wird, damit sie ohne Anstoß durchkommt und ihre Aufgaben erfüllt. Willst du ihn Natur nennen, ist es nicht falsch, ist er es doch, dem alles entstammt, durch dessen Hauch wir leben.

---

47 Sen. nat. II 42, 1 (Übers. Schönberger).

Willst du ihn All nennen, irrst du nicht, denn er ist das Ganze, das du siehst, ist seinen Teilen eingewoben und erhält sich und das Seine. So sahen es auch die Etrusker, und sagten deshalb, Jupiter sende Blitze, weil nichts ohne ihn geschieht.[48]

Auf die Frage, warum Jupiter mit seinen Blitzen an dem einen vorübergeht und den anderen trifft, erteilte Seneca in seinen *Naturales quaestiones* die (vorläufige, aber) durchaus der stoischen Kosmologie und Providenzlehre entsprechende Auskunft:

*in maiorem me quaestionem vocas, cui suus dies locus dandus est. interim hoc dico, fulmina non mitti a Iove, sed sic omnia esse disposita, ut etiam quae ab illo non fiunt, tamen sine ratione non fiant, quae illius est. nam etiamsi Iupiter illa nunc non facit, Iupiter fecit ut fierent; singulis non admovet manum, vim causam omnibus dedit.*

Du bringst mich da auf eine bedeutendere Frage, die ihre eigene Zeit und ihren eigenen Ort verlangt. Einstweilen sage ich so: Iupiter schleudert die Blitze nicht, sondern alles ist so eingerichtet, daß auch das, was nicht von ihm kommt, doch nicht ohne vernünftige Lenkung geschieht, die sein Werk ist. Denn mag Iupiter etwas jetzt nicht ausführen, so hat er doch dafür gesorgt, daß es geschieht. Er legt nicht Hand an Einzelheiten, doch schuf er die Wirkursache von allem.[49]

Jupiter ist der Lenker und Hüter des Alls, der belebende Geist des Ganzen, das Schicksal, die Ursache aller Ursachen, die Vorsehung, die Natur oder das Ganze; daher ist er, wenn schon nicht unmittelbar, so doch mittelbar auch die Ursache dafür, daß ein Blitz gerade den einen trifft und an dem anderen vorübergeht.

Das typisch stoische Argument aber bestand darin, daß der Weise zwar wie jeder andere Mensch die Schmerzen

---

[48] Sen. nat. II 45, 2–3 (Übers. Schönberger).

[49] Sen. nat. II 46 (Übers. Schönberger). Vgl. zu seiner Position auch unten, 134–146.

empfinde und andere Übel erleide, sich aber über die Zwänge des Schicksals erheben könne: In seiner Freiheit von den Affekten, seiner ἀπάθεια, gestattet er seinen Empfindungen nicht, ihn zu überwältigen:

ὁ σοφὸς ὑπὸ τῆς τυχῆς ἀήττητός ἐστι καὶ ἀδούλοτος καὶ ἀκέραιος καὶ ἀπάθης.

Der Weise verhält sich unter dem Fatum unerschüttert und unversklavt und unberührt und leidenschaftslos.[50]

So ähnlich äußert sich auch Seneca:

(11) *quid est praecipuum? erigere animum supra minas et promissa fortunae, nil dignum putare, quod speres. quid enim habet, quod concupiscas? qui a divinorum conversatione quotiens ad humana recideris, non aliter caligabis quam quorum oculi in densam umbram ex claro sole redierunt.* (12) *quid est praecipuum? posse laeto animo adversa tolerare; quicquid acciderit, sic ferre quasi volueris tibi accidere (debuisses enim velle, si scisses omnia ex decreto dei fieri; flere, queri et gemere desciscere est).* (13) *Quid est preaecipuum? animus contra calamitates fortis et contumax, luxuriae non adversus tantum, sed infestus, nec avidus periculi nec fugax, qui sciat fortunam non expectare, sed facere et adversus utramque intrepidus inconfususque prodire nec illius tumultu nec huius fulgore percussus.* (14) *Quid est praecipuum? non admittere in animo mala consilia, puras ad caelum manus tollere, nullum bonum petere, quod ut ad te transeat, aliquis dare debet, aliquis amittere; optare, quod sine adversario optatur, bonam mentem. cetera magno aestimata mortalibus, etiamsi quis domum casus attulerit, sic intueri quasi exitura, qua venerint.* (15) *quid est praecipuum? altos supra fortuita spiritus tollere, hominis meminisse, ut, sive felix eris, scias hoc non futurum diu, sive infelix, scias hoc te non esse si non putes.* (16) *Quid est praecipuum? in primis labris animam habere. haec res efficit non e iure Quitritium liberum, sed e iure naturae. liber est autem, qui servitutem suam effugit. haec est*

---

50 SVF I 449 (Persaios von Kition bei Themistius, or. 32 [358 Hard]).

*assidua et ineluctabilis et per diem ac noctem aequaliter premens, sine intervallo, sine commeatu.*

(11) Was ist Größe? Den Geist über Drohungen und Lockungen des Glücks zu erheben und nichts für so wertvoll zu halten, daß man es erhofft. Was hat es denn an sich, daß du es begehrst? Immer wenn du vom Umgang mit den Göttern ins Menschenleben herabsteigst, wirst du nicht anders geblendet als Menschen, deren Augen aus hellem Sonnenlicht in dichten Schatten blickten.(12) Was ist groß? Unglück mit heiterem Herzen ertragen zu können; was kommen mag, so hinzunehmen, als entspräche es deinem Wunsch (du hättest es ja wollen müssen, hättest du gewußt, daß alles nach dem Willen der Gottheit geschieht; weinen, klagen und seufzen ist soviel wie revoltieren). (13) Was ist groß? Ein Herz, tapfer und trotzig gegen alles Unglück, nicht nur Gegner, sondern Feind der Genußsucht, auf Gefahren nicht erpicht, doch auch nicht ängstlich vor ihnen, ein Geist, der auf das Glück nicht wartet, sondern es gestaltet und gegen Glück und Unglück unverzagt und festen Herzens antritt, betroffen weder vom Sturm des einen noch vom Glanz des anderen. (14) Was ist groß? Schlimmen Gedanken keinen Eingang gewähren, reine Hände zum Himmel erheben, kein Gut wünschen, das ein anderer hergeben und verlieren muß, damit es auf dich übergeht; wünschen, was dir niemand zum Feind macht, ein reines Gewissen. Alles andere, was Menschen so hochschätzen, brächte es auch der Zufall ins Haus, so anzusehen, als werde es ebenso fortgehen, wie es hereinkam. (15) Was ist Größe? Den Geist hoch über den Zufall erheben, bedenken, daß man ein Mensch ist, um im Glück zu wissen, daß es nicht lange andauern wird, im Unglück aber, daß du nur unglücklich bist, wenn du dich dafür hältst. (16) Was ist Größe? Jeden Augenblick bereit sein, das Leben auszuhauchen. Das macht frei, zwar nicht nach den Paragraphen römischen Rechts, doch nach dem Recht der Natur. Frei aber ist, wer nicht sein eigener Sklave ist, denn dies ist eine ewige, nicht abzuschüttelnde und Tag und Nacht hindurch gleich drückende Knechtschaft ohne Unterlaß und ohne Urlaub.[51]

[51] Sen. nat. III praef. 11–16 (Übers. Schönberger).

Der radikale Rückzug des Menschen in seine Innerlichkeit macht ihn unempfindlich gegen die Schläge des Schicksals und die Angriffe der Bösen. Die Voraussetzung dafür aber bildet die Überzeugung, daß alles himmlische und irdische Geschehen dank der ihm innewohnenden göttlichen Vernunft, des Logos, einen einzigen in sich stimmigen Zusammenhang bildet, von dem der Einzelne mit seinem Dasein und Sosein und seinem Schicksal ein notwendiger Teil des Ganzen ist. Daher konnte es für Stoiker wie den Zeitgenossen Neros und Senecas, den römischen Philosophen C.M. Rufus Musonius eigentlich überhaupt keine Übel geben:

τό γε μὴν ἄφοβον καὶ ἀνέκπληκτον καὶ θαρσαλέον ἔστι μὲν ἀνδρείας ἔργον, πῶς δ' ἂν ἄλλως μᾶλλον ἀνθρώπῳ ὑπάρξειεν ἢ εἴ τις περὶ θανάτου καὶ πόνου λάβοι πίστιν ἰσχυρὰν ὡς οὐ κακοῖν ὄντοιν αὐτοῖν; ταῦτα γὰρ δὴ τὰ ἐξιστάντα καὶ φοβοῦντα τοὺς ἀνθρώπους ἐστίν, ὅ τε θάνατος καὶ ὁ πόνος, ὅταν ὡς περὶ κακῶν πεπεισμένοι ὦσιν αὐτῶν· μὴ κακὰ δ' εἶναι ταῦτα φιλοσοφία διδάσκει μόνη.

Und Furchtlosigkeit, Unerschrockenheit und Mut sind doch wohl Auswirkungen der Tapferkeit; wie könnte sie aber ein Mensch auf andere Weise erwerben, als wenn er von Tod und Mühsal die feste Überzeugung gewänne, daß sie gar keine Übel sind? Tod und Mühsal: sie sind es ja gerade, die die Menschen ängstigen und außer Fassung bringen, wenn sie fest davon überzeugt sind, daß das furchtbare Übel sind. Daß es aber überhaupt keine Übel sind, das lehrt die Philosophie allein.[52]

Wie tröstlich sich dieser Gedanke für den Einzelnen auswirken konnte, sei mit einer Aufzeichnung des Stoikers auf dem römischen Kaiserthron Mark Aurel (121–180 n. Chr.) belegt:

---

[52] Diatr. 8 (Übers. Nickel). Zu Musonius vgl. Zeller, Philosophie der Griechen, 755–765 und knapp B. Inwood, Art. Musonius I. C. M. Rufus, übers. von J. Derlien, DNP VIII, 2000, 553.

Τὰ τῶν θεῶν προνοίας μεστά. τὰ τῆς τύχης οὐκ ἄνευ φύσεως ἢ συγκλώσεως καὶ ἐπιπλοκῆς τῶν προνοίᾳ διοικουμένων· πάντα ἐκεῖθεν ῥεῖ. πρόσεστι δὲ τὸ ἀναγκαῖον καὶ τὸ τῷ ὅλῳ κόσμῳ συμφέρον, οὗ μέρος εἶ. παντὶ δὲ φύσεως μέρει ἀγαθόν, ὃ φέρει ἡ τοῦ ὅλου φύσις καὶ ὃ ἐκείνης ἐστὶ σωστικόν· σῴζουσι δὲ κόσμον, ὥσπερ αἱ τῶν στοιχείων, οὕτως καὶ αἱ τῶν συγκριμάτων μεταβολαί. ταῦτά σοι ἀρκείτω ἀεὶ δόγματα ἔστω. τὴν δὲ τῶν βιβλίων δίψαν ῥῖψον, ἵνα μὴ γογγύζων ἀποθάνῃς, ἀλλὰ ἵλεως ἀληθῶς καὶ ἀπὸ καρδίας εὐχάριστος τοῖς θεοῖς.

Was von den Göttern kommt, ist von der Vorsehung bestimmt; was dem Zufall unterliegt, ist nicht ohne Verbindung mit der Natur oder nicht ohne Verbindung und Verknüpfung mit allem, was von der Vorsehung bestimmt wird. Alles hat dort seinen Ausgangspunkt. Es kommt noch das Notwendige und das für den ganzen Kosmos Nützliche hinzu, von dem du ein Teil bist. Für jeden Teil der Natur aber ist alles gut, was die Natur des Ganzen mit sich bringt und was der Erhaltung dient. Den Kosmos aber erhalten die Verwandlungen sowohl der kleinsten Bausteine wie auch der zusammengesetzten Körper. Diese Einsichten sollen dir genügen, wenn sie deine Grundüberzeugungen sind. Befreie dich von deinem Hunger auf Bücher, damit du dein Leben nicht in Gram beschließt, sondern wahrhaft heiter und den Göttern von Herzen dankbar.[53]

Der Weltprozeß seinerseits ist endlich; denn der Kosmos kollabiert, wenn sich seine pneumatische Substanz erschöpft hat, um dann einer neuen, mit der alten identischen Welt Platz zu machen, in der dieselben Menschen wiederkehren, um dasselbe zu erleben, zu wirken und zu erleiden.[54] In

[53] M. Aur. II 3 (Übers. Nickel). Zu Mark Aurel als Philosoph vgl. Zeller, Philosophie der Griechen, 781–791 bzw. Hadot, Mark Aurel, 199–215 bzw. zu seiner Herrschaft und Philosophie knapp W. Eck, Art. Marcus Aurelius, DNP VII, 1999, 870–875, zur Eigenart seiner Aufzeichnungen als Meditationstexte Hadot, Philosophie als Lebensform, 83–98.

[54] Vgl. dazu z.B. SVF II 596 und 625 (Long/Sedley 52 C, I 309 (368)/II 306–307) und zur Sache Zeller, Philosophie der Griechen, 152–160 und knapp, aber instruktiv Long/Sedley I 307–308 (370–373).

dieser Vorstellung zeigt sich die Nachwirkung des Satzes von Heraklit, daß die Welt ein lebendes Feuer sei, das nach Maßen erglühe und verlösche.[55] Ob von ihm damit wie von den Stoikern ein zyklisches Werden und Vergehen und damit eine ewige Wiederkehr der Welt behauptet wurde, ist umstritten. Gewiß aber haben die Stoiker es so verstanden.[56] Mithin gab es für sie keine sie aus dem Weltprozeß herausnehmende Erlösung, sondern nur die Möglichkeit, sich in der Annahme des eigenen Schicksals über es zu erheben. Und so erklärt Seneca seinem Freunde Lucilius in *De providentia*:

*Nihil cogor, nihil patior invitus, nec servio deo sed assentior, eo quidem magis quod scio omnia certa et in aeternum dicta lege decurrere. (7) Fata nos ducunt et quantum cuique temporis restat prima nascentium hora disposuit. Causa pendet ex causa, privata ac publica longus ordo rerum trahit: ideo fortiter omne patiendum est quia non, ut putamus, incidunt cuncta sed veniunt. Olim constitutum est quid gaudeas, quid fleas, et quamvis magna videatur varietate singulorum vita distingui, summa in unum venit: accipimus peritura perituri.*

Zu nichts werde ich gezwungen, nichts ertrage ich unwillig und bin nicht Gottes Sklave, sondern stimme ihm zu, und zwar um so mehr, als ich weiß, daß alles nach einem bestimmten und auf ewig festgelegten Gesetz abläuft. (7) Das Schicksal führt uns, und wieviel Zeit einem jeden bleibt, hat die erste Stunde der Geburt für jeden festgelegt. Ursache hängt von Ursache ab, private und öffentliche Dinge schleppt der lange Gang der Ereignisse mit sich: deswegen muß man alles tapfer ertragen, weil alles nicht, wie wir glauben, zufällig geschieht, sondern aufgrund einer Ursache eintritt. Vor Zeiten ist festgesetzt worden, worüber du dich freuen, worüber

---

[55] DK 22 frg. 30, vgl. frg. 31 und 90 = KRS frg. 217, vgl. frg. 218 und 219.

[56] Zum umstrittenen Verständnis der zitierten Fragmente vgl. Guthrie, Greek Philosophy I, 454–469 und Kirk/Raven/Schofield, 217–219 und zur stoischen Rezeption Long, Hellenistic Philosophy, 155–156; zu weiteren Einflüssen Heraklits auf die Stoa auch 145–146.

du weinen sollst, und mag es so aussehen, als ob das Leben jedes einzelnen durch große Verschiedenheit gekennzeichnet ist, das Ergebnis läuft auf eins hinaus: wir empfangen, was vergänglich, selbst vergänglich.[57]

In ähnlicher Weise konnte Seneca in seinen *Naturales quaestiones* seinen Freund zur Gelassenheit angesichts der Unvermeidlichkeit des Todes ermahnen:

(6) *Cogitemus nos, quantum ad mortem, perditos esse: et sumus. ita est, Lucili: omnes reservamur ad mortem. totum hunc, quem vides populum, totum quem usquam cogitas esse, cito natura revocabit et condet, nec de re, sed de die quaeritur. eodem citius tardiusve veniendum est.* (7) *Quid ergo? non tibi timidissimus omnium videtur et insipientissimus, qui magno ambitu rogat moram mortis? nonne contemneres eum, qui, inter perituros constitutus, beneficiii loco peteret, ut ultimus cervicem praeberet? idem facimus: magno aestimamus mori tardius.* (8) *In omnes constitutum est capitale supplicium et quidem constitutione iustissima. nam, quod maximum solet esse solacium extrema passuris, quorum eadem causa, sors eadem est. sequeremur traditi a iudice aut magistratu et carnifici nostro praestaremus obsequium. quid interest, utrum ad mortem iussi eamus an nati.*

(6) Was den Tod angeht, müssen wir uns für Verlorene halten, und wir sind es auch. Denn es ist so, lieber Lucilius: Alle sind wir für den Tod aufgespart. Die ganze Menschheit, die du siehst und dir irgendwo denkst, wird die Natur in Kürze heimrufen und bestatten, und es geht nicht ums Ob, sondern ums Wann. Früher oder später müssen wir an diesem Ziel ankommen. (7) Wie also? Scheint dir nicht der der größte Feigling und Tor, der mit vielem Hin und Her den Tod aufschieben möchte? Würdest du nicht den verachten, der, unter Todeskandidaten aufgestellt, um die Wohltat bäte, als letzter seinen Nacken darzubieten? Genau das aber tun wir: Wir geben viel darum, erst später an die Reihe zu kommen. (8) Über uns alle ist der Todesspruch verhängt, und zwar ein höchst gerechtes Urteil. Denn es ist immer noch der beste Trost für solche, die sterben müssen, daß alle, die demselben Prozeß unterliegen,

[57] Sen. dial. I 5, 6–7 (Übers. Krüger).

auch dasselbe Los trifft. Würden wir vom Richter oder einem Beamten dem Tod überliefert, ergäben wir uns und gehorchten dem Henker. Und was macht es dann aus, ob wir in den Tod gehen, weil wir verurteilt oder weil wir geboren sind?[58]

Abgesehen davon, steht es dem Menschen frei, wenn ihm sein Leben unerträglich geworden ist, es zu verlassen.[59]

## 4. Die göttliche Fürsorge für die Welt in der ägyptischen Sonnentheologie

Für das Denken der biblischen Propheten, Geschichtserzähler und Historiker war es dagegen selbstverständlich, daß Gott sein Volk und jedes seiner Glieder mit allen nur denkbaren physischen und politischen Mitteln im Fall seines Ungehorsams heimsuchte: mit Erdbeben, Dürren, Heuschrecken und Seuchen als natürlichen Übeln wie mit Hunger, Schwert, Seuche und Deportation als den Folgen des Kampfes um eine belagerte und schließlich eroberte Stadt. Und ebenso fest stand für sie das Umgekehrte, nämlich daß Gott seinem gehorsamen Volk „einen bis in Küche und Keller reichenden Segen", Sieg über seine Feinde und die Vorherrschaft über die Völker verleihen würden.[60] Ähnlich sollte es nach den Lehren der biblischen Weisen den Gerechten im Gegensatz

---

[58] Sen. nat. II 59, 6–8. Zu Senecas Freund Lucilius Iunior, dem auch die *Naturales quaestiones* gewidmet sind, vgl. W. Eck/J. A. Richmond, Art. Lucilius [II 4] L. Iunior, DNP VII, 1999, 466.

[59] Vgl. dazu oben, 16 und unten, 143–146.

[60] Vgl. z. B. Dtn 28,15–69; Am 4,4–13; Jes 5,1–7; Jer 7,17–20; 33,4–5; Ez 21,1–15 mit Dtn 28,1–14; Hos 14,2–8; Am 5,4; Jes 11,1–9; Jer 32,36–41; Ez 36,26–32; Joel 2,12–14 und Mal 3,19–22 und dazu Kaiser, Gott des Alten Testaments 1, 157–262, bes. 260–261.

zu den Gottlosen ergehen.[61] So verheißt zum Beispiel Ps 1 dem Gerechten, daß er einem an einem Bewässerungskanal gepflanzten Baume gleichen werde, der seine Frucht zu seiner Zeit bringt und dem all sein Tun gelingen werde. Und ähnlich sagt Ps 91,11 dem, der auf den Herrn vertraut, zu, daß der Herr seine Engel über ihm entbieten und sie ihn auf allen seinen Wegen behüten würden.

Andererseits kannte schon die biblische Weisheit vor Sirach ausweislich des 104. Psalms, einer jedenfalls nachexilischen Dichtung, den Gedanken der Zweckmäßigkeit der Werke Gottes. Der Psalm geht vermutlich auf ägyptische Einflüsse zurück. Denn dort läßt sich der Gedanke der Versorgung aller Geschöpfe durch den Schöpfergott nicht nur in dem kleinen und dem berühmten großen Sonnengesang des Echnaton (um 1340 v.Chr.),[62] sondern auch in dem gleichzeitigen thebanischen narrativen Sonnenhymnos aus Tura und dem der Ramessidenzeit angehörenden aus Hibis nachweisen.[63] Hier seien als Beispiel einige Strophen aus dem großen Sonnengesang des Echnaton zitiert und dann mit Ps 104,10–31 konfrontiert. In dem Sonnenhymnus heißt es:[64]

---

[61] Vgl. z. B. Spr 11,5; 12,21; 13,9; Ps 1 und Ps 37 und dazu Kaiser, Gott des Alten Testaments 3, 258–268.

[62] Vgl. Assmann, Hymnen und Gebete (in: Kaiser, Texte), Nr. 7 Der „Große Hymnus" des Echnaton von Amarna, 848–853 und dazu Bernhardt, Amenophis, 193–206 und Krüger, Kosmotheologie, 49–74, und zur jedenfalls nachexilischen Ansetzung von Ps 104 immer noch Crüsemann, Formgeschichte, 286–288 und 301–302.

[63] Vgl. dazu Assmann, Re und Amun, 226–234, der Schöpfungshymnus von Tura auch ders., Hymnen und Gebete, Nr. 4 Hymnus an Ammun Re, aufgezeichnet in den Steinbrüchen von Tura, 842–844.

[64] Übersetzung Assmann, Hymnen und Gebete (in: Kaiser, Texte), Nr. 7 Der „Große Hymnus" des Echnaton von Amarna, 848–853. Zur Reformation König Echnatons, der Eigenart seines Monotheismus,

Schön erscheinst du
im Lichtland des Himmels,
du lebende Sonne, Ursprung des Lebens.
Du bist aufgegangen im östlichen Lichtland,
und du hast jedes Land mit deiner Schönheit erfüllt.
...

Wie zahlreich sind deine Werke,
die dem Angesicht verborgen sind,
Du einer Gott, dessen gleichen nicht ist!
Du hast die Erde erschaffen nach deinem Herzen,
der du allein warst,
mit Menschen, Herden und jeglichem Wild,
allem, was auf Erden ist und auf seinen Füßen läuft,
(allem) was in der Luft ist und mit seinen Flügeln auffliegt.

Die Fremdländer von Syrien und Nubien
und das Land von Ägypten:
du stellst jedermann an seinen Platz und sorgst für ihren Bedarf,
jeder Einzelne hat zu essen, seine Lebenszeit ist festgesetzt.
Die Zungen sind verschieden im Sprechen,
ihre Eigenschaften desgleichen;
ihre Hautfarbe ist unterschieden, (denn) du unterscheidest die
Völker.

Du schaffst den Nil in der Unterwelt
und bringst ihn (herauf) nach deinem Willen,
um die Menschheit am Leben zu erhalten, wie du sie geschaffen
hast;
du bist ihrer aller Herr, der sich abmüht mit ihnen.

Du Herr eines jeden Landes, der aufgeht für sie,
du Sonne des Tages, gewaltig an Hoheit!
Alle fernen Länder, du schaffst ihren Lebensunterhalt:
du hast einen Nil an den Himmel gesetzt, daß er herabsteige zu
ihnen,

---

den Gründen für sein Scheitern und dem Problem des Verhältnisses des Sonnengesangs zu Ps 104 vgl. Koch, Geschichte der ägyptischen Religion, 332–352 und zur Mosegestalt Otto, Tora des Mose.

er schlägt Wellen auf den Bergen wie der Ozean,
um ihre Äcker zu befeuchten durch seine Berührung.

Wie wirksam sind deine Pläne, du Herr der unendlichen Zeit!
Der Nil am Himmel, du (gibst) ihn den Fremdvölkern
und den Wildtieren eines jeden Berglandes, die auf ihren Füßen laufen.

Der (eigentliche) Nil, er kommt
aus der Unterwelt nach Ägypten.

Deine Strahlen säugen alle Wiesen;
wenn du aufgehst, leben sie und wachsen um deinetwillen.
Du erschaffst die Jahreszeiten, um alle deine Geschöpfe
sich zu entwickeln lassen,
den Winter, sie zu kühlen,
die Sommerglut, damit sie dich spüren.

Du hast den Himmel fern gemacht, um an ihm aufzugehen,
um alles zu sehen, was du erschaffst, indem du allein bist.
Du bist aufgegangen in deiner Verkörperung als lebende Sonne,
du bist erschienen und strahlend,
du bist fern und nah (zugleich).
...

Die Erde entsteht auf deinen Wink, wie du sie geschaffen hast:
du gehst auf für sie – sie leben,
du gehst unter, sie sterben.
Du bist die Lebenszeit selbst, man lebt durch dich.

Die Augen ruhen auf Schönheit, bis du untergehst,
alle Arbeit wird niedergelegt, wenn du untergehst im Westen.
Der Aufgehende, er läßt [alles Sein] wachsen für den König;
Eile ist in jedem Fuß, seit du die Erde gegründet hast.

## 5. Die göttliche Fürsorge für die Welt nach Ps 104

Mit einem Lob auf den Herrn und seiner leuchtenden Erscheinung setzt auch Ps 104,1–4 ein:

1 Preise, meine Seele, Jahwe,
Jahwe, mein Gott, du bist sehr groß.
Mit Pracht und Herrlichkeit hast du dich bekleidet,
2 mit Licht dich umhüllt wie einem Mantel.
Der du ausspannst den Himmel wie ein Zelt,
3 der im Wasser errichtet seine Söller,
der Wolken zu seinem Fahrzeug macht,
der einherfährt auf den Flügeln des Windes,
4 der Winde zu seinen Boten macht
und zu seinen Dienern Feuerflammen.

Nachdem der Sänger in den V. 5–9 das Schöpfungswerk des Herrn gepriesen hat, rühmt er in den V. 10–23 das fürsorgliche, Leben ermöglichende fortwährende Schöpfungshandeln seines Gottes, um dann in den V. 24–30 staunend die Zahl seiner Werke, und das heißt: seiner Geschöpfe auf dem Lande und im Meere zu preisen, deren Leben von seiner gnädigen Zuwendung abhängt:

10 Der (du) Quellen sendest in die Wadi
so daß sie zwischen den Bergen fließen,
Daß sie tränken alles Getier des Gefildes
und die Wildesel ihren Durst ‚stillen'.[65]
In ihrem Laub wohnen die Vögel des Himmels,
mitten im Gezweig ertönt ihre Stimme.
Der die Berge tränkt aus seinen Söllern,
‚von seinen Güssen'[66] wird satt die Erde.
Der sprossen läßt Gras für die Tiere,
und Kraut für das Vieh des Menschen.
Damit Brot aus der Erde hervorgeht,
15 und Wein, der des Menschen Herz erfreut.

Damit das Gesicht von Öl erglänzt
und Brot des Menschen Herz erfreut.
Damit satt werden die Bäume ‚des Feldes'

[65] Siehe BHS ad loc.

[66] Lies mippeˇāṣâw, vgl. Briggs, Book of Psalms II, 338 ad loc.

die Zedern des Libanon, die er pflanzte.
‚In ihren Wipfeln' nisten die Vögel,
der Storch hat in den Zypressen[67] sein Haus.
Die hohen Berge sind für die Steinböcke da,
die Felsen als Zuflucht für Murmeltiere.[68]

Der den Mond für den Kalender machte,
die Sonne kennt ihren Untergang.
20 Bestellst du Finsternis, wird es Nacht,
dann regt sich alles Getier des Waldes,
Dann brüllen die Junglöwen nach ihrem Riß
und verlangen von Gott ihre Speise.
Geht die Sonne auf, versammeln sie sich
und lagern sich in ihren Höhlen.
Dann geht der Mensch an seine Arbeit,
an sein Tagewerk bis zum Abend.

Wieviel sind deine Werke, Jahwe,
sie alle hast du in Weisheit geschaffen:
Voll ist die Erde von deinen Geschöpfen!
25 Da ist das Meer, so groß und breit,
drin ein Gewimmel ohne Zahl,
kleine Tiere und große!
Darin bewegen sich Schiffe,
der Leviatan,[69] den du dir als Spielzeug gebildet:

27 Sie alle warten auf dich,
daß du sie speist zur rechten Zeit.
Gibst du ihnen, so sammeln sie,
öffnest du deine Hand, werden sie satt vom Guten.
Verbirgst du dein Antlitz, erschrecken sie,
nimmst du ihren Odem weg, verscheiden sie
und kehren zurück zu ihrem Staube.

---

[67] Gemeint ist Juniperus phoenicica, vgl. zu ihm Polunin/Huxley, Flowers, 52.

[68] „Klippdachse", Procavia syriaca, vgl. Feliks, Animal World of the Bible, 45.

[69] Vgl. dazu M. Görg, Art. Leviatan, NBL, 1995, 625–626.

30 Sendest du deinen Odem, werden sie erschaffen,
und so erneuerst du das Angesicht der Erde.[70]

Blicken wir auf den ägyptischen und den biblischen Hymnus zurück, so ist beiden nicht nur der Gedanke der Versorgung alles Lebens durch den Schöpfergott gemeinsam, sondern auch die einleitende Rühmung seiner Lichtgestalt. Daher dürfte die Vermutung wohlbegründet sein, daß der biblische Weise mittelbar oder unmittelbar durch einen ägyptischen Psalm zu seiner Dichtung angeregt worden ist, die in besonderer Weise die Themen der anfänglichen Weltschöpfung (V. 5–9) mit dem fortwährenden Leben schaffenden, erhaltenden und beendenden Handeln Gottes verbindet.[71] Auf diesem Hintergrund konnte Jesus Sirach nicht nur das stoische Konzept der Allgegenwart und Allwirksamkeit der mit Zeus identischen göttlichen Weltvernunft, dem Logos, sondern auch das von der göttlichen Providenz übernehmen.[72] Denn das gab ihm die Gelegenheit, die durchgehende Güte der Werke Gottes und damit die Gerechtigkeit seines Wirkens zu verteidigen. Dabei hat er in Analogie zu dem stoischen Konzept von der Allgegenwart des göttlichen Logos die Weisheit Gottes als Inbegriff und Quelle der den Kosmos durchwaltenden und den Menschen verliehenen Weisheit betrachtet[73] und entsprechend nicht gezögert, auch den Gedanken der göttlichen Vorsehung ins Spiel zu bringen.

---

70 Zum sekundären Charakter der V. 31–35 vgl. Seybold, Psalmen, 411.

71 Vgl. dazu auch Kaiser, Gott des Alten Testaments 2, 227–232.

72 Vgl. dazu auch Hossfeld, Schöpfungsfrömmigkeit, 129–138.

73 Sir 1,1–10. Vgl. dazu oben, 31–35.

## 6. Das Schöpfungshandeln Gottes als Akt seiner Vorsehung nach Sir 39,12–35

Ben Sira hat ihn jedoch in 39,12–35 in eigentümlicher Weise spezialisiert und auf die Bereitstellung der Mittel für Gottes gerechtes Handeln an den Guten wie den Bösen eingeschränkt. Die Ursache dafür ist darin zu suchen, daß er auf diese Weise einerseits solche Stimmen zurückweisen wollte, welche die Zweckhaftigkeit der Werke Gottes in Frage stellten, wie andererseits solche, die in 5,4–8 und 15,11–20 zitiert werden und Gottes Gerichtshandeln und des Menschen Verantwortlichkeit überhaupt leugneten. Beide Polemiken dürften sich gegen eine Skepsis richten, die zur Zeit Ben Siras auch im palästinischen Judentum und zumal in Jerusalem ihre Vertreter gefunden hatte. Sie scheinen einerseits die Güte der Werke Gottes überhaupt bestritten und andererseits aus seiner Allmacht die Leugnung der eigenen Verantwortung abgeleitet zu haben, um auf diese Weise ihr eigenes gesetzloses, libertinistisches Handeln zu rechtfertigen.[74] Um derartige Stimmen, wenn schon nicht zum Schweigen zu bringen, so doch ihren Einfluß auf seine Schüler zu verhindern, ging es Ben Sira darum, sowohl die Verantwortlichkeit des Menschen schöpfungstheologisch zu sichern und die Zweifel an der Zweckmäßigkeit des göttlichen Handelns ebenfalls schöpfungstheologisch zu widerlegen.[75] Wir konzentrieren uns im vorliegenden Zusammenhang auf den zweiten Gesichtspunkt, der in den beiden großen Hymnen 39,12–35 und 42,15–43,33 zur

[74] Vgl. Sir 5, 4–8; 15,11–20; 16,15–23; zur möglichen, aber jedenfalls kanonischen Beziehung des Lehrhymnus von Sir 39,16 (33) auf Koh 3,11 vgl. Marböck, Kohelet und Sirach, 275–297, bes. 284–291 (ders., Weisheit und Frömmigkeit, 79–103, bes. 89–92).

[75] Vgl. dazu oben, 43–47.

Sprache kommt, die gewichtig den letzten Teil seiner Lehren rahmen, ehe der Weise in den c. 44–50 zum Lob der Väter übergeht. So gibt schon die Stellung beiden Liedern ein besonderes Gewicht.[76] Da Ben Sira in dem ersten Lied den Gedanken der Güte der Werke Gottes ausdrücklich im Gegensatz zu seinen Bestreitern entfaltet, sei er an dieser Stelle auch zuerst bedacht.

Der Hymnus Sir 39,12–35 gliedert sich in fünf Strophen: Die erste umfaßt die V. 12–16 und enthält den Aufgesang in Form einer lehrhaft abgewandelten Aufforderung zum Gotteslob. Die zweite besteht aus den V. 17–21 und entfaltet das Thema, daß alle Werke Gottes gut sind. Daran schließt sich in den V. 22–27 die dritte Strophe als Begründung an. Die folgende vierte bietet in den V. 28–31 Beispiele für die Mittel, die Gott in seiner Vorsehung bereitgestellt hat, um seinen Zorn über die Sünder in seinen Gerichten zu stillen. Die fünfte und letzte besteht aus den V. 32–35 und ist drei Bikola kürzer als die vorausgehenden Strophen. Sie enthält eine der Liedform angepaßte Zusammenfassung, ein „summary appraisal", das üblicher Weise eine Lehrrede beschließt.[77] Doch weil das Lob Gottes für Jesus Sirach das Ziel der Weisheit ist, kann seine Lehre die Gestalt des Lobgesangs annehmen.[78]

---

[76] Vgl. dazu auch Kaiser, Rezeption der stoischen Providenz, 41–51, bes. 45–50 (ders., Athen, 293–303, bes. 297–302).

[77] Vgl. dazu Childs, Isaiah, 128–136, bzw. knapp Kaiser, Grundriß 3, 58–59.

[78] Vgl. dazu Wicke-Reuter, Providenz und Verantwortung, 68; Marböck, Theologie des Gotteslobes, 167–175, bes. 171 und Zenger, Weisheitstheologie, 139–155.

An die Stelle des eine Lehrrede eröffnenden Aufmerksamkeitsrufes[79] wird der Lehrhymnus[80] in den V. 12–16 mit einer an die Schüler gerichteten Aufforderung zum Gotteslob eröffnet, die sich nach V. 15 die folgende, im Lied mitgeteilte Lehre zu eigen machen sollen. Ben Sira bekennt in V. 12b, in dem er sich mit einem Vollmond vergleicht, daß er in diesem Lied den Ertrag seiner eigenen Weisheit und Lehre zusammenfaßt. Daher verheißt er seinen Schülern in den V. 13–14b, daß sie, wenn sie sich diese zueigen machen, so gedeihen werden, wie es die Weisheit in Sir 24,13–17 für sich selbst in Anspruch nimmt.[81] So heißt es in Sir 39,12–15:[82]

12 Nachdem ich reichlich überlegt, will ich es künden;
denn wie der Vollmond bin ich angefüllt.
13 Hört mich, ihr frommen Söhne, und sproßt empor
wie eine Rose, die an fließendem Bache wächst.
14 Wie Weihrauch sollt ihr Duft verströmen
und wie Lilien Blüten treiben.
Erhebt die Stimme und lobt zumal
und preist den Herrn ob aller seiner Werke.
15 Verherrlicht die Größe seines Namens
und preist den Herrn ob all seiner Werke
Mit Harfenliedern und Saitenspiel,[83]
und so sollt ihr[84] mit Jauchzen sagen:

Von besonderem Interesse ist in unserem Zusammenhang das die V. 16–31 umfassende dreistrophige *corpus* des Liedes. Die erste Strophe benennt in V. 16 das Thema der Güte aller Werke Gottes, das in der Schlußstrophe in V. 33 noch

[79] Vgl. Römheld, Weisheitslehre, 135–138.
[80] Zur Gattung vgl. Wicke-Reuter, Providenz und Verantwortung, 64–68.
[81] Vgl. auch Prov 3, 13–20.
[82] Hauptzeugen sind G und ab V. 15c HB.
[83] So mit HB, zum Text vgl. Prato, problema, 68 ad loc.
[84] Lies mit G plur.; S und HB sing; vgl. Prato, problema, 68 ad loc.

einmal aufgenommen wird. In den V. 17–21 stellt Ben Sira seinen Schülern die gewaltige Macht Gottes vor Augen, die er in seinen anfänglichen Schöpfungstaten in Gestalt der Begrenzung des Meeres und des himmlischen Ozeans erwiesen hat, die er allein durch sein Wort vollbracht hat (V. 17; vgl. Gen 1,6–7; Ps 33,6–9).[85] Daraus folgert er in V. 18, daß seine Macht zu helfen unbegrenzt ist, und in V. 19, daß er alles sieht. Nach V. 20 überblickt er die ganze Weltzeit. Das aber ist nicht im Sinne einer zugleich mit der Prädestination verbundenen Providenz gemeint,[86] sondern bereitet auf

---

[85] Vgl. dazu Kaiser, Gott des Alten Testaments 2, 247–264.

[86] Ähnlich ist nach Merrill, Qumran and Predestination, 51 auch der Prädestinationsgedanke in den Qumrantexten bzw. genauer in den Hodajot in seiner Verbindung mit dem der göttlichen Präszienz zu beurteilen: „God has created all things and has predetermined their functions and destinies for eternity. Within His plan of creation is a dualistic system of light and darkness, righteousness and wickedness, for only this can account for the world as it really is. Nevertheless. Even the creation of evil serves the purpose of bringing glory to God if only in ist ultimate destruction. God has placed within the world spirits which influence behavior in addition to the two cosmic spirits of light and darkness. In His prescience He knows who among men will react favorably to beneficent influences and who will spurn then and continue in wickedness. The former He causes to be influenced by His Holy Spirit, resulting in a thirst for knowledge of righteousness on the part of the one chosen. In further response to this thirst, God opens his eyes, brings him into right relationship with the Teacher of Rightheousness and the Community of the Elect, and joins him from the womb even unto death because their tendency is to do evil always." Vgl. aber Becker, Heil Gottes, 117; Kuhn, Enderwartung, 120–122 und Lange, Weisheit und Prädestination, 214–215, die mit einer umfassenden Prädestination in den Qumranschriften rechnen. – Bei Philo von Alexandrien vermittelt die Providenz zwischen der absoluten Transzendenz des göttlichen Logos und seiner Immanenz in der Welt als Schöpfung, während jener absolut unerkennbar bleibt, erschließt sich dieser in der Welt als providentieller Schöpfung, wobei die Providenz Ausdruck der göttlichen Gnade ist; Frick, Divine Providence, 117–118: „God is the sole

den Gedanken in V. 21 und weiterhin auf die beiden nachfolgenden Strophen vor, daß alle Werke Gottes für einen bestimmten Zweck erschaffen und daher eben prinzipiell alle gut sind.[87] Der Gott, der voraussieht, wie sich die Menschen verhalten werden, sorgt von Anfang an dafür, daß ihm jeweils die Mittel zur Verfügung stehen, deren er bedürfen wird, um den Guten mit Gutem und den Bösen mit Bösem zu vergelten. Daher wirken die in V. 21a und c zitierten und in Frageform gekleideten Einwände gegen die Nützlichkeit seiner Werke geradezu albern, weil sie verkennen, daß alles, was Gott geschaffen hat, zu seiner Zeit einem bestimmten Zweck dient. Obwohl das Wort „Vorsehung" nicht fällt, ist hier der Sache nach ganz eindeutig von ihr die Rede (Sir 39,16–21):[88]

16 Die Werke Gottes sind alle gut,
für jeden Zweck stellt er bereit[89] zu seiner Zeit.

---

creator of this universe. Though being wholly transcendent in essence God designs the universe by his Logos, has the powers to bring it into being, and has the will to keep it always ordered by his providence. By thus creating the cosmos, humanity can be assured that it will not perish. The concept of providende is nothing else but the articulation how God's goodness originated in the beginning with the createdness of the cosmos and never abates because of the gracious dealing of God with both nature und human affairs. The doctrine of providence magnifies the creator rather than the creature and is, of all incentives to piety, the most beneficial and the most indispensible (Opif. 9)." Das schloß jedoch für Philo nicht seine Allgegenwart aus (Conf. 136); vgl. Termini, Potenze di Dio, 88–89.

87 Vgl. dazu Kaiser, Gott des Alten Testaments 2, 247–264.

88 Die Hauptzeugen sind G, HB (mit den Randglossen) und teilweise abweichend S.

89 Lies mit HB, vgl. V. 34; zur älteren Diskussion des Textes vgl. Prato, problema, 8–71 und zur seitherigen Wicke-Reuter, Providenz und Verantwortung, 59 ad loc., die sich für HB und damit für Gott als Subjekt entscheidet.

17[90] Er stellte durch sein Wort wie einen Wall die Wasser auf,[91]
durch seines Mundes Spruch die Vorratshäuser.
18 Was ihm gefällt, gelingt sogleich,
und für sein Helfen gibt es keine Grenze.
19 Die Werke alles Fleisches sind vor ihm,
und nichts ist verborgen vor seinen Augen.
20 Von Weltzeit zu Weltzeit reicht sein Blick,
kann es für seine Hilfe Grenzen geben?
Für ihn ist nichts zu klein und zu gering
und nichts zu wunderbar oder zu schwierig.
21 So gibt es keinen Grund zu sagen: ‚Wozu ist das?'
Denn alles ist zu seinem Zweck bestimmt.
Keiner soll sagen: ‚Das ist schlechter als das!"
Denn alles erweist sich zu seiner Zeit als trefflich.

Die nächste Strophe in den V. 22–27 läuft auf den Gedanken hinaus, daß bereits Gottes Schöpfungshandeln den Unterschied zwischen den Guten und den Bösen im Auge hatte und er daher dafür vorgesorgt hat, daß seine guten Gaben uneingeschränkt nur den Guten nützen. Auf diese Zweipoligkeit des göttlichen Handelns weisen bereits die beiden einleitenden V. 22–23 hin, indem sie Gottes unerschöpflichem Segen die Wirkungen seines Zornes gegenüberstellen. Die V. 24 und 25 führen die Unterscheidung zwischen den Frommen und den Frevlern ein, die Gott auf unterschiedlichen Wegen führt, indem er den Guten nur Gutes, den Frevlern aber Gutes und Böses zugeteilt hat. V. 26 benennt den Grundbedarf dessen, was ein Mensch zum Leben braucht. Das sind keine Luxusartikel, sondern Wasser zum Trinken und zum Kochen, Feuer zum Kochen und zum Wärmen, Eisen zur Herstellung von Werkzeugen und Waf-

90 G und S nehmen in V. 17a–b V. 21 vorweg, vgl. Smend, Weisheit, 361 und Wicke-Reuter, ebd. ad loc.

91 Zur Diskussion und Rekonstruktion des Textes von HB vgl. Prato, problema, 72–74 ad loc.

fen, fröhlich stimmender Wein, Öl für die Salbung der Haut und Kleidung, um die Blöße zu bedecken und zu wärmen.[92] Das alles steht den Guten wie den Bösen zur Verfügung, wandelt sich aber für die Bösen zum Schädlichen (V. 27). Gedacht ist dabei vermutlich an ihre zügellose Gier: sie sind nicht in der Lage Maß zu halten, so daß ihnen die guten und das Leben erhaltenden und belebenden Gottesgaben schaden.[93] Während z. B. der Wein mit Maßen getrunken des Menschen Herz belebt und (zur rechten Zeit reichlich getrunken) mit Freude erfüllt, wird er für den Toren, der ihm zur Unzeit übermäßig zuspricht, zum Fallstrick.[94] Darüber hinaus geben sich die Sünder der Illusion hin, sie könnten ihren boshaften Begierden im Vertrauen auf ihre Macht ungezügelt und ungestraft die Zügel schießen lassen, ohne zu bedenken, daß Gottes Gericht nicht auf sich warten läßt, auch wenn er dem Sünder aus seinem Erbarmen heraus eine Zeit lang die Möglichkeit zur Umkehr einräumt.[95] Und so lautet die dritte Strophe (Sir 39,22–27):

22 Sein[96] Segen fließt über wie der Nil,
wie der Euphrat tränkt er die Erde.
23 Aber sein Zorn vertreibt die Völker
und wandelt in Salz bewässertes Land.
24 Seine[97] Pfade sind für die Frommen eben,
für die Vermessenen[98] aber verschlossen.

[92] Vgl. auch Sir 30,14–16.

[93] Vgl. Sir 37,27–31 und 34 (31),25–30.

[94] Vgl. z. B. Sir 34(31),29–30.

[95] Vgl. z. B. Sir 5,1–8; 18,8–14 und 11,17–28.

[96] Lies so mit G und S und vermutlich HB, vgl. Smend, Weisheit, 362; Prato, problema, 75; Skehan/Di Lella, Wisdom of Ben Sira, 457 und Wicker-Reuter, Providenz und Verantworung, 61 ad loc.

[97] So mit G und Bsm; vgl. Prato, problema, 76 ad loc.

[98] Lies in HB statt „die Fremden" richtig „die Vermessenen", vgl. G und S und dazu Prato, problema, 76–77 ad loc.

25 Gutes teilte er den Guten von Anfang an zu,
aber den Bösen Gutes und Böses.
26 Das Wichtigste, was Menschen zum Leben brauchen,
sind Wasser und Feuer und Eisen und Salz,
Das Mark des Weizens, Milch und Honig,
das Blut der Traube, Öl und Kleidung.
27 Dies Alles erweist sich den Guten als gut,
doch für die Schlechten wandelt sich's zum Bösen.

Die vierte, aus den V. 28–31 bestehende Strophe zeigt paradigmatisch, zu welchem Zweck die physischen Übel von Gott in seiner Vorsehung erschaffen worden sind.[99] Dabei greift Ben Sira auf die Mittel zurück, denen sich Jahwe zur Stillung seines Zorns und Vollstreckung seines Urteils über die Frevler nach der biblischen Tradition bedient.[100] Zu ihnen gehören einerseits kosmische Mächte wie Berge versetzende Stürme,[101] Feuer (Blitze)[102] und Hagel[103] sowie die durch Dürren oder Belagerungen ausgelösten Hungersnöte und Seuchen, deren Erreger damals unbekannt waren[104] (V. 28–29), andererseits Raubtiere,[105] Skorpione und Gift-

[99] Vgl. dazu ausführlich Wicke-Reuter, Providenz und Verantwortung, 80–87.

[100] Zum traditionsgeschichtlichen Hintergrund vgl. Prato, problema, 102–113.

[101] Vgl. Hiob 9,5; 14,18; 18,4.; 1,19.

[102] Vgl. Hiob 1,16; Ex 19,18; Ps 18,9.

[103] Vgl. Ps 18,13; 78,47–48; 148,8 ; Hag 2,17; Ex 9,18–26; Hiob 38,22. Zum traditionsgeschichtlichen Hintergrund der Gewitterphänomene in der Theophanievorstellung vgl. auch Kaiser, Gott des Alten Testaments 2, 130–135 und zur Frage des himmlischen Wohnsitzes Gottes jetzt unbedingt Hartenstein, Wolkendunkel und Himmelsfeste, 125–179, bes. 128–136.

[104] Vgl. die sog. „Heimsuchungstrias" Schwert, Hunger, Seuche z. B. Jer 14,12; 21,9; 24,10, in Ez 14,21 durch „Raubtiere" ergänzt, und dazu Kaiser, ThWAT III, 174–175 und weiterhin Lev 26,16.

[105] Vgl. Lev 26,22.

schlangen (30a),[106] aber auch der Einfall der Feinde, hier gemäß Lev 26,25 als „Racheschwert“ bezeichnet (V. 30b).[107] Wie dienstbare Geister des Herrn warten sie nur auf seinen Einsatzbefehl, um dann fröhlich ihr Vernichtungswerk zu verrichten (31). Daß von ihnen in der Regel nicht nur die Frevler, sondern auch die Gerechten betroffen werden, läßt der Sirazide allerdings unberücksichtigt (Sir 39,28–31):[108]

28 Es gibt Winde, die sind für das Gericht geschaffen,
mit ihrem Schnauben versetzen sie Berge.
Zur Zeit der Vernichtung ergießen sie Kraft
und stillen den Zorn ihres Schöpfers.[109]
29 Feuer und Hagel, Hunger[110] und Pest,
auch sie wurden zum Gericht geschaffen.
30 Reißende Tiere, Skorpione und Vipern
und das Racheschwert, zu bannen die Frevler.
Sie alle sind für ihren Zweck geschaffen,
sie sind in seiner Kammer bis zur Zeit, da sie entboten werden.[111]
31 Befiehlt er ihnen, so freuen sie sich,
erhalten sie Order, widerstreben sie nicht seinem Munde.

Damit hat Jesus Sirach sein Ziel erreicht und die scheinbaren Übel als notwendige Teile des göttlichen Weltregiments erklärt. Daher kann er in der Schlußstrophe V. 32–35 das Ergebnis zusammenfassen und seine Leser noch einmal

---

[106] Vgl. Dtn 8, 9 (Ez 2,6),–Num 21,6; Jes 30,6 (Dtn 32,33; Ps 58,5).

[107] Vgl. Jes 1,10.34,6; 63,1–6.

[108] Zu den alttestamentlichen Lösungen für das Problem der Mitbetroffenheit der Guten beim Gericht über die Bösen vgl. Kaiser, Gott des Alten Testaments 3, 232–257.

[109] Zur Rekonstruktion des Textes von V. 28c–d in HB vgl. Prato, problema, 78–79 ad loc.

[110] Zur Korrektur von HB nach G vgl. Prato, problema, 79 ad loc.

[111] Wörtlich: „sie sind in seiner Kammer bis zur Zeit, (wenn) sie aufgeboten werden.“ Zur hebräischen Überlieferung des Textes vgl. Prato, problema, 80 ad loc.

dazu auffordern, in das Lob des Schöpfers einzustimmen, der in seiner vorausschauenden Vorsorge nichts Überflüssiges geschaffen hat; denn alle seine Werke sind für sein unterschiedliches Handeln an den Guten und den Bösen, den Gerechten und den Frevlern unentbehrlich und daher auch in beiden Fällen gut (Sir 39,32–35):

32 Daher stand es mir fest[112] von Anfang an,
erwog ich es und legte es im Buche nieder:
33 Die Werke Gottes sind alle gut,
für jeden Zweck stellt er bereit[113] zu seiner Zeit.
34 Keiner soll sagen: „Das ist schlechter als das!"[114]
Denn alles erweist sich zu seiner Zeit als trefflich!
35 So jubelt denn aus ganzem Herzen
und preist den Namen des Heiligen![115]

## 7. Sir 39,12–35 als Verteidigung der Gerechtigkeit Gottes

Zusammenfassend können wir sagen, daß Ben Sira in diesem Lehrhymnus den ganzen Nachdruck darauf legt, daß Gottes voraussehendes Schöpfungshandeln im Dienst seiner

---

[112] Zur Ergänzung des Wortes von HB vgl. Beentjes, Boock of Ben Sira, 68 und die Diskussion bei Prato, problema, 80 und Wicke-Reuter, Providenz und Verantwortung, 62 ad loc.

[113] Lies wie in V. 16b, vgl. G und Wicke-Reuter, Providenz und Verantwortung, 62 ad loc.

[114] Lies mit Smend, Weisheit, 367; Skehan/Di Lella, Wisdom of Ben Sira, 458 und Wicke-Reuter, Providenz und Verantwortung, 62 ad loc. mit. Bm und G, vgl. S.

[115] Lies mit Prato, problema, 81 und Wicke-Reuter, Providenz und Verantwortung, 62 ad loc mit HB; G: des Herrn; S: seinen Namen; Bm: seinen heiligen Namen; so Skehan/Di Lella, Wisdom of Ben Sira, 458 ad loc.

Gerechtigkeit steht: In diesem Sinne ist dieser Hymnus eine Theodizeedichtung:[116] Gott hat in seinem Vorherwissen um die Existenz der Guten und Bösen alle Mittel geschaffen, um den Guten ein gutes Leben zu ermöglichen und die Bösen durch ein schlimmes zu verderben. Dabei setzt Ben Sira als selbstverständlich voraus, daß die Menschen die Wahl besitzen, ein gutes oder ein frevelhaftes Leben zu führen. Die Ausrede der Sünder, Gott sei als der, der alles erschaffen habe, auch für ihre Sündhaftigkeit verantwortlich, war von Ben Sira zudem bereits in 15,11–20 als irrig zurückgewiesen worden.[117] Dort heißt es in V. 20:

Niemandem befahl er zu sündigen,
noch verlieh er Sündern Stärke.[118]

Die Frage, warum es überhaupt Übel und Frevler in der Welt gibt, bleibt im vorliegenden Zusammenhang unerörtert.[119] Denn das Interesse Ben Siras liegt wie das der ihm vorliegenden biblischen Schriften nicht bei metaphysisch-ontologischen Spekulationen, sondern darin, seinen Schülern den Weg zu einem gelingenden und gesegneten Leben anzuleiten, ihnen den Gehorsam gegen die Tora als Bedingung ans Herz zu legen und sie vor dem Abgleiten auf den Weg der Gottlosen zu bewahren. Im vorausgehenden Kapitel wurde bereits deutlich, daß Ben Sira das Unterscheidungsvermögen zwischen Gut und Böse als eine zum Menschen als Menschen gehörende Eigenschaft betrachtet, die er deshalb anders als die Mythe der Pa-

[116] Hengel, Judentum und Hellenismus, 261–262.

[117] Vgl. dazu oben, 43–47.

[118] Zum Textbefund vgl. Prato, problema, 222–223 ad loc. und zur Deutung von 15,11–20 vor allem Wicke-Reuter, Providenz und Verantwortung, 111–139.

[119] Vgl. dazu unten 146–153 zu Sir 36 (33),7–15.

radieseserzählung in Gen 2,4b–3,24 nicht in einem vor aller Geschichte liegenden Sündenfall, sondern in 17,1–6 in einer dem Menschen von Gott bei seiner Erschaffung verliehenen Eigenschaft begründet sieht.[120] Die dem Menschen damit von Anfang an als Geschöpf entsprechende Verantwortlichkeit schließt die Fähigkeit ein, sowohl gut als auch böse zu handeln. Theologisch gesehen ist mit ihr die Forderung verbunden, sich gerecht zu verhalten; weil Gott die Gerechten segnet und die Frevler seinen Gerichten unterwirft. Daher liegt der eigentliche Nachdruck des vorliegenden Lobes der Güte der Werke Gottes nicht auf seinem providentiellen Schöpfungshandeln nicht nur im Interesse des Menschen als solchem wie bei den Stoikern und biblisch in Gen 1 und Ps 104,[121] sondern vor allem darauf, daß es im Dienst seines unterschiedlichen Verhaltens gegenüber den Guten und den Bösen, den Frommen und den Gottlosen steht: Gott hat für alle Fälle vorgesorgt, um die Guten zu belohnen und die Frevler zu bestrafen.

Daher beinhaltet die göttliche Providenz bei Jesus Sirach anders als bei den Stoikern nicht die Determination alles Geschehens. Über dem Schicksal des Menschen waltet keine *Ananke*, keine Notwendigkeit, sondern ein einerseits gütiger und andererseits zorniger Gott, der jedem Menschen das zuteil werden läßt, was er aufgrund seiner Taten verdient. Zudem ist der Gott Ben Siras nicht in der Welt als formatives Prinzip immanent, sondern er steht ihr als ihr Schöpfer gegenüber. Der absolute Unterschied zwischen dem einen Gott und der Welt als seiner Schöpfung, die Verantwortlichkeit des Menschen, der die Wahlfreiheit

---

[120] Vgl. dazu oben, 38–41.

[121] Den Nachweis, daß Jesus Sirach Ps 104 kannte, hat Hossfeld, Schöpfungsfrömmigkeit, 129–138 geführt.

besitzt, gut oder böse zu handeln, und die Gerechtigkeit Gottes bilden zusammen mit der Forderung, der göttlichen Weisung zu gehorchen, die vier Grundüberzeugungen der alttestamentlich-jüdischen Religion, an die sich Jesus Sirach gebunden wußte. Demgemäß konnte er zwar den Gedanken der göttlichen Providenz und selbst Omniszienz (V. 19), aber nicht den eines notwendigen Ablaufs des Weltprozesses akzeptieren. Schicksalhafte Unbedingtheit besaß nach seiner Überzeugung nur der Tod, dem nach „uralter Satzung", nach einer חוק עולם, jedermann folgen muß (Sir 14,17):[122]

Alles Fleisch welkt wie ein Gewand
und nach uralter Satzung müssen sie sterben.

Aus der Einsicht, daß Gott den Verlauf der Welt in seiner ganzen Unermeßlichkeit überblickt, folgt also bei Ben Sira nicht, daß er ihn damit zugleich im Ganzen bestimmt, sondern lediglich, daß er von Anfang an alle Mittel bereitgestellt hat, deren er bedürfen wird, um die Guten zu segnen und die Bösen zu richten. In diesem Sinne ist alles für den Zweck des göttlichen Regiments über die Menschen geschaffen. Dabei wird das Verhältnis zwischen Gott und den Menschen anders als in der Stoa nicht ontologisch, sondern dialogisch und soteriologisch bestimmt. Der Trost des Juden besteht daher auch nicht in dem Gedanken, daß er mit seinem Denken Teil an der göttlichen Weisheit besitzt, die ihrerseits den ganzen Verlauf der Welt bestimmt, sondern daß ihm die Fülle der göttlichen Weisheit im Gesetz des Lebens gegeben ist (Sir 1,10.26; 17,11) und er nach dem

[122] Vgl. dazu Kaiser, Verständnis des Todes, 175–192, bes. 184–185 (ders., Athen, 275–292, bes. 284–285).

Zeugnis der Schrift darauf vertrauen darf, daß Gott das Gebet dessen, der ihn fürchtet, erhört (Sir 2,10–11):[123]

10 ἐμβλέψατε εἰς ἀρχαίας γενεὰς καὶ ἴδετε
τίς ἐνεπίστευσεν κυρίῳ καὶ κατῃσχύνθη;
ἢ τίς ἐνέμεινεν τῷ φόβῳ αὐτοῦ καὶ ἐγκατελείφθη;
ἢ τίς ἐπεκαλέσατο αὐτόν, καὶ ὑπερεῖδεν αὐτόν;
11 διότι οἰκτίρμων καὶ ἐλεήμων ὁ κύριος
καὶ ἀφίησιν ἁμαρτίας καὶ σῴζει ἐν καιρῷ θλίψεως.

10 Blickt auf die einstigen Geschlechter und seht:
Wer traute auf den Herrn und wurde zuschanden?
Oder wer blieb in seiner Furcht und wurde verlassen?
Oder wer rief ihn an und er hätte ihn übersehen?
11 Denn barmherzig und gnädig ist der Herr
und vergibt Sünden und rettet in der Zeit der Bedrängnis.

Mit der im Hymnus verteidigten, ihn eröffnenden und beendenden Feststellung, daß alle Werke Gottes gut sind (39,16 und 33), schließt sich Ben Sira dem göttlichen Urteil an, das er nach Gen 1,31 beim Blick auf seine sechs Tagewerke fällte, indem er sie alle als sehr gut befand. Aber gleichzeitig gibt er dieser Einsicht (wie oben bereits angedeutet) eine neue Wendung: Die Güte der Werke Gottes besteht nun nicht mehr ausschließlich darin, daß sie das Leben der Menschen und der ihnen unterworfenen Tiere ermöglichen, sondern darüber hinaus und vor allem darin, daß sie die Voraussetzung für Gottes gerechtes Handeln am Menschen bilden: Gott hat bei der Schöpfung für alle Fälle vorgesorgt: Er hat ebenso die Mittel bereitgestellt, um den Guten Gutes zu tun und den Bösen zu schaden. Ben Siras Interesse bei der Ausgestaltung des Providenzgedankens in 39,12–35 stellt seine Antwort auf die skeptischen Einwürfe derer dar, die an

[123] Die hebräische Textüberlieferung setzt erst mit 3,6* ein. Daher ist G für diesen Bereich der Hauptzeuge, den der Lateiner und der Syrer erläuternd abwandeln und S V. 11a–b um ein Kolon c erweitert.

der Zweckmäßigkeit und Güte der Werke Gottes und zugleich an seiner Gerechtigkeit angesichts der Übel der Welt zweifelten.[124] In diesem Sinne ist der Lehrhymnus in Sir 39,12–35, ein Lobpreis des Gottes, der Welt und Menschen so erschaffen hat, daß er sie in Gerechtigkeit leiten kann. Mehr aber will und soll dieser Lehrtext nicht besagen. Vor weitergehenden Spekulationen hat Ben Sira ausdrücklich gewarnt, indem er seine Schüler daran erinnerte, daß sie mit der Forderung, der Tora als der Quelle und dem Inbegriff aller Weisheit zu gehorchen, vor einer ihr Leben hinreichend ausfüllenden Aufgabe stehen (Sir 3,17–25):[125]

[124] Für Philo von Alexandrien stellte sich das Problem komplizierter dar, denn für ihn stand axiomatisch fest, daß Gott in keinerlei Weise der Urheber der Übel oder des Bösen ist (Conf. 180; Prob. 84). Er erklärte daher die Übel einerseits physikalisch als Änderungen der Elemente (Prov. II 53), andererseits logisch, insofern man das Gute nicht vom Bösen und vom Übel abtrennen könne (Gig. 3), und schließlich ähnlich wie Seneca ethisch, indem er sie als pädagogische Mittel Gottes erklärte, die den Betroffenen züchtigen oder abschrecken und so zu seiner moralischen Besserung beitragen sollten (Praem. 163; Prov.I 47); vgl. dazu ausführlich Frick, Divine Providence, 145–152.

[125] Für diesen Abschnitt sind G und HA die Haupt- und HC und S die Nebenzeugen. Auf wichtige Unterschiede wird hingewiesen. Zur Frontstellung der V.21–24 vgl. B.G. Wright III, Fear the Lord and Honor the Priest, 189–222, bes. 211–212 und zu 34,1–8, wo Ben Sira sich gegen Träume als Offenbarungsmittel Gottes wendet, 212–214. Die sich hier abzeichnende Zurückhaltung gegenüber 1 Hen und Aram. Levi findet Wright auch in seiiner Erwähnung Henochs in Sir 44,16 bestätigt, vgl. 214–217. Nach seiner Ansicht grenzt sich Jesus Sirach von den in der in diesen Schriften vertreteten Weisheit, die sich auf spezielle Offenbarungen beruft, die nur in bestimmten Außenseitergruppen anerkannt wurden, zugunsten seines Konzepts der sich auf die Tora begründenden und mit der Respektierung des Hohen Priesters verbundenen Weisheit ab, 218–222. In diesem Sinne könne man mit R.A. Argall, I Enoch and Sirach daran festhalten, daß Ben Sira I Henoch kannte. Vorsichtig urteilt Marböck, Apokalyptische Traditionen, 833–849, vgl. bes. 845–846.

17 Mein Sohn, wenn du reich bist, wandle in Demut,[126]
dann wirst du mehr geliebt, als wer Geschenke gibt.
18 Je größer du bist, desto mehr erniedrige dich selbst,
dann wirst du Gnade finden bei dem Herrn.[127]
20 Denn groß ist die Macht des Herrn,
aber durch Niedrige wird er verherrlicht.
21 Was dir zu seltsam ist, erforsche nicht,
und Dinge, die für dich zu groß sind, untersuche nicht.[128]
22 Über das, was dir befohlen ist, sinne nach;
denn was verborgen ist, geht dich nichts an.
23 Mit dem, was dir entzogen ist, beschäftige dich nicht,[129]

---

[126] So HA und S. Dagegen liest G: „Mein Sohn, führe deine Geschäfte in Demut; vgl. Smend, Weisheit, 27 ad loc.

[127] Zur Überlieferung der V. 19 und 20 vgl. Skehan / Di Lella, Wisdom of Ben Sira, 159. Die G II-Tradition bietet als V. 19 „Viele sind hoch und berühmt,/aber den Sanftmütigen offenbart er seine Geheimnisse". HA (S 3,20) liest dagegen: „Denn groß ist das Erbarmen des Herrn, und den Demütigen offenbart er seinen Plan." Vgl. Am 3,7.

[128] Vgl. auch Cic. off. I 19: *Alterum est vitium, quod quidam nimis magnum studium multamque operam in res obscuras atque difficiles conferunt easdemque non necessarias. Quibus vitiis declinatis quod in rebus honestiis et cognitione dignis operae curaeque ponetur, id iure laudabitur* … (Der andere Fehler [bei dem Streben nach Erkenntnis] ist der, daß manche allzu großes Streben und allzu viel Mühe auf dunkle und schwierige Dinge wenden, und zwar nicht notwendige. Wehrt man diesen Fehler ab, so wird, was an ehrenvolle und erkenntniswürdige Dinge an Mühe und Sorge gesetzt wird, mit Recht gelobt werden … [Übers. Büchner])." Aber der Unterschied zu Sirach zeigt sich darin, daß Cicero sogleich als positive Beispiele die astronomischen Forschungen des Gaius Sulpicius und die mathematischen des Sextus Pompejus benennt; denn zu diesen Wissenschaften hat sich Ben Sira nicht geäußert. Seine Bemerkung über Henoch in Sir 44,16 rühmt den Urvater nur als Beispiel der Umkehr, aber gibt nicht zu erkennen, daß ihm das astronomische Henochbuch bekannt gewesen ist, dessen ältestes bisher bekanntes Fragment aus dem Anfang des 2. Jh. v.Chr. stammt; vgl. zu diesem Martinez, Qumran and Apocalyptic, 47–60.

[129] Zum Text vgl. Smend, Weisheit, 30 und Skehan / Di Lella, Wisdom of Ben Sira, 159 ad loc.

denn mehr als du verstehst,[130] ist dir gezeigt.
24 Denn zahlreich sind der Menschen Gedanken,
aber falsches Denken führt irre.[131]

---

[130] HA wörtlich: „denn was größer als du ist, ist dir gezeigt." G: „denn mehr als die Einsicht der Menschen (umfaßt), ist dir gezeigt."

[131] G II, HA und S bieten zusätzlich als V. 25: „Wo kein Augapfel ist, gibt es kein Licht/und wo kein Wissen ist, fehlt Weisheit."

# III. Die Schönheit und Harmonie der Welt und das Problem der Übel und des Bösen

## 1. Die Harmonie der Welt nach Pseudo-Aristoteles *De mundo*

Wohl kurz vor der Zeitenwende veröffentlichte ein später stoischer Philosoph unter dem Namen des Aristoteles eine Schrift *Περὶ κόσμου, Über die Welt.* Er ließ sie den Stagiriten an seinen berühmtesten Schüler, an Alexander den Großen richten.[1] In ihrem 5. Kapitel erhebt er sich zu einer geradezu hymnischen Verherrlichung der Harmonie und Schönheit des Kosmos. Sie beruht nach der hier vorgetragenen Lehre darauf, daß in ihm alle Gegensätze gleichgewichtig durch eine unsichtbare Kraft zusammengehalten und ausgewogen werden, die von dem unbewegten und unvergänglichen Gott ausgeht:

Καίτοι γέ τις ἐθαύμασε πῶς ποτε, ἐκ τῶν ἐναντίων ἀρχῶν συνεστηκὲν ὁ κόσμος, λέγω δὲ ξηρῶν τε καὶ ὑγρῶν, ψυχρῶν τε καὶ θερμῶν, οὐ πάλαι διέφθαρται καὶ ἀπόλωλεν, ὡς κἂν εἰ πόλιν τινὲς θαυμάζοιεν, ὅπως διαμένει συνεστηκυῖα ἐκ τῶν ἐναντιωτάτων ἐθνῶν, πενήτων λέγω καὶ πλουσίων, νέων γερόντων, ἀσθενῶν ἰσχυρῶν, πονηρῶν χρηστῶν. ἀγνοοῦσι δὲ ὅτι τοῦτ᾽ ἦν πολιτικῆς ὁμονοίας τὸ θαυμασιώτατον, λέγω δὲ τὸ ἐκ πολλῶν μίαν καὶ ὁμοίαν ἐξ ἀνομοίων ἀποτελεῖν διάθεσιν, ὑποδεχομένην πᾶσαν καὶ φύσιν καὶ τύχην. ἴσως δὲ τῶν ἐναντίων ἡ φύσις γλίχεται καὶ ἐκ τούτων ἀποτελεῖ τὸ σύμφωνον, οὐκ ἐκ τῶν ὁμοίων, ὥσπερ ἀμέλει τὸ ἄρρεν

[1] Vgl. dazu Furley, Pseudo-Aristoteles On the cosmos, 333–343, bes. 337–341.

συνήγαγε πρὸς τὸ θῆλυ καὶ οὐχ ἑκάτερον πρὸς τὸ ὁμόφυλον, καὶ τὴν πρώτην ὁμόνοιαν διὰ τῶν ἐναντίων σηνῆψεν, οὐ διὰ τῶν ὁμοίων.

Manche Menschen haben sich darüber gewundert, wie es möglich ist, daß eine aus entgegengesetzten Prinzipien wie dem Trockenen und dem Feuchten, dem Kalten und dem Warmen zusammengefügte Welt nicht längst zugrunde- und untergegangen ist. Das ist so, als wenn sie sich darüber wundern würden, daß eine Stadt überlebt, die sich aus entgegengesetzten Bevölkerungsgruppen wie Armen und Reichen, Jungen und Alten, Schwachen und Starken, Schlechten und Edlen zusammensetzt. Sie sind unwissend, daß das Wunderbare an der politischen Eintracht eben das ist, daß aus vielen Ungleichartigen eine einzige gleichartige Ordnung hervorgegangen ist, die in der Lage ist, jede Anlage und jedes Ereignis in sich aufzunehmen. So hat auch die Natur eine Vorliebe für Gegensätze und macht aus ihnen ein Zusammenstimmendes; doch nicht aus Gleichem – in gerade der Weise in der sie übrigens das Männliche und das Weibliche und nicht das Gleichgeschlechtliche miteinander vereinigt und die erste Übereinstimmung nicht aus Gleichen, sondern aus Entgegengesetzten zusammengefügt hat.[2]

Nach einem weiteren Beispiel für dieses Verfahren kommt der Philosoph dann auf das entsprechende im Kosmos waltende Prinzip zu sprechen:

Οὕτως οὖν καὶ τὴν τῶν ὅλων σύστασιν, οὐρανοῦ λέγω καὶ γῆς τοῦ τε σύμπαντος κόσμου, διὰ τῆς τῶν ἐναντιωτάτων κράσεως ἀρχῶν μία διεκόσμησεν ἁρμονία· ξηρὸν γὰρ ὑγρῷ, θερμὸν δὲ ψυχρῷ, βαρεῖ τε κοῦφον μιγέν, καὶ ὀρθὸν περιφερεῖ, γῆν τε πᾶσαν καὶ θάλασσαν αἰθέρα τε καὶ ἥλιον καὶ σελήνην καὶ τὸν ὅλον οὐρανὸν διεκόσμησε μία [ἡ] διὰ πάντων διήκουσα δύναμις, ἐκ τῶν ἀμίκτων καὶ ἑτεροίων, ἀέρος τε καὶ γῆς καὶ πυρὸς καὶ ὕδατος, τὸν σύμπαντα κόσμον δημιουργήσασα καὶ μιᾷ διαλαβοῦσα σφαίρας ἐπιφανείᾳ τάς τε ἐναντιωτάτας ἐν αὐτῷ φύσεις ἀλλήλαις ἀναγκάσασα ὁμολογῆσαι καὶ ἐκ τούτων μηχανησαμένη τῷ παντὶ σωτηρίαν.

[2] Ps. Aristot. mund. 396a 33–b 11.

In eben dieser Weise ist auch das System des Universums in Gestalt des Himmels, der Erde und des ganzen Kosmos durch die Mischung entgegengesetzter Elemente zu einer einzigen Harmonie angeordnet worden: Trocknes mit Feuchtem, Warmes mit Kaltem, Schweres mit Leichtem, Gerades mit Rundem – die ganze Erde und das Meer, den Äther, die Sonne und den Mond und den ganzen Himmel hat eine einzige alles durchdringende Kraft angeordnet: aus Unvermischtem und Verschiedenem, aus Luft und Erde und Feuer und Wasser hat sie den ganzen Kosmos geschaffen und alles auf der Oberfläche einer einzigen Kugel verteilt, wobei sie die nach ihrer Natur Entgegengesetzten gezwungen hat, übereinzustimmen, um dadurch die Erhaltung des Ganzen zu bewerkstelligen.[3]

Die Kraft aber, welche diese auf der Vereinigung der Gegensätze beruhende Harmonie geschaffen hat, ist der höchste Gott oder Zeus, dessen Lob der Weise mit einem orphischen Hymnus auf Zeus' Allgegenwart, Allwirksamkeit und Allmacht rühmt:

Ζεὺς πρῶτος γένετο, Ζεὺς ὕστατος ἀρχικέραυνος·
Ζεὺς κεφαλή, Ζεὺς μέσσα, Διὸς δ' ἐκ πάντα τέτυκται·
Ζεὺς πυθμὴν γαίης τε καὶ οὐρανοῦ ἀστερόεντος·
Ζεὺς ἄρσην γένετο, Ζεὺς ἄμβροτος ἔπλετο νύμφη·
Ζεὺς πνοιὴ πάντων, Ζεὺς ἀκαμάτου πυρὸς ὁρμή·
Ζεὺς πόντου ῥίζα, Ζεὺς ἥλιος ἠδὲ σελήνη·
Ζεὺς βασιλεύς, Ζεὺς ἀρχὸς ἁπάντων ἀρχικέραυνος·
πάντας γὰρ κρύψας αὖθις φάος ἐς πολυγηθὲς
ἐκ καθαρῆς κραδίης ἀνενέγκατο, μέρμερα ῥέζων.

Zeus ist der Erstgeborene, Zeus, der Herr der Blitze, ist der Letzte.
Zeus ist das Haupt, Zeus ist die Mitte, von Zeus stammt alles, was ist.
Zeus ist der Grund der Erde und des gestirnten Himmels.
Zeus ward als Mann, Zeus entstand als unsterbliche Jungfrau;
Zeus ist der Odem von allem, Zeus ist der Antrieb des unermüdlichen Feuers;

[3] Ps. Aristot. mund. 396b 22–34.

Zeus ist die Wurzel des Meeres, Zeus ist Sonne und Mond;
Zeus ist König, Zeus, der Herr des Blitzes, ist Herrscher von allem.
Denn er verbarg sie alle[4] vor dem lieblichen Licht, um sie
aus reinem Herzen zurückzubringen, große Wunder bewirkend.[5]

Wir brauchen das in seiner letzten Zeile auf das orphische Mysterium von Tod und Wiedergeburt verweisende Gedicht hier nicht im einzelnen auszulegen; denn der Verfasser des Traktates *Über die Welt* zitiert es nur deshalb, weil es auf poetische Weise seine Lehre von der Welt als einer aus entgegengesetzten Elementen zusammengefügten Harmonie zu stützen und gleichzeitig die alles zusammenhaltende Kraft mit Zeus zu identifizieren und zu preisen ermöglichte. Dieser Gott (so fügt er erläuternd hinzu) ist nicht nur der Schöpfer der Welt, sondern zugleich die ihren Gang bestimmende Notwendigkeit (ἀνάγκη) und damit das Schicksal, die *heimarmenē,* weil er alles zusammenfaßt und identisch mit allen das Los des Menschen bestimmenden Moiren und Parzen ist (401b8–23).

Abschließend aber gibt er uns einen Hinweis auf Platons *Nomoi*, indem er den Anfang der an die künftigen Siedler der geplanten kretischen Stadt Megara gerichteten Vorrede zu den Gesetzen zitiert, um die sich daraus ergebende Folgerung in dem Satz zusammenzufassen:

«ὁ μὲν δὴ θεός, ὥσπερ ὁ παλαιὸς λόγος, ἀρχήν τε καὶ τελευτὴν καὶ μέσα τῶν ὄντων ἁπάντων ἔχων, εὐθείᾳ περαίνει κατὰ φύσιν πορευόμενος τῷ δὲ ἀεὶ ξυνέπεται δίκη, τῶν ἀπολειπομένων τοῦ θείου νόμου τιμωρός», «ἧς ὁ γενήσεσθαι μέλλων μακάριός τε καὶ εὐδαίμων ἐξ ἀρχῆς εὐθὺς μέτοχος εἴη.»

[4] D.h.: nämlich die Götter. Vgl. dazu West, Orphic Poems, 89–91 und zu den beiden letzten Zeilen 90: Zeus „had to re-create the gods and the world out of himself. He brought them up again just as Kronos in Hesiod brought up again the children he had swallowed."

[5] Ps. Aristot. mund. 401a 29–b 7 (frag. orph. 21a).

„Gott, der wie ein altes Wort sagt, Anfang und Ende und Mitte alles dessen, was ist, enthält, geht auf geradem Wege zum Ziel, in dem er (seiner) Natur gemäß kreisend seine Bahn zieht. Ihm aber folgt immer die Gerechtigkeit als Rächerin an denen, die hinter dem göttlichen Gesetz zurückbleiben" – „wer gesegnet und glücklich werden will, möge an ihr von Anfang an teilhaben."[6]

## 2. Die göttliche Vernunft und die Harmonie der Welt nach Platons *Nomoi*

Platon kommt auf die Harmonie der Welt im 10. Buch seiner *Nomoi* im Zusammenhang mit dem Nachweis zu sprechen, daß die Weltordnung kein Produkt des Zufalls, sondern der göttlichen Vernunft ist. Für seine atomistischen Gegner steht fest, daß die Elemente ihr Dasein der Natur und dem Zufall (τύχη) verdanken und die für die Bildung des Ganzen verantwortliche Mischung aus Gegensätzen nicht aufgrund einer der Natur innewohnenden Ordnung, sondern durch einen von der Notwendigkeit diktierten Zufall entstanden ist.[7] Daraus folgt logischer Weise, daß sie nicht nur die Götter, sondern ebenso die Gerechtigkeit für eine menschliche Erfindung halten. Damit aber verführten sie junge Menschen, so daß diese meinten, die Wahrheit bestünde darin, die anderen zu beherrschen und nicht dem Gesetz gemäß anderen zu dienen.[8]

---

[6] Ps. Aristot. mund. 401b 24–30; vgl. Plat. leg. IV 715e 7–716a 4.

[7] Plat. leg. X 889a 4–c 6.

[8] Plat. leg. X 889e, 3–890a 9. Der Nachdruck, den Platon auf die Nomos-Physis Antithese legt, zeigt, daß er bei den hier erwähnten Gottesleugnern an die Sophisten denkt, die sich dabei ihrerseits auf vorsokratische Naturphilosophen stützten; zu seiner Frontstellung vgl. Morrow, Plato's Cretan City, 478–480; Guthrie, Greek Philosophy

Aus Platons Gegenbeweis sei hier nur hervorgehoben, was für das Verständnis seiner Lehre von der Harmonie des Ganzen erforderlich ist. Als erstes führt er nach einer Analyse der unterschiedlichen Bewegungsarten den sogenannten *kinetischen Gottesbeweis.*[9] Dieser identifiziert Gott mit dem sich selbst bewegenden Anfang aller Bewegungen.[10] Dieser Bedingung entspricht allein die Seele; denn sie bewegt sich von selbst und ist gleichzeitig in der Lage, anderes zu bewegen.[11] Der Seele aber kommt Vernunft und sittliches Unterscheidungsvermögen zu.[12] Da sich die Gestirne geordnet bewegen, so wird ihr ganzer Umlauf durch eine Seele bewirkt, deren Selbstbewegung kreisförmig ist.[13] Daraus folgt (ganz im Gegensatz zum modernen Denken), daß die sich selbst geordnet bewegenden Gestirne Gottheiten sind.[14] Also kann man mit Platons *Timaios* sagen, daß

τόνδε τὸν κόσμον ζῷον ἔμψυχον ἔννουν τε τῇ ἀληθείᾳ διὰ τὴν τοῦ θεοῦ γενέσθαι πρόνοιαν.

---

V, 361–362; Karges, Tragedy, 104–114 und Bobonich, Plato's Utopia, 94–95.

[9] Vgl. dazu Morrow, Plato's Cretan City, 481–488; Gerson, God, 71–79. Aristoteles hat ihn in phys. VIII 3–10 und met. XII 7 mit seiner Lehre vom unbewegten Beweger weiterentwickelt, nach der das Bewegte wie das Geliebte den Liebenden bewegt (1072b 4–5); vgl. dazu Weischedel, Gott der Philosophen I, 54–59; Guthrie, Greek Philosophy VI, 252–262 und Gerson, God, 96–141.

[10] Plat. leg. X 894e 4–895 b 1.

[11] Plat. leg. X 895e 10–896b 1.

[12] Zur Kritik vgl. Guthrie, Greek Philosophy V, 364–364.

[13] Plat. leg. X 898a 3–b 8. Zu den „Irrsternen" und dem Bösen, denen eine böse Seele entsprechen muß, vgl. X 897d 1, die Kommentierung durch Plutarch, mor. 1014 E–1015 E (LCL 427), 196–197 und dazu knapp Friedlander, Platon, 407–408 und Guthrie, Greek Philosophy V, 360.

[14] Plat. leg. X 899b 3–9. Vgl. dazu auch Sambursky, World of the Greeks, 53–54 und Guthrie, Greek Philosophy V, 257.

diese geordnete Welt als ein beseeltes und in Wahrheit vernunftbegabtes Wesen aufgrund der Vorsehung Gottes entstanden ist.[15]

Gibt es aber Götter, so besitzen sie vollkommene Tugend und kümmern sich nicht nur um das Größte, die kosmische Ordnung, sondern auch um das Kleinste, die Anliegen der Menschen.[16]

Im konkreten Kontext gilt es, einen imaginären skeptischen Jüngling davon zu überzeugen, daß der höchste Gott, der die Verantwortung für das All trägt, alle Teile so in das Ganze eingeordnet hat, „daß jedes einzelne Teil nach Möglichkeit das erleidet und tut, was ihm zukommt" (903b 3–7). Und so läßt Platon den Athener, der im Gespräch mit dem Kreter Kleinias und dem Spartaner Megillos sein Sprachrohr ist, zu dem Jüngling sagen:

ὧν ἓν καὶ τὸ σόν, ὦ σχέτλιε, μόριον εἰς τὸ πᾶν συντείνει βλέπον ἀεί, καίπερ πάνσμικρον ὄν, σὲ δὲ λέληθεν περὶ τοῦτο αὐτὸ ὡς γένεσις ἕνεκα ἐκείνου γίγνεται πᾶσα, ὅπως ᾖ τῷ τοῦ παντὸς βίῳ ὑπάρχουσα εὐδαίμων οὐσία, οὐχ ἕνεκα σοῦ γιγνομένη, σὺ δ' ἕνεκα ἐκείνου. πᾶς γὰρ ἰατρὸς καὶ πᾶς ἔντεχνος δημιουργὸς παντὸς μὲν ἕνεκα πάντα ἐργάζεται, πρὸς τὸ κοινῇ συντεῖνον βέλτιστον μέρος μὴν ἕνεκα ὅλου καὶ οὐχ ὅλον μέρους ἕνεκα ἀπεργάζεται· σὺ δὲ ἀγανακτεῖς, ἀγνοῶν ὅπῃ τὸ περὶ σὲ ἄριστον τῷ παντὶ συμβαίνει καὶ σοὶ κατὰ δύναμιν τὴν τῆς κοινῆς γενέσεως.

Als eines dieser Teilchen, du unseliger Starrkopf, arbeitet und blickt auch das deine stets auf das Ganze hin, mag es auch noch so winzig sein; aber dir ist es eben hierbei verborgen geblieben, daß alles Werden deswegen geschieht, damit dem Leben des Ganzen ein glückliches Sein beschieden ist, daß es also nicht um deinetwillen geschieht, sondern du um des Ganzen willen geschaffen bist. Denn jeder Arzt und jeder sachkundige Handwerker schafft zwar alles mögliche um alles möglichen willen; aber ein Teilchen, das auf das allgemeine Beste abzielt, das schafft er um des Ganzen willen und nicht das Ganze um des Teiles willen. Doch du bist unzufrieden,

[15] Plat. Tim. 30b 7–c 1.

[16] Vgl. Plat. leg. 900c 8–d 3 mit 902e 4–903a 3.

weil du nicht weißt, inwiefern das, was in deinem Fall für das Ganze das Beste ist, es auch für dich ist kraft des gemeinsamen Werdens.[17]

Anschließend klärt der Athener den jungen Mann über das Schicksal der Seele auf, die mit den unterschiedlichsten Leibern verbunden und dabei, teils aufgrund ihres eigenen Verhaltens, teils durch den Einfluß einer anderen Seele, mannigfachen Wandlungen unterworfen ist. Gott aber gleiche einem Brettspieler, indem er dem sich bessernden eine bessere Position (τόπος) und dem schlechter werdenden eine schlechtere zuweise, „so wie es einem jeden von ihnen gebührt, damit er das ihr zukommende Geschick (μοῖρα) zugeteilt bekommt."[18]

Platon spezialisiert mithin die Lehre von der Harmonie des Ganzen, indem er sie ethisch zuspitzt, um auf diese Weise die Gerechtigkeit Gottes zu verteidigen. Daher greift er auf den Mythos von der Reinkarnation zurück; denn der erlaubt es ihm, den einzelnen für sein Schicksal verantwortlich zu machen.[19] Die eigentliche Intention seiner vielfach variierten Seelenmythen hat er am deutlichsten in seiner am Ende der *Politeia* Sokrates in den Mund gelegten Erzählung von den jenseitigen Erfahrungen des Er, des Sohnes des Armenios, zum Ausdruck gebracht:

---

[17] Plat. leg. 903c 1–d 3. Übersetzung Schöpsdau und Müller. Zur Szenerie der „Gesetze" vgl. Kaiser, Deuteronomium, 60–79, bes. 66–67 (ders., Athen, 39–62, bes. 46–47).

[18] Plat. leg. 903d 3–e 1.

[19] Vgl. dazu Morrow, Plato's Cretan City, 485–486; Kaiser, Gott als Lenker, 91–113 (ders., Athen, 81–104) und zur Bedeutung des platonischen Seelenmythos vgl. Wolf, Griechisches Rechtsdenken IV/1, 403–410; Hirsch, Platons Weg, 220–255 und Kaiser, Mythos als Grenzaussage, 87–116, bes. 103–113.

ἀρετὴ δὲ ἀδέσποτον, ἣν τιμῶν καὶ ἀτιμάζων πλέον καὶ ἔλαττον αὐτῆς ἕκαστος ἕξει. αἰτία ἑλομένου· θεὸς ἀναίτιος.

Die Tugend ist herrenlos. Von ihr besitzt jeder soviel oder sowenig wie er sie ehrt und geringschätzt. Die Schuld liegt bei dem Wählenden, Gott ist unschuldig.[20]

## 3. Die Harmonie des Ganzen und die Schlechten: Der große Zeus-Hymnus des Kleanthes

Ein Stoiker mußte Platons Gedanken, daß den Kosmos eine universale Harmonie durchwaltet, aus tiefer Überzeugung zustimmen. Aber die von Platon vorgeschlagene Lösung des Problems, wie sich schicksalhafte Bestimmung und Freiheit im Los des Menschen vereinigen lassen, konnte er angesichts der eigenen Lehre von dem alles Geschehen zusammenschließenden Kausalnexus und der ihr gemäßen Vorstellung von der ewigen Wiederkehr des Gleichen nicht übernehmen:

οἱ δὲ Στωϊκοί φασιν ἀποκαθισταμένους τοὺς πλανήτας εἰς τὸ αὐτὸ σημεῖον κατά τε μῆκος καὶ πλάτος, ἔνθα τὴν ἀρχὴν ἕκαστος ἦν, ὅτε τὸ πρῶτον ὁ κόσμος συνέστη, ἐν ῥηταῖς χρόνων περιόδοις ἐκπύρωσιν καὶ φθορὰν τῶν ὄντων ἀπεργάζεσθαι. καὶ πάλιν ἐξ ὑπαρχῆς εἰς τὸ αὐτὸ τὸν κόσμον ἀποκαθίστασθαι. τῶν ἀστέρων ὁμοίως πάλιν φερομένων, ἕκαστον ἐν τῇ προτέρᾳ περιόδῳ γενομένον ἀπαραλλάκτως ἀποτελεῖσθαι. ἔσεσθαι γὰρ πάλιν Σωκράτην καὶ Πλάτωνα καὶ ἕκαστον τῶν ἀνθρώπων σὺν τοῖς αὐτοῖς καὶ φίλοις καὶ πολίταις, καὶ τὰ αὐτὰ πείσεσθαι, καὶ τοῖς αὐτοῖς συντεύξεσθαι καὶ τὰ αὐτὰ μεταχειριεῖσθαι, καὶ πᾶσαν πόλιν καὶ κώμην καὶ ἀγρὸν ὁμοίως ἀποκαθίστασθαι· γίνεσθαι δὲ τὴν ἀποκατάστασιν τοῦ παντὸς οὐχ ἅπαξ, ἀλλὰ πολλάκις· μᾶλλον δὲ εἰς ἄπειρον καὶ ἀτελευτήτον τὰ αὐτὰ ἀποκαθίστασθαι. τοὺς δὲ θεοὺς τοὺς μὴ ὑποκειμένους τῇ φθορᾷ ταύτῃ, παρακολουθήσαντας μιᾷ περιόδῳ, γινώσκειν ἐκ ταύτης πάντα τὰ μέλλοντα ἔσεσθαι ἐν ταῖς ἑξῆς περιόδοις· οὐδὲν γὰρ ξένον ἔσεσθαι παρὰ

---

[20] Plat. rep. X 617e 3–5. Vgl. dazu Jaeger, Paideia, 99–104, bes. 102.

τὰ γενόμενα πρότερον, ἀλλὰ πάντα ὡσαύτως ἀπαραλλάκτως ἄχρι καὶ τῶν ἐλαχίστων.

Die Stoiker sagen, daß, wenn die Planeten zu der selben Stelle nach Länge und Breite zurückkehren, an der sich jeder von ihnen ursprünglich befand, als der Kosmos zuerst entstand, sie in festgesetzten Perioden der Zeiten einen Großbrand und eine Zerstörung des Seienden bewirken und dann derselbe Kosmos wie am Anfang wiederhergestellt würde. Wenn die Sterne sich wieder in derselben Weise bewegten, würde alles, was in dem vorausgehenden Umlauf geschehen ist, ununterscheidbar wiederkehren. Dann würde es Sokrates und Platon erneut geben und jeden der Menschen mit denselben Freunden und Mitbürgern, um dasselbe zu leiden und dasselbe zu tun, und es würde wieder dieselben Städte und Dörfer und Äcker geben. Es würde aber die Wiederherstellung aller Dinge nicht nur einmal, sondern vielfach geschehen. Die Götter, die selbst dem Untergang nicht unterliegen, würden aufgrund ihrer Kenntnis des einen Umlaufs alles wissen, was in den kommenden geschehen werde. Denn es würde sich nichts Fremdes gegenüber dem früher Geschehen ereignen, sondern alles würde gänzlich ununterscheidbar bis zu den kleinsten Einzelheiten dasselbe sein.[21]

So hat denn auch Kleanthes, dessen großen Zeushymnus wir als Beispiel für die stoische Lösung anführen, die moralischen Übel in die Harmonie des Ganzen eingeordnet, ohne zu einer klaren Verhältnisbestimmung zwischen ihr und den dem Logos widersprechenden Handlungen des schlechten Mannes zu gelangen.[22] Der Hymnus gliedert sich in die Einführung in Form einer begründeten Anrufung des Zeus in den Z. 1–6, die Beschreibung der generellen Herrschaft des Gottes in den Z. 7–17, die nur durch die Torheit der schlechten Menschen gestört wird. Auf dem Hintergrund

[21] SVF II 625 (Nemesius 309,5–311,2); Long/Sedely 52 C, I 309 (368)/II 306 mit dem Kommentar 307. Vgl. Pohlenz, Die Stoa, 75–81 und dazu die Belege SVF II 585–563 (Long/Sedley 52 A-I, I 308–313 [367–373]/II 305–309).

[22] SVF I 537 (Long/Sedley 54 I, I 326–327 [389–390]/II 326–327).

der kosmischen Herrschaft der göttlichen Vernunft, die alles durchdringt, ist das allerdings ein aussichtloses Unterfangen. Denn weil Gott im Kosmos das Widerstrebende zusammenfügt (Z. 18–21), bewirken sie in ihrer Vernunftlosigkeit das Gegenteil von dem Guten, das sie erstreben, weil sie sich durch ihre Maßlosigkeit zugrunde richten (Z. 22–31). Im Abgesang bittet Kleanthes Zeus darum, die Irrenden zurecht zu weisen, so daß sich alle Sterblichen mit den Göttern zum Lob der Werke des Zeus vereinigen können, wie es sich für sie ziemt (Z. 32–39).[23] In der Anrufung preist ihn der Denker als den ruhmvollsten und vielnamigsten[24] und damit den höchsten und mächtigsten der unsterblichen Götter, der das All nach seinen Gesetzen lenkt. Fragt man sich, was das konkret bedeutet, so liegt es nahe, an den höchsten Gott als Inbegriff des λόγος, der göttlichen Vernunft als dem gestaltenden Prinzip und damit dem νόμος der Welt und ihrer Abläufe zu denken. Für die Menschen ist es eine unabänderlich feststehende Forderung, eine θέμις oder Satzung,[25] ihn zu preisen und ihm so die ihm gebührende Ehre zu erweisen. Sie ist darin begründet, daß allein der Mensch unter allen Lebewesen seines Geschlechts (γένος) und sein Ebenbild (μίμημα) ist. Nach Musonius und Cicero zeigt sich das in seiner Fähigkeit, nach der Tugend zu streben und so seine Natur zu vollenden.[26] Da der Mensch

[23] Vgl. dazu den das Lied gliedernden Kommentar von Thom, Cleanthes' Hymn, 43–163.

[24] Zu den seine Allmacht betonenden Prädikaten vgl. Burkert, Griechische Religion, 207.

[25] Zur Geschichte des Rechtsbegriffs L. Käppel, Art. „Themis", DNP XII/1, 2002, 301–302 und zur Etymologie die Angaben bei Lloyd-Jones, Juistice of Zeus, 166–167 und zur Verwendung die zahlreichen Nachweise bei Wolf, Griechisches Rechtsdenken I und II passim.

[26] Vgl. dazu Musonius Rufus fr. 17: καθόλου δὲ ἄνθρωπος μίμημα μὲν θεοῦ μόνον τῶν ἐπιγείων ἐστίν, ἐκείνῳ δὲ παραπλησίας ἔχει ἀρετάς ... (Über-

nach der stoischen Oikeiosis-Lehre seinen Trieb nur dank seiner Vernunft zähmen kann, liegt es nahe, die Gottebenbildlichkeit des Menschen fundamental in seiner Teilhabe an der göttlichen Weltvernunft als Wurzel seiner Fähigkeit zur Tugend begründet zu finden.[27]

1 Κύδιστ' ἀθανάτων, πολυώνυμε παγκρατὲς αἰεί,
Ζεῦ, φύσεως ἀρχηγέ, νόμου μέτα πάντα κυβερνῶν,
χαῖρε. σὲ γὰρ καὶ πάντεσσι θέμις θνητοῖσι προσαυδᾶν·
ἐκ σοῦ γὰρ γένος ἐσμὲν[28] <ἐκ σοῦ> μίμημα λαχόντες

---

haupt ist der Mensch als das einzige aller irdischen Wesen ein Abbild Gottes und hat ihm ähnliche Tugenden ... [Übers. Nickel]). Ähnlich auch Cicero; nachdem er in leg 24–25 den Gedanken entwickelt hat, daß jeder Mensch, er sei gesittet oder wild, eine Ahnung davon hat, daß man einen Gott haben muß, fährt er in leg. 25 fort: *Iam vero virtus eadem in homine ac deo est, neque alio ullo in genere preterea; est autem virtus nihil aliud nisi perfecta et ad summum perducta natura: est igitur homini cum deo similitudo.* (Darüber hinaus liegt im Menschen dieselbe Tugend wie in Gott, und das ist bei keiner anderen Art sonst noch der Fall; Tugend ist aber nichts anderes als die vollkommene und zur Höchstform entwickelte Natur: Der Mensch ist also Gott ähnlich [Übers. Nickel]).

[27] Vgl. dazu Forschner, Stoische Ethik, 142–159, bes. 148–149.

[28] Zur Lesart vgl. Thom, Cleanthes Hymn, 64–65 sowie Arat. 5a; zu Leben und Werk des Stoikers Aratos vgl. M. Fantuzzi, Art. Aratos [4], übers. G. Fischer-Saglia, DNP I, 1996, 957–962. In der vom Verfasser der Apg komponierten Rede des Paulus auf dem Athener Areopag Apg 17,22–33 (34) erklärt Paulus seiner aus Epikuräern und Stoikern gemischten Zuhörerschaft zunächst, daß die Athener dem unbekannten Gott einen Altar errichtet hätten, er aber ihnen diesen Gott verkündige (V. 22–23). Dann aber stellt er fest, daß Gott die Menschen aus einem einzigen erschaffen und ihnen Zeiten und Grenzen gesetzt habe, damit sie ihn suchten (V. 22–27). In V. 28 heißt es dann: „In ihm leben wir und bewegen wir uns und sind wir, wie auch einige von euren Dichtern sagen: ‚denn wir sind seines Geschlechts'." Der Hinweis auf mehrere Dichter als Verfasser des Zitats könnte darauf hinweisen, daß der Verfasser auf welchem Traditionswege auch immer mit Kleanthes Hymnus 4a und des Aratos Phainomena 5a bekannt geworden war; vgl. Thom,

μοῦνοι, ὅσα ζώει τε καὶ ἕρπει θνήτ᾽ ἐπὶ γαῖαν·
τῷ σε καθυμνήσω καὶ σὸν κράτος αἰὲν ἀείδω.

Ruhmvollster der Unsterblichen, den viele Namen benennen,
Zeus, du Herr der Natur, der du das All nach seinem Gesetz lenkst,
sei mir gegrüßt! Dein Preis geziemt den sterblichen Menschen.
Denn wir sind deines Geschlechts, die wir dein Abbild tragen,
als einzige, was immer an Sterblichen lebt und webt hier auf Erden.
Preisen will ich dich darum, von deiner Macht will ich singen.[29]

---

Cleanthes Hymn, 64–65. In V. 29 wird daraus gefolgert, daß die Verehrung von Gottesbildern unangemessen sei. Der positive Nachdruck liegt nach diesen „Prolegomena" auf der Verkündigung der V. 30–31, daß Gott die Zeit der Unwissenheit der Menschen übersehe und ihnen verkünde, daß sie jetzt Buße tun sollten, weil er den Mann, den er zum Richter des ganzen Erdkreises bestimmte, von den Toten auferweckt habe. Zum inneren Gefälle des Textes und seiner Intention vgl. z. B. die Kommentare zur Apostelgeschichte von Haenchen, Apostelgeschichte, 461–474, bes. 474: „Die Kirche, die er (Lukas) vertritt, sieht es als ihre Aufgabe an, die heidnische Frömmigkeit und Philosophie in sympathetisch-antipathetischer Predigt ‚aufzuheben', und Lukas hat diesen Auftrag, so wie er ihn verstand, in einem unvergeßlichen Bilde festgehalten."; Conzelmann, Apostelgeschichte, 104–113, bes. 111–113 und hier 113: „Die Meinung ist einfach: Wenn die Heiden begreifen, daß *ein* Gott der Schöpfer ist, und Buße tun, dann glauben sie ja. Und dann wissen sie, daß sie das von jeher hätten begreifen müssen. Lk. stellt hier eine Einsicht in die Struktur des Glaubens dar: dieser weiß, daß uns Gott – unabhängig von unserem Begreifen immer schon nahe war und daß unser Unglaube also nicht auf Gott, sein Fernesein, abgeschoben werden kann."; Roloff, Apostelgeschichte, 254.268, bes. 255, wo er weitere hellenistische Motive in der Areopagrede nachweist; Barrett, Acts, 825–855 und zum Zitat bes. 846–849: „The words are of course in themselves capable of a purely Christian meaning; through the Holy Spirit we are born again as children auf God (Jn 3.5). But they lose their point here, if they are not used in a sense different from this: Not the regenerate but human beings as such are the children of God – you cannot deny it for we have it on the authority of your own poets."

[29] Text hier und im folgenden nach der Wiederherstellung und

Die zweite Strophe Z. 7–17 erinnert zunächst daran, daß Zeus mit seinem Blitz das All regiert.[30] Diese mythische Vorstellung wird anschließend, wenn nicht ersetzt, so doch durch die philosophische ausgelegt, daß er alle Dinge mit seinem Gesetz, seinem νόμος, durchdringt und lenkt. Dieses Gesetz aber ist mit seinem λόγος, seiner das All durchdringenden und leitenden Vernunft identisch. Während sein Gesetz noch die Sterne lenkt,[31] bilden die schlechten Menschen, die κακοί, eine naturwidrige Ausnahme, weil sie in ihrer Torheit ohne Rücksicht auf das göttliche Weltgesetz und damit gegen die Natur handeln.

σοὶ δὴ πᾶς ὅδε κόσμος ἑλισσόμενος περὶ γαῖαν
πείθεται ᾗ κεν ἄγῃς, καὶ ἑκὼν ὑπὸ σεῖο κρατεῖται
τοῖον ἔχεις ὑποεργὸν ἀνικήτοις ὑπὸ χερσὶν
ἀμφήκη πυρόεντα αἰειζώοντα κεραυνόν·
τοῦ γὰρ ὑπὸ πληγῆς φύσεως πάντ' ἔργα <νέμονται>,
ᾧ σὺ κατευθύνεις κοινὸν λόγον, ὃς διὰ πάντων
φοιτᾷ μειγνύμενος μεγάλῳ μικροῖς τε φάεσσι
<ᾧ σὺ τόσος> γεγαὼς ὕπατος βασιλεὺς διὰ παντός.
οὐδέ τι γίγνεται ἔργον ἐπὶ χθονὶ σοῦ δίχα, δαῖμον,
οὔτε κατ' αἰθέριον θεῖον πόλον οὔτ' ἐνὶ πόντῳ,
πλὴν ὁπόσα ῥέζουσι κακοὶ σφετέραισιν ἀνοίαις.

Dir gehorcht diese Welt, indem sie sich um die Welt dreht,
folgt dir, wie du sie führst, fügt willig sich deinem Gebote,
solch einen Diener hast du in deinen sieghaften Händen,
den doppelt gespitzten feurigen Blitz, der ewig lebendig,
denn durch seinen Schlag werden alle natürlichen Dinge
<gelenkt>.

---

Übersetzung von Thom, Cleanthes' Hymn, 34–41 mit einem Blick auf die Übertragung von Pohlenz, Stoa, 109–110 und Steinmetz, Stoa, 577–578.

[30] Zu Zeus als Schleuderes des Blitzes vgl. Nilsson, Geschichte der griechischen Religion I, 391–393, zum Blitz als seiner Epiphanie Burkert, Griechische Religion, 201.

[31] Vgl. Arat. 10–14.

Durch ihn richtest du auf das allgemeine Gesetz, das alles durchdringt, beigemischt den großen und kleinen Himmelslichtern.
<Durch ihn bist du> so groß, der höchste König für immer.
Nichts geschieht auf der Erde ohne dich, waltender Gott,
nichts in dem göttlichen Reich des Äthers noch drunten im Meere.
Nur was schlechte Menschen vollbringen aufgrund ihrer Torheit.

Die Fortsetzung in den Z. 18–21 zeigt, daß die Existenz der Schlechten für Kleanthes das eigentliche Problem, mit dem er ringt, darstellt. Grundsätzlich hält er daran fest, daß jene die von Zeus bewirkte Harmonie des Ganzen nicht zu zerstören vermögen, weil er das Krumme gerade macht und das Ungeordnete ordnet und so die Gegensätze des Guten und Schlechten kraft seiner die Welt durchwaltenden Vernunft zu einem harmonischen Ganzen zusammenfügt. Die Schlechten sind für dieses Walten des Gottes insofern ein Beispiel, weil es bewirkt, daß sie sich durch ihr Handeln selbst zugrunde richten, indem sie das Schlechte für das Gute halten, welches das Ziel alles menschlichen Strebens ist:[32]

ἀλλὰ σὺ καὶ τὰ περισσὰ ἐπίστασαι ἄρτια θεῖναι
καὶ κοσμεῖν τἄκοσμα, καὶ οὐ φίλα σοὶ φίλα ἐστίν·
ὧδε γὰρ εἰς ἓν πάντα συνήρμοκας, ἐσθλὰ κακοῖσιν,
ὥσθ' ἕνα γίγνεσθαι πάντων λόγον αἰὲν ἐόντα.
ὃν φεύγοντες ἐῶσιν ὅσοι θνητῶν κακοί εἰσι,
δύσμοροι, οἵ τ' ἀγαθῶν μὲν ἀεὶ κτῆσιν ποθέοντες
οὔτ' ἐσορῶσι θεοῦ κοινὸν νόμον οὔτε κλύουσιν,
ᾧ κεν πειθόμενοι σὺν νῷ βίον ἐσθλὸν ἔχοιεν.
αὐτοὶ δ' αὖθ' ὁρμῶσιν ἄνευ καλοῦ ἄλλος ἐπ' ἄλλα·
οἱ μὲν ὑπὲρ δόξης σπουδὴν δυσέριστον ἔχοντες,
οἱ δ' ἐπὶ κερδοσύνας τετραμμένοι οὐδενὶ κόσμῳ,

---

[32] Vgl. Aristot. eth. Nic. 1094a 1–3 und zum stoischen Verständnis z. B. Diog. Laert. VII 128; Cic.fin. III 11 und zur Sache Forschner, Stoische Ethik, 171–182.

ἄλλοι δ' εἰς ἄνεσιν καὶ σώματος ἡδέα ἔργα
<τἀγαθὰ μὲν ποθέουσιν> ἐπ' ἄλλοτε δ' ἄλλα φέρονται,
σπεύδοντες μάλα πάμπαν ἐναντία τῶνδε γενέσθαι.

Aber du weißt auch das Krumme zum Graden zu richten
und zu ordnen, was ungeordnet, was feindlich ergibt sich in Liebe;
denn du hast alles zu einem zusammengefügt, das Gute mit Bösem,
so daß eine Vernunft in allem herrschet, die ewig.
Ihr zu entweichen versuchen die Sterblichen, soweit sie schlecht sind,
Unglückliche, die zwar immer nach Gutem verlangen,
aber auf Gottes Gesetz weder blicken noch hören.
Folgten sie ihm, so hätten sie seliges Leben.
Aber sie selbst drängen ohne das Gute zu achten, hierhin und dorthin.
Die einen wegen des Ruhmes Mühsal und Streit erduldend,
die anderen treibt die Gewinnsucht ohne Ordnung und Ziel umher;
wieder andere zu Zügellosigkeit und zu den Genüssen des Leibes.
<Gutes ersehnt sich ein jeder,> doch irre gehen sie alle,
streben gerade nach dem, was dem wahren Guten entgegen.

Daher bittet Kleanthes Zeus im Abgesang, die irrenden Menschen von ihrer Torheit zu retten und ihnen Einsicht zu verleihen, so daß sie zum Dank für die ihnen erwiesene Ehre[33] ihrerseits der δίκη gemäß das allgemeine Gesetz (νόμος), den das All durchdringenden λόγος und damit zugleich Zeus selbst besingen:

ἀλλὰ Ζεῦ πάνδωρε, κελαινεφές, ἀργικέραυνε,
ἀνθρώπους ῥύου <σύ γ'> ἀπειροσύνης ἀπὸ λυγρῆς·

[33] Vgl. Z. 4: Die Ehre besteht darin, ein Ebenbild Gottes zu sein und als solches von Zeus aus der Verirrung zur Einsicht und damit zur Tugend geführt zu werden.

ἣν σύ, πάτερ, σκέδασον ψυχῆς ἄπο, δὸς δὲ κυρῆσαι
γνώμης ᾗ πίσυνος σὺ δίκης μέτα πάντα κυβερνᾷς·
ὄφρ' ἂν τιμηθέντες ἀμειβώμεσθά σε τιμῇ,
ὑμνοῦντες τὰ σὰ ἔργα διηνεκές, ὡς ἐπέοικε
θνητὸν ἐόντ'· ἐπεὶ οὔτε βροτοῖς γέρας ἄλλο τι μεῖζον
οὔτε θεοῖς ἢ κοινὸν ἀεὶ νόμον ἐν δίκῃ ὑμνεῖν.

Darum, o Zeus, gütiger Spender, wolkenverhüllter Herrscher des Blitzes,
errette die Menschen von heilloser Torheit,
verjage sie, Vater,[34] aus ihrer Seele. Gib, daß sie Einsicht
erlangen, auf die du gestützt mit dem Recht alles lenkest,
damit so geehrt wir im Wechsel dich ehren,
stets deine Werke besingen, wie es sich ziemt
für den Sterblichen. Denn nichts ehrt die Sterblichen mehr
und die Götter, als stets zu Recht das Gesetz zu besingen.[35]

Bedenkt man, daß nach stoischer Lehre alles seinen notwendigen Gang geht,[36] fragt man sich, wie sich das Gebet in dieses System einfügt. Man muß daher mit einer Wahlfreiheit, wenn auch keiner Willensfreiheit rechnen.[37] Unbeschadet des Schicksalsglaubens waren die älteren und mittleren Stoiker nach dem Zeugnis von Poseidonios[38] und Hekaton[39] bei Diogenes Laertius VII 124 der Überzeugung, daß auch der Weise beten und von den Göttern Gutes

---

[34] Zur Anrede des Zeus als Vater vgl. Thon, Celanthes' Hymn, 151 mit den Nachweisen Hom. Il. I 544; IV 68; V 426; Od. I 28; XII 455; Hes. Theog. 467; 542; Op. 59; Nilsson, Geschichte der griechischen Religion I, 417; Burkert, Griechische Religion, 204–205; g.1m.

[35] Kleanthes-Hymnus, Z. 14–39.

[36] Vgl. dazu oben, 7–9.

[37] Vgl. dazu oben, 20–28.

[38] Vgl. zu ihm P. Steinmetz, Stoa, 670–705 bzw. B. Inwood, Art. Poseidonios [3] Stoischer Philosoph, übers. von E. Dürr, DNP X, 2001, 211–215.

[39] Vgl. zu ihm Steinmetz, Stoa, 662–665 bzw. B. Inwood, Art. Hekaton, übers. von B. v. Reibnitz, DNP V, 1998, 270–271.

erflehen werde.[40] Erst Seneca erklärte das Gebet angesichts der göttlichen Schicksalslenkung für entbehrlich. So heißt es in einem Brief an Lucilius:

*Non sunt ad caelum elevandae manus nec exorandus aedituus, ut nos ad aurem simulacri, quasi magis exaudiri possimus, admittat: prope est a te deus, tecum est, intus est. Ita dico, Lucili: sacer intra nos spiritus sedet, malorum bonorumque nostrorum observator et custos: his prout a nobis tractatus est, ita nos ipse tractat. Bonus vero vir sine deo nemo est: an potest aliquis supra fortunam nisi ab illo adiutus exsurgere?*

Man braucht weder die Hände zum Himmel zu erheben noch den Tempelwächter anzuflehen, daß er uns zum Ohr des Götterbildes zuläßt, als ob wir dann besser erhört würden: Gott ist dir nahe, er ist mit dir, er ist in dir. Daher sage ich, Lucilius: in uns wohnt ein heiliger Geist, unserer bösen und guten Taten Beobachter und Wächter: der uns, so wie er von uns behandelt wird, uns selbst behandelt. Kein guter Mensch ist jedoch ohne Gott, oder kann sich jemand über das Schicksal, wenn er nicht von jenem unterstützt wird, erheben?[41]

Und entsprechend heißt es an anderer Stelle:

*Vis deos propitiare? bonus esto! Satis illos coluit quisquis imitatus est.*

Willst du die Götter gnädig stimmen? Sei gut! Geziemend verehrt sie, wer ihnen nachfolgt.[42]

Aber natürlich wird selbst bei dieser Rücknahme die Kompatibilität von Verantwortlichkeit und Notwendigkeit als die immanent einzige Lösung für die zwischen ihnen bestehende Antinomie vorausgesetzt.[43]

---

[40] Poseid. Frg. 40 (Kidd).

[41] Sen. epist. 41, 1–2.

[42] Sen.epist. 95. 50.

[43] Vgl. dazu oben. 27.

## 4. Die Harmonie des Kosmos und die Übel. Die Antwort Chrysipps

Die Gegner der Stoiker wurden nicht müde, die Frage zu stellen, wie sich die stoische Annahme, die Welt sei zugunsten der Menschen erschaffen, mit den zahlreichen, in ihr begegnenden Übeln vertrüge. Lactantius hat uns ihre kritische Rückfrage knapp und Gellius ausführlicher überliefert: Nach Lactantius (ca. 250–325 n. Chr.) lautete sie:[44]

*Cur si deus omnia hominum causa fecerit etiam multa contraria et inimica et pestifera nobis reperiantur tam in mari quam in terra?*

Warum finden sich, wenn Gott alles um der Menschen willen gemacht hat, auch so viele uns schädliche, feindliche und verderbliche Dinge sowohl im Meer wie auf der Erde?[45]

Gellius referiert den Einwurf der Gegner und die Antwort Chrysipps in seinen vermutlich Anfang des 2. Jh. n. Chr. verfaßten *Attischen Nächten*[46] wie folgt. Die kritische Anfrage der Gegner lautete:

*Quibus non videtur mundus dei et hominum causa institutus neque res humanae providentia gubernari, gravi se argumento uti putant, cum ita dicunt: ‚si esset providentia nulla essent mala.' Nihil enim minus aiunt providentiae congruere, quam in eo mundo, quem propter homines fecisse dicatur, tantum vim esse aerumnarum et malorum.*

Die, denen die Welt nicht um Gottes und der Menschen willen errichtet und keine Vorsehung die menschlichen Angelegenheiten zu leiten scheint, meinen sich eines schweren Arguments zu bedienen, wenn sie so reden: „Wenn es eine Vorsehung gäbe, gäbe es keine

---

[44] Zu dem christlich-lateinischen Schriftsteller vgl. E. Heck, Art. Lactantius/Laktanz, DNP VI, 1999, 1043–1044.

[45] SVF II 1172 (Lact. ira 13.9–10), Long/Sedely 54 R I 330 (394)/II, 331.

[46] Vgl. zu ihm H. Krasser, Art. Gellius [6] A. G., DNP IV, 1998, 896–897.

Übel. Nichts nämlich stimme, so sagen sie, weniger mit einer Vorsehung überein, als daß es eine solche Menge an Drangsalen und Übeln in einer Welt gibt, von der man behauptet, daß sie um der Menschen willen geschaffen worden sei.[47]

In seiner dem vierten Buch seines Werkes *Über die Vorsehung* entnommenen Antwort erklärt Chrysipp nach unserem Zeugen, daß jede Sache durch ihren Gegensatz bestimmt ist und es daher die eine nicht ohne die andere geben könne:

*„Nihil est prorsus istis," inquit, „insubidius. qui opinantur bona esse potuisse, si non essent ibidem mala. Nam cum bona malis contraria sint, utraque necessum est opposita inter sese et quasi mutuo adversoque fulta nisu consistere; nullum adeo contrarium est sine contrario altero. Quo enim pacto iustitiae sensus esse posset, nisi essent iniuriae? aut quid aliud iustita est quam iniustitiae privatio? quid item fortitudo intellegi posset, nisi ex ignaviae adpositione? quid continentia, nisi ex intemperantiae? quo item modo prudentia esset, nisi foret contra imprudentia? Proinde," inquit, „homines stulti cur non hoc etiam desiderant, ut veritas sit et non sit mendacium? Namque itidem sunt bona et mala, felicitas et importunitas, dolor et voluptas. Alterum enim ex altero, sicuti Plato ait, verticibus inter se contrariis deligatum est; si tuleris unum, abstuleris utrumque."*

„Es gibt wahrlich nichts Einfältigeres," sagte er, „als die Leute, die der Meinung sind, es könne das Gute geben, ohne daß es eben das Böse gäbe. Denn da das Gute dem Bösen konträr entgegengesetzt ist, müssen notwendig beide sich einander gegenüberstehen und als etwas zusammenbestehen, was sich sozusagen gegeneinander anstemmt und sich dadurch wechselseitig stützt und bedingt. Ein solches Konträres ist also nie ohne das zugehörige andere Konträre. Denn wie könnte es eine Wahrnehmung von Gerechtigkeit geben, wenn es keine Ungerechtigkeit gäbe? Oder was anderes ist Gerechtigkeit als die Entfernung von Ungerechtigkeit? Ebenso, welches Verständnis der Tapferkeit könnte es geben außer aufgrund des Kontrastes zur Feigheit? Der Mäßigung, wenn nicht aufgrund der

[47] SVF II 1169 (Gell. VII 1,1), Long/Sedley 54 Q, I 329–330 (392–393)/II 330.

Unbeherrschtheit? Und wie könnte es Klugheit geben, wenn nicht der Gegensatz zur Unklugheit bestünde? Weiter," sagte er, „warum wünschen törichte Menschen nicht ebenso, daß es Wahrheit gibt, ohne daß Falschheit auftritt? Denn Güter und Übel, Glück und Unglück, Schmerz und Lust existieren auf dieselbe Weise, Scheitel gegen Scheitel, wie Platon sagte, sind sie eins ans andere gebunden. Wenn man das eine wegnimmt, entfernt man beides."[48]

Der logische und der ontologische Gegensatz werden in dieser Argumentation von Chrysipp gleichgesetzt. Die Logik der menschlichen Vernunft ist dank ihrer Teilhabe am göttlichen Logos mit der Ontologie identisch, ein Grundsatz, auf dem als letzter Hegel sein System errichtet hat.[49] Die Stoiker haben in diesen Zusammenhang auch noch die Semiotik eingebunden: Nach ihnen beruht auch der Vorgang der Benennung auf einer Ähnlichkeitsbeziehung zwischen dem Gegenstand der Wahrnehmung und dem Namen. Daher sind die abbildende Sprache und das zugrundeliegende Ereignis (τύγχανον) gegliederte Teile einer durch den einen göttlichen Logos bestimmten materiellen Wirklichkeit.[50] Daher verhält es sich in der Welt nicht anders als in unserem Denken: So wenig, wie wir uns eine Sache ohne ihr Gegenteil denken können, kann es das im

[48] Gell. VII 1, 2–6 (Übersetzung Long/Sedley/Hülser); vgl. Plat. Phaid. 60a 9–c 7: Sokrates reibt sich, auf seinem Lager sitzend, mit der Hand seine von den Fesseln befreiten Schenkel und bemerkt dazu, daß anscheinend das Angenehme und das Unangenehme nicht ohne einander zu haben sei; denn dem einen folge immer das andere nach, als wenn beide an einer Spitze zusammengebunden seien (60b 8–9). So sei auf den ihm durch die Fesseln verursachten Schmerz nach ihrer Lösung eine angenehme Empfindung gefolgt.

[49] Vgl. Hegel, Enzyklopädie, § 84, 105, und § 439, 354 und dazu Hartmann, Philosophie des deutschen Idealismus, 363–374.

[50] Forschner, Ethik, 43–53, bes. 51–53.

Kosmos geben.[51] Sein Grundgesetz ist der antithetische Dualismus, und daher gibt es zu allem, was existiert, notwendig auch sein Gegenteil. Beide fügen sich in die Ordnung des Ganzen ein.[52]

## 5. Die Widrigkeiten des Lebens als Gottes Mittel zur Erprobung der Guten nach Senecas Schrift *De providentia*

Da Seneca das Problem der Existenz der Übel in einer von den Göttern geschaffenen Welt in seinem Alterswerk *Über die Vorsehung* nach der uns erhaltenen Überlieferung am ausführlichsten behandelt hat, sei trotz seiner späten Entstehung im vorliegenden noch einmal an es erinnert. Seine Schrift dient nach ihrer Einleitung der Beantwortung der ihm von seinem Freund Lucilius[53] vorgelegten Frage, *si providentia mundus ageretur, multa bonis viris mala acciderent* (warum, wenn eine Vorsehung die Welt regiert, den Guten

---

[51] Vgl. auch Aristot. cat. 7b 15–22 und Porph. Isagoge 3.II, Zekl, 170.

[52] Vgl. schon Heraklit (DK 22 frg. 8): „Das Widerstrebende zusammenstimmend und aus dem Widerstrebenden die schönste Harmonie." (zit. nach Snell, 9), bzw. das Bogenwort (DK 22 frg. 51; KRS 209): „Sie verstehen nicht, wie das Unstimmige mit sich übereinstimmt: des Wider-Spänstigen Fügung wie bei Bogen und Leier." (Snell, 19). Interpretation bei Kirk/Raven/Schofield 210–211.

[53] Lucilius Junior stammte aus einfachen Verhältnissen in Campanien, stieg jedoch in den Ritterstand auf und erhielt möglicher Weise durch den Einfluß seines Freundes Seneca die Verwaltung Siziliens als Procurator zugewiesen, wohin ihm Seneca die an ihn gerichteten Briefe schrieb; vgl. zu diesen Fuhrmann, Seneca, 298–305 sowie zur Person des Adressaten knapp W. Eck/J. A. Richmond, Art. Lucilius [II 4] L. Iunior, DNP VII, 1999, 466.

so viele Übel widerfahren).[54] Seneca verzichtet darauf, seiner Antwort eine ausführliche metaphysische Begründung zu geben, sondern erinnert zunächst nur relativ kurz daran, daß in der Natur nichts ohne immanente Gründe geschieht.[55] Dann aber erklärt er, daß einem guten Menschen nichts Schlimmes widerfahren könne, weil sich seine Gesinnung auch unter dem Ansturm von Widrigkeiten nicht ändere:

*Nihil accidere bono viro mali potest: non miscentur contraria. Quemadmodum tot amnes, tantum superne deiectorum imbrium, tanta medicatorum vis fontium non mutant saporem maris, ne remittunt quidem, ita adversarum impetus rerum viri fortis non vertit animum: manet in statu et quidquid evenit in suum colorem trahit; est enim omnibus externis potentior. (2) Nec hoc dico, non sentit illa, sed vincit, et alioqui quietus placidusque contra incurrentia attollitur. Omnia adversa exercitationes putat. Quis autem, vir modo et erectus ad honesta, non est laboris adpetens iusti et ad officia cum periculo promptus?*

Nichts Schlimmes kann dem guten Menschen zustoßen: Gegensätze vermischen sich nicht. Wie so viele Flüsse, eine solche Menge von oben herabgefallenen Regens, eine solche Fülle von Heilquellen den Geschmack des Meerwassers nicht verändern, ja nicht einmal abschwächen, so ändert der Ansturm widriger Ereignisse nicht die Gesinnung eines tapferen Mannes; er bleibt standhaft und was auch immer geschieht, das zwingt er in seine eigene Farbe; denn er ist mächtiger als alles, was von außen kommt. (2) Ich will nicht sagen, er empfindet es nicht, aber er besiegt es und, sonst ruhig und gelassen, richtet er sich mutig auf gegen das, was gegen ihn anrennt. Alle widrigen Ereignisse hält er für Übungen. Wer aber, der nur einigermaßen ein Mann und auf ein ehrenhaftes Verhalten ausgerichtet ist, verlangt nicht nach einer angemessenen Anstrengung und ist trotz Gefahr zur Pflichterfüllung bereit?[56]

---

[54] Sen. dial. I 1, 1.

[55] Sen. dial. I 1,.2–5.

[56] Sen. dial. I 2.1–2. (Übers. G. Krüger).

In seinen *Quaestiones naturales* ist Seneca noch einmal ausführlich auf dieses Thema zurückgekommen. So erklärte er zum Beispiel, daß es im Blick auf die Schrecken, welche Gewitter und Erdbeben bei den Menschen auslösen, unsinnig sei, sich ängstlich zu verkriechen; denn außergewöhnliche Ereignisse, die uns mit einem außergewöhnlichen Tod bedrohen, seien nur Sonderfälle unserer Sterblichkeit, der zur Folge wir jeden Augenblick den Tod erleiden könnten:

*Nullum maius solacium est mortis quam ipsa mortalitas, nullum autem omnium istorum, quae extrinsecus terrent, quam quod innumerabilia pericula in ipso sinu sunt. quid enim dementius quam ad tonitrua succidere et sub terram correpere fulminum metu? quid stultius quam timere nutationem terrae aut subitos montium lapsus et irruptiones maris extra litus eiecti, cum mors ubique praesto sit et undique occurrat nihilque sit tam exiguum, quod non in perniciem generis humani satis valeat? (7) Adeo non debent nos ista confundere, tamquam plus in se mali habeant quam vulgaris mors, ut contra, cum sit necessarium e vita exire et aliquando emittere animam, maiore perire ratione iuvet. necesse est mori ubicumque, quandoque. stet licet ista humus et se teneat suis finibus nec ulla iactetur iniuria, supra me quandoque erit. <quid> interest, ego illam mihi an ipsa se mihi imponat?*

Es gibt keinen stärkeren Trost gegen den Tod als gerade die Todverfallenheit, und es gibt keinen besseren Trost gegen alle Schrecknisse, die von außen drohen, als daß unzählige Gefahren in unserem Inneren selbst sind. Was ist denn unsinniger, als bei Donner hinzusinken und aus Angst vor Blitzen unter die Erde zu kriechen? Was ist noch so dumm, als das Wanken der Erde zu fürchten, den plötzlichen Bergrutsch und den Einbruch des aus seinen Ufern geworfenen Meeres, wo doch der Tod überall bereitsteht, uns von allen Seiten angreift und nichts so klein ist, daß es nicht Kraft genug hat, die Menschheit zu verderben? (7) So darf uns das Erdbeben nicht die Fassung rauben, als ob mehr Übel in ihm steckte als im gewöhnlichen Tod; im Gegenteil: Wir sollten uns freuen, auf nicht gemeine Art zu sterben, wenn wir schon sterben und irgendwann die Seele aushauchen. Sterben muß man, es mag sein, wo es will und wann es will. Auch wenn der Boden hier feststeht, in seinen Grenzen bleibt und von keiner Gewalt erschüttert wird, irgendwann einmal liegt er über mir. Was macht es also aus, ob ich ihn auf mich lege oder er sich über mich?[57]

Dann aber rät er dazu, von der Vorstellung abzulassen, daß die Naturkatastrophen Ausdruck des göttlichen Zornes seien. Denn in Wahrheit hätten sie sämtlich natürliche Ursachen. Die durch sie ausgelösten Schrecken aber beruhten vor allem darauf, daß wir ihre eigentlichen Ursachen noch nicht kennen:

*(1) Illud quoque proderit praesumere animo, nihil horum deos facere, nec ira numinum aut caelum converti aut terram. suas ista causas habent nec ex imperio saeviunt, sed quibusdam vitiis ut corpora nostra turbantur et tunc, cum facere videntur iniuriam, accipiunt. (2) nobis autem ignorantibus verum omnia terribiliora sunt, utique quorum metum raritas auget. levius accidunt familiaria, at ex insolito formido maior est. quare autem quicquam nobis insolitum est? quia naturam oculis, non ratione, comprehendimus nec cogitamus, quid illa facere possit, sed tantum quid fecerit. damus itaque huius neglegentiae poenas tamquam novis territi, cum illa non sint nova, sed insolita*

(1) Hilfreich mag es auch sein, sich vorzustellen, daß die Götter an all diesem keinen Anteil haben und die Erde oder der Himmel nicht durch den Zorn der Götter auf den Kopf gestellt werden. Diese Vorgänge haben ihre eigenen Ursachen, und dieses Toben ist nicht befohlen, sondern es sind Störungen aufgrund bestimmter Mängel wie bei unserem Körper, und gerade, wenn die Welt Gewalt auszuüben scheint, geschieht ihr Gewalt. (2) Weil wir aber den wahren Grund nicht wissen, ist alles noch schrecklicher für uns, da auch die Seltenheit solcher Geschehnisse unsere Angst steigert. Was man kennt, trifft nicht so schwer, während bei Ungewohntem die Angst größer ist. Warum aber ist uns etwas ungewohnt? Weil

[57] Sen. nat. VI 2, 6–7 (Übers. Schönberger). Zur Unvermeidlichkeit des Todes und zum Trost, daß er alle Menschen trifft, vgl. auch II 59,6–8 (zitiert oben, S. 88–89).

wir die Natur nur mit den Augen, nicht aber mit der Vernunft auffassen und nicht bedenken, was sie zu tun vermag, sondern nur, was sie getan hat. Also müssen wir Strafe leiden für diese Gedankenlosigkeit, erschreckt wie über Unerhörtes, während dies doch nur ungewohnt ist, nicht aber unerhört.[58]

Es ging Seneca im 6. Buch darum, die Angst zu bezähmen, welche das große Erdbeben vom 5. Februar 63 n. Chr. in Campanien ausgelöst hatte, dem unter anderem Pompeji und Herculaneum zum Opfer gefallen waren.[59] Die Geringschätzung des Lebens und eine natürliche Erklärung der Vorkommnisse schienen ihm am besten geeignet, die Furcht vor weiteren Erdbeben zu besiegen. *Queramus ergo, quid sit, quod terram ab infimo moveat* (Untersuchen wir daher, was die Erde aus tiefster Tiefe beben macht.) lautet also die Devise in VI.4.1, die Seneca über die nachfolgenden Untersuchungen stellt. An ihrem Ende kommt der Philosoph erneut auf die praktische Seite, die Besiegung der Todesfurcht, zu sprechen, die freilich in jenen Tagen nicht nur durch die Schrecken der Natur, sondern auch die tödlichen Launen des Kaisers Nero ausgelöst wurde:

*Haec, Lucili, virorum optime, quantum ad ipsas causas. illa nunc, quae ad confirmationem animorum pertinent! quos magis refert nostra fortiores fieri quam doctiores, sed alterum sine altero non fit. non enim aliunde animo venit robur quam a bonis artibus, quam a contemplatione naturae. (2) quem enim non hic ipse casus adversus omnes firmaverit et erexerit? quid est enim, cur ego hominem aut feram, quid est, cur sagittam aut lanceam tremam? maiora me pericula expectant: fulminibus et terris et magnis naturae partibus petimur.*

---

[58] Sen. nat. VI 3, 1–2; vgl. Lucr. VI 545–607 mit II 167–183. Zu den Berührungspunkten und Unterschieden zwischen der Kosmologie und der Theologie Epikurs und Senecas vgl. Obstoj, Seneca und Epikur, 13–36 und 88–103 und zur Ablehnung der göttlichen Providenz durch Lukrez Fowler, Lucretius on Atomic Motion, 234–239.

[59] Vgl. Sen. nat. VI 1, 1.

*(3) ingenti itaque animo mors provocanda est, sive nos aequo vastoque impetu aggreditur, sive cottidiano et vulgari exitu. … (5) Ipsum perire non magnum est. proinde si volumus esse felices, si nec hominum vel deorum nec rerum timore versari, si despicere fortunam supervacua promittentem levia minitantem, si volumus tranquille degere et ipsis diis de felicitate controversiam agere, anima in expedito est habenda. sive illam insidiae sive morbi petent sive hostium gladii sive insularum cadentium fragor sive ipsarum ruina terrarum sive vasta vis ignium urbes agrosque pari clade complexa, qui volet illam, accipiat.*

So viel, bester Lucilius, zu den Ursachen! Das folgende nun aber zur Stärkung des Gemütes! Ist es doch wichtiger, innerlich stärker als gelehrter zu werden, doch geschieht das eine nicht ohne das andere. Von nirgendwo nämlich kommt der Seele Kraft zu als von der Wissenschaft und der Betrachtung der Natur. (2) Wen nämlich sollte nicht gerade dieses Unglück gegen alle anderen stärken und erheben? Weshalb sollte ich denn noch einen Menschen fürchten, ein wildes Tier, warum einen Pfeil oder eine Lanze? Größere Gefahren warten auf mich: Blitze gefährden uns, Erdstürze und überhaupt große Stücke der ganzen Natur. (3) So dürfen wir den Tod mit höchstem Mut herausfordern, mag er mit einem gewaltigen, alle treffenden Angriff auf uns losgehen oder auf seine übliche und gewöhnliche Weise. … (5) Was macht es mir aus, wie groß das ist, was mich umbringt? Das Sterben selbst ist nichts Großes. Wenn wir also glücklich sein wollen und nicht von der Furcht vor Menschen, Göttern, Welt gequält sein wollen, wenn wir auf das Glück mit seinen leeren Versprechungen und hohlem Drohen herabsehen wollen, wenn wir ruhig leben und mit den Göttern selbst an innerem Glück wetteifern wollen, dann müssen wir unser Leben in Bereitschaft halten. Mag ihm Heimtücke nachstellen, Krankheiten, das Schwert der Feinde, krachend herabstürzende Häuserblöcke, der Einsturz ganzer Landstriche, eine ungeheure Feuersbrunst, die Städte und Felder gleichermaßen verheert, wer unser Leben will, mag es haben.[60]

Greifen wir noch einmal auf seine Schrift *Über die Vorsehung* zurück: In ihr suchte er die durch die Übel und Gefahren

[60] Sen. nat. VI 32, 1–3.5.

Angefochtenen mit den Göttern zu versöhnen, indem er erklärte, daß es die Natur nicht zulasse, daß jemals Gutes Guten schade, zwischen den Göttern und guten Menschen aber Freundschaft bestehe, so daß die Übel die Mittel Gottes seien, um den Guten zu erziehen:

*In gratiam te reducam cum dis adversus optimos optimis. Neque enim rerum natura patitur ut umquam bona bonis noceant; inter bonos viros ac deos amicitia est conciliante virtute. Amicitiam dico? immo etiam necessitudo et similitudo, quoniam quidem bonus tempore tantum a deo differt, discipulus eius aemulatorque et vera progenies, quam parens ille magnificus, virtutum non lenis exactor, sicut severi patres, durius educat.*

Ich will dich mit den Göttern versöhnen, die die Besten sind zu den Besten. Zwischen guten Menschen und den Göttern besteht Freundschaft, denn die Tugend verbindet sie. Freundschaft sage ich? Nein, vielmehr Verwandtschaft und Ähnlichkeit, da sich ein guter Mensch nur durch seine Lebenszeit von Gott unterscheidet, sein Schüler und Nacheiferer und wahrer Nachkomme, den jener erhabene Vater, der energische Mahner zu sittlichem Verhalten, wie strenge Väter hart erzieht.[61]

Damit ist denn auch schon die durch mehrere Beispiele unterstützte Antwort auf des Lucilius Frage gefunden, „weshalb guten Menschen soviel Widriges widerfährt:

*Patrium deus habet adversus bonos viros animum et illos fortiter amat et ‚operibus' inquit ‚doloribus damnis exagitentur, ut verum colligant robur.'*

Gott hat gegenüber den guten Menschen die Einstellung eines Vaters, er liebt sie mit Strenge und sagt: ‚Durch Mühen, Schmerzen und Entbehrungen sollen sie aus der Ruhe aufgerüttelt werden, damit sie richtige Kraft gewinnen'.[62]

[61] Sen. dial. I 1, 5.

[62] Sen. dial. I 2, 6.

Entsprechend fragt Seneca seinen Freund, warum er diese väterliche Absicht, seinen Charakter zu stählen, nicht erkenne, um dann gleich selbst die Antwort zu geben:

*Miraris tu, si deus ille bonorum amantissimus, qui illos quam optimos esse atque excellentissimos vult, fortunam illis cum qua exerceantur adsignat? Ego vero non miror, si aliquando impetum capit spectandi magnos viros conluctantis cum aliqua calamitate.*

Du wunderst dich, wenn Gott, der die Guten so sehr liebt, der sie gut und trefflich haben will, ihnen ein Geschick zuweist, an dem sie sich üben sollen? Ich aber wundere mich nicht, wenn ihn dann und wann einmal das heftige Verlangen packt, große Menschen mit einem Unheil ringen zu sehen.[63]

Denn erstens geschehe das, was Lucilius verstöre, zum Nutzen derer, denen es widerfahre, zweitens zum Nutzen aller, die von den Göttern besonders beachtet würden, und drittens widerfahre es ihnen, so paradox es klingt, nach ihrem eigenen Wunsch, obwohl sie es nicht wünschten.

*His adiciam fato ista subiecta eadem lege bonis evenire qua sunt boni.*

Dem will ich noch hinzufügen, daß dies dem Schicksal unterworfen ist und den Guten nach demselben Gesetz zustößt, nach dem sie gut sind.[64]

Und nicht weniger paradox kann er weiterhin erklären, daß der wahrhaft unglückliche Mann der sei, dem nie etwas Widriges widerfahren sei.[65] Einfacher gesagt heißt das: Des Menschen Schicksal und Charakter lassen sich nicht auseinander dividieren. Beide sind das Ergebnis des einen von der göttlichen Vernunft geleiteten Ursachengeflechts. Der Wille, dem göttlichen Logos gemäß zu leben, gibt dem Guten seinen Charakter. Aus dem Wissen, daß sein Leben

---

[63] Sen. dial. I 2, 7.

[64] Sen. dial. I 3, 1.

[65] Sen. dial. I 3, 3.

mit dem göttlichen Logos übereinstimmt, gewinnt er die innere Freiheit, die ihn sein Schicksal bejahen läßt, weil es in den notwendigen Fluß des Geschehens eingebunden ist:

*Nihil cogor, nihil patior invitus, nec servio deo sed assentior, eo quidem magis quod scio omnia certa et in aeternum dicta lege decurrere. (7) Fata nos ducunt et quantum cuique temporis restat prima nascientium hora disposuit. Causa pendet ex causa, privata ac publica longus ordo rerum trahit: ideo fortiter omne patiendum est quia non, ut putamus, incidunt cuncta sed veniunt. Olim constututum est quid gaudeas, quid fleas, et quamvis magna videatur varietate singulorum vita distingui, summa in unum venit: accipimus peritura perituri.*

Zu nichts werde ich gezwungen, nichts ertrage ich unwillig und bin nicht Gottes Sklave, sondern ich stimme ihm zu, und zwar um so mehr als ich weiß, daß alles nach einem bestimmten und auf ewig festgelegten Gesetz abläuft. (7) Das Schicksal führt uns, und wieviel an Zeit einem jeden bleibt, hat die erste Stunde der Geburt für die folgende festgelegt. Ursache hängt von Ursache ab, private und öffentliche Dinge schleppt der Gang der Ereignisse mit sich: deshalb muß man alles tapfer ertragen, weil alles nicht, wie wir glauben, zufällig geschieht, sondern aufgrund einer Ursache eintritt. Vor Zeiten ist festgesetzt worden, worüber du dich freuen worüber du weinen sollst, und mag es so aussehen, als ob das Leben jedes einzelnen durch große Verschiedenheit gekennzeichnet ist, das Ergebnis läuft auf eins hinaus: wir empfangen, was vergänglich, selbst vergänglich.[66]

Auch auf das innere, durch keine äußere Gewalt zerstörbare Glück des Stoikers und die Möglichkeit, der Last des Schicksals durch den Freitod zu entgehen, kommt Seneca alsbald zu sprechen. So läßt er Gott selbst erklären:

*Intus omne posui bonum; non egere felicitate felicitas vestra est.*

66 Sen. dial. I 5, 6–7.

Ins Innere habe ich alles Glück gelegt; nicht zu entbehren das Glück ist euer Glück.[67]

Doch wem das Leben angesichts des auf ihm lastenden Leidensdruckes zu schwer erscheint, dem gibt Gott die Freiheit, seinem Leben ein Ende zu setzen:

*Ante omnia cavi ne quis vos teneret invitos; patet exitus: si pugnare non vultis, licet fugere.*

Vor allem habe ich sicher gestellt, daß euch niemand gegen seinen Willen festhält; der Weg aus dem Leben ist offen: wenn ihr nicht kämpfen wollt, könnt ihr fliehen.[68]

Man geht kaum fehl, wenn man Senecas Lehre, daß der Gute unwiderstehlich leiden muß und ihm als letzter Ausweg der Freitod bleibt, auf seine eigene Erfahrung im Umgang mit den Mächtigen seiner Zeit und nicht zuletzt mit dem Kaiser Nero, seinem einstigen Schüler, zurückführt. Tacitus berichtet in seinen *Annalen*,[69] daß Seneca im Alter seinen Einfluß auf den Kaiser verlor und sich schließlich, der Teilnahme an der Verschwörung des Calpurnius Piso überführt, ein Jahr nach dem Brande Roms im April 65 n. Chr. auf höchsten Befehl selbst zu töten versuchte, wobei ihm schließlich die ungeduldigen Schergen den Rest gaben.[70] Und so dürfen

[67] Sen. dial. I 6, 5.

[68] Sen. dial. I 6,7 (Übers. Rosenbach). Vgl. auch Sen. epist. VIII 70, 6: *Citius mori aut tardius ad rem non pertinet, bene mori aut male ad rem pertinet: bene autem mori est effugere male vivendi periculum.* (Schneller oder langsamer zu sterben ist belanglos, anständig oder schäbig zu sterben ist wesentlich; anständig zu sterben ist das Meiden einer Gefahr – schäbig zu leben). Übers. Rosenbach.

[69] Zu Tacitus, seiner geschichtlichen Situation und seinem literarischen Wirken vgl. Grant, Klassiker, 229–259 und jetzt vor allem Schmal, Tacitus, bzw. knapp E. Flaig, Art. Tacitus [1] (P.?) Cornelius T. Lat. Historiograph, DNP XI, 2001, 1209–1214.

[70] Tac. ann. XV 60,2–64,4; knapp Suet. Nero 35,5; vgl. dazu

wir seine Trostschrift an den Freund Lucilius zugleich als Vergewisserung der eigenen Freiheit gegenüber den zunehmenden äußeren Widrigkeiten seines Lebens und damit der Freiheit zum selbst gewählten Tode lesen.[71] Wie schwer der Weise an seinem glänzenden Gefängnis getragen haben muß, ließ ihn ein Zeitgenosse wenige Jahre nach seinem Tod in einer Tragödie über die Ermordung der kaiserlichen Gemahlin Octavia durch Nero erklären: Die Jahre der Verbannung mußten ihm dank ihrer Muße, die Raum für seine ethischen und naturwissenschaftlichen Studien bot, wie ein verlorenes Paradies erscheinen:

*Quid me, potens Fortuna, fallaci mihi*
*blandita vultu, sorte contentum mea*
*alte extulisti, gravius ut ruerem edita*
*receptus arce totque prospicerem metus?*
*melius latebam procul ab invidiae malis*
*remotus inter Corsici rupes maris,*
*ubi liber animus et sui iuris mihi*
*semper vacabat studia recolenti mea.*

Was hast du mich, mächtiges Schicksal getäuscht
mit schmeichelnder Miene, und mich, der mit seinem Lose zufrieden
hoch erhoben, daß schwerer ich aus hoher Feste stürzte
und so viele Ängste erblickte?
Besser blieb ich verborgen, weit von den Übeln des Neides
entfernt zwischen des Klüften des Korsischen Meeres
wo frei mein Geist und sein eigener Herr
immer fand Zeit, meine Studien zu pflegen.[72]

---

Maurach, Seneca. Leben, 40–47 bzw. Fuhrmann, Seneca, 307–325. Zu dem berühmten Gemälde von Peter Paul Rubens in der Münchener Alten Pinakothek vom Freitod Senecas vgl. Maurach, Seneca, 48–54.

[71] Vgl. dazu auch die Rede „Vom freien Tode" in Nietzsche, Zarathustra (KGA VI/I), 89–92 bzw. ders., Zarathustra (KTA 75), 76–79.

[72] Ps. Sen. Octavia 377–384. Vgl. dazu F.J. Miller, in LCL 78 (1917 ND), 405 und Fuhrmann, Seneca, 342–345.

Die Überzeugung, daß es dem Menschen frei steht, seinem Leben, sollte es unerträglich geworden sein, ein Ende zu machen, gehörte freilich zu den gemeinsamen ethischen Grundüberzeugungen der Epikuräer,[73] Stoiker[74] und Kyniker.[75] In ihr gipfelte der Glaube an die Freiheit des Menschen angesichts des ihn bezwingenden Schicksals. Der Gedanke, daß die Harmonie des Ganzen auf der Disharmonie seiner Teile beruht, wie ihn Platon in den philosophischen Diskurs eingeführt hatte, ist im Laufe der folgenden Jahrhunderte hinter den der Notwendigkeit der Gegensätze zurückgetreten und schließlich durch den Gedanken des notwendigen Zusammenhangs aller Dinge und damit der Unentrinnbarkeit des Schicksals abgelöst worden, dem gegenüber der Mensch die doppelte Freiheit besitzt, es als Herausforderung anzunehmen und sich damit

[73] Vgl. Epikur, epist. Men. (Diog. Laert. X 125–127); Usener, Epic. 61.10–127.7; Long/Sedley 24 A, I 151–152 (174)/II 154; vgl. auch Diog. Laert. X 119 und 121.

[74] Vgl. z.B. SVF III 757 (Diog. Laert. VII 130); SVF III 763 (Cic. fin. III 18,60), SVF III 759 (Plut. mor. 18, 5 1042 D) und Epict. diatr. II 5, 13–17 und III 24, 96–102 und dazu Zeller, Philosophie der Griechen, 313–318 und vor allem Rist, Stoic Philosophy, 233–255 und zu Epkitet Long, Epictetus, 202–204; zur Beurteilung des Freitodes in der Antike einschließlich im römischen Recht vgl. G. Schieman, Art. „Suicid“, DNP XI, 2001, 1093–1094, zu seiner Rolle im hellenistisch-römischen Roman Kerényi, Romanliteratur, 142–144.

[75] Vgl. z.B. Diog. Laert. VI 72 (Diogenes von Sinope), vgl. aber Claud. Ael. var. hist. X 11; Diog. Laert. VI 95 (Metrokles) und bes. Teles II *De continentia* (Übers. R. Nickel, 382–385); vgl. auch oben, 15. Ähnlich wie für Epiktet diente auch Teles die Unerschrockenheit des Sokrates vor dem Tode als Beispiel, weil er es ablehnte, aus dem Gefängnis zu fliehen, und ohne zu klagen in den Tod ging. Zu dem um die Mitte des 3. Jh. v. Chr. wirkenden kynischen Philosophen vgl. Zeller, Philosophie der Griechen, 44–45 und M.O. Goulet-Cazé, Art. Teles (übers. von B. v. Reibnitz), DNP XII/1, 2002, 95.

stärker als jenes zu erweisen oder, wenn es zu ertragen die eigene Kraft übersteigt, freiwillig seinem Leben ein Ende zu machen.[76]

## 6. Von der göttlichen Freiheit, der menschlichen Verantwortung und der Polarität aller Dinge bei Jesus Sirach

Wenden wir uns Ben Sira zu, so kommen wir aus der drückenden Atmosphäre des kaiserzeitlichen Rom in das vom Hellenismus nicht unberührte Jerusalem des frühen 2.Jh.s v. Chr., in dem Ben Sira als ein schriftgelehrter und welterfahrener „Schreiber" und Lehrer wirkte. Noch wartete die selbst im hohepriesterlichen Geschlecht der Zadokiden ihre Vertreter besitzende hellenistisch gesinnte Reformpartei auf eine Gelegenheit, ihre umstürzenden Pläne zu verwirklichen.[77] Der Sirazide aber ahnte, was sein Volk erwartete, und suchte zumal seinen Schülern den biblischen Erwählungsglauben und damit den Gehorsam gegenüber der Thora als sicheren Leitfaden durch das Leben zu empfehlen. Wir haben ihn in den vorausgehenden Vorlesungen bereits als einen Mann kennengelernt, der zwar entschlossen an den Grundüberzeugungen des biblischen Erwählungsglaubens festhielt, aber nicht davor zurückscheute, sie

[76] Vgl. dazu auch oben, 15–16 und 89.

[77] Vgl. dazu Hengel, Judentum und Hellenismus, 241–245, ders., Interpretation of Judaism, 167–228, bes. 212–228; zur hellenistischen Reform des Hohenpriesters Jasons vgl. Bickerman(n), Gott der Makkabäer, 50–89 (ders., God of the Maccabees, 32–60); Hengel, Judentum und Hellenismus, 486–664, der 653–654 auch die Auswirkungen auf das weitere Denken des Judentums in das Blickfeld rückt, und Bringmann, Hellenistische Reform, 66–96.

vorsichtig und umsichtig im Licht stoischer Konzepte zu interpretieren. Dafür zeugt auch der jetzt als erster von uns zu bedenkende Lehrtext, in dem er den Gedanken, daß in der Welt alles notwendig in Gegensatzpaaren existiert, auf eine bis heute kontrovers gedeutete Weise aufgenommen hat (Sir 36[33],7–15):[78]

7 Warum unterscheidet sich[79] ein Tag vom anderen,
obwohl das Licht des Jahres von der Sonne (kommt)?
8 Durch die Weisheit des Herrn wurden sie unterschieden,[80]
denn er bestimmte unter ihnen Zeiten und Feste.[81]
9 Etliche von ihnen[82] segnete und heiligte er
und etliche von ihnen bestimmte er zu Alltagen.[83]
10 Und jeder Mensch[84] ist ein Gebilde aus Ton,
und aus Staub wurde der Mensch gebildet.
11 Die Weisheit des Herrn[85] hat sie unterschieden.[86]

---

[78] Die Hauptzeugen für den Text 36(33),7–15 bilden HE, G und S. Der rechte Rand der Kola ist in HE im Bereich der V. 7–14 beschädigt, so daß die fehlenden Worte nach G bzw. S ergänzt werden müssen. Zur Textkritik vgl. ausführlich Prato, problema, 12–21 und weiterhin Skehan/Di Lella, Wisdom of Ben Sira, 393–396 und Wicke-Reuter, Providenz und Verantwortung, 227–229.

[79] Zum Text von V. 7a vgl. S und Smend, Weisheit, 298 und Prato, problema, 16 ad loc. Anders G: ὑπερέχει. HE verdorben.

[80] Mit G und S. Zu HE vgl. Wicke-Reuter, Providenz und Verantwortung, 227; vgl. aber auch Prato, problema, 17 und Skehan/Di Lella, Wisdom of Ben Sira, 396 ad loc.

[81] Ergänzt nach G; vgl. auch S, der freilich „Jahreszeiten und Zeiten" liest; vgl. Wicke-Reuter, Providenz und Verantwortung, 277 ad loc.

[82] Ergänzt nach G und S.

[83] Wörtlich: „Tagen der Zahl".

[84] Ergänzt nach G und S, vgl. Prato, problema, 18, Skehan/Di Lella, Wisdom of Ben Sira, 394 und Wicke-Reuter, Providenz und Verantwortung, 228 ad loc.

[85] Ergänzt nach G und S.

[86] HE bietet als 11b: „und er machte sie zu Bewohnern der Erde." S bietet dieses Kolon als 11b und läßt 11c aus, das G als 11b bietet. Dem Parallelismus entsprechend scheiden wir 11b mit Skehan/Di Lella,

und er machte ihre Wege verschieden.
12 Etliche von ihnen[87] segnete und erhöhte er
und etliche von ihnen heiligte er und ließ sie zu sich nahen.[88]
Etliche von ihnen verfluchte und[89] erniedrigte er
und verstieß sie von ihren Positionen.[90]

13 Wie Ton in der Hand des Töpfers,
daß er ihn nach seinem Wohlgefallen formt,[91]
so ist der Mensch in der Hand seines Schöpfers,
so daß von ihm sein Los (חלק) bestimmt wird.
14 Gegenüber dem Bösen[92] (steht) das Gute,
gegenüber dem Leben der Tod,
und gegenüber dem Guten der Frevler,
und gegenüber dem Licht das Dunkel.[93]

---

Wisdom of Ben Sira, 395–396 und Wicke-Reuter, Providenz und Verantwortung, 228 ad loc. als jüngere Ergänzung aus; anders Prato, problema, 18.

[87] Ergänzt nach G und S.

[88] Ergänzt nach G.

[89] Ergänzt nach G und S.

[90] Zur Frage, ob מעבר oder מעמד (vgl. G στάσις) zu lesen ist, vgl. Smend, Weisheit, 299; Prato, problema, 19 und Skehan/Di Lella, Wisdom of Ben Sira, 396 und Beentjes, Ben Sira, 106 ad loc. Dagegen votiert Wicke-Reuter, Providenz und Verantwortung, 228 ad loc. mit Marcus, Ben Sira, 16 für das מעבר. Ein Blick in Ges Lex[18] sub vocibus zeigt, daß sich die Bedeutungen überschneiden. מעמד kann in den Qumrantexten, z.B. 1QS II 22 die zugewiesene Stellung, in CD IV 5 das Auftreten, in 1Qm V 4 die Aufstellung in der Schlacht, und in 1QH II 24 den Stand im Sinne der Standhaftigkeit und in 1QH XVI 5 den Standort der Gerechtigkeit und mithin eine geistige Haltung bezeichnen. Angesichts dieser Bedeutungsbreite empfiehlt es sich wohl doch, unter Verweis auf G bei dem מעמד zu bleiben.

[91] Zur Diskussion des von HE überlieferten Verbs vgl. Prato, problema, 20 und Skehan/Di Lella, Wisdom of Ben Sira, 396 ad loc.

[92] Ergänzt nach G und S (V. 15).

[93] Zum Befund vgl. Beentjes, Ben Sira in Hebrew, 106 und zur Diskussion Wicke-Reuter, Providenz und Verantwortung, 229 ad loc.

15 Blicke auf[94] alle Werke[95] Gottes:
sie alle sind paarweise, eins gegenüber dem andren.

Fragen wir nach dem Sinn des Textes, so können wir zunächst feststellen, daß die in den einleitenden V. 7–9 berichtete Unterscheidung der Bestimmung der Tage durch Gott das Analogon für die folgenden Aussagen über die Bestimmung der Menschen darstellt: Sachlich beziehen sich die Verse auf Gottes Schöpfungshandeln am 4. Tage (vgl. Gen 1,14–19): So wie Gott bei der Schöpfung einigen Tagen eine besondere kalendarische und anderen eine besondere kultische Bedeutung gegeben hat, den Rest aber zu gewöhnlichen oder Alltagen machte, so handelt er nach seiner freien Entscheidung auch an den Menschen (V. 10–11): Obwohl Gott alle Menschen aus Erde gebildet hat, hat er doch ihre Wege verschieden gemacht und das heißt: ihren Lebensweg gelenkt (Prov 16,9 und 20,24).[96] Als Normalfall göttlicher Führung darf man im Alten Testament den Zusammenhang zwischen einer positiv oder negativ qualifizierten Tat und ihrer entsprechenden Folge betrachten, ohne daß deshalb sein Schicksal ganz in seine Hand gelegt ist und ohne daß sich für das Verhältnis eine Formel finden läßt (V. 10–11).[97] Das wird im folgenden V. 12a–b an einem positiven und in c–d an einem negativen Beispiel exemplifiziert. In V. 13 wird das in den V. 10–12 Gesagte generalisiert. In ihm erklärt Ben Sira im Anschluß an das Töpfergleichnis von Jer 18,1–6,[98] daß so wie der Ton in der Hand des Töpfers der Mensch in Gottes Hand

[94] Vgl. G und Markus, Ben Sira, 17, Vattioni, Ecclesiastico, 175 und Wicke-Reuter, Providenz und Verantwortung, 229 ad loc.

[95] HE irrtümlich Singular; vgl. G.

[96] Vgl. dazu Zehnder, Wegmetaphorik, 587–588.

[97] Zehnder, Wegmetaphorik, 588–593.

[98] Vgl. auch Jes 29,16; Jes 45,9 und 64,7.

ist. Wenn der Töpfer mit seinen Gefäßen nach seinem Wohlgefallen umgehen kann (und zum Beispiel ein mißratenes zerstören, Jer 18,4), so besitzt auch Gott freie Verfügungsgewalt über den Menschen: Er kann das Teil oder Schicksal (חלק) des Menschen[99] nach seinem Wohlgefallen bestimmen. Er trifft die Entscheidung über das Schicksal des Menschen. Die beiden abschließenden V. 14–15, die von der Polarität aller Schöpfungswerke Gottes handeln, sind offenbar als Erläuterung zu dem Vorausgehenden gemeint: Auch in Gottes Schöpfung muß es notwendig Gegensätze geben, daher ist es unvermeidbar, daß es in ihr Gutes und Böses, Leben und Tod, aber eben auch Gottes freie Gnadenwahl und die Verwerfung des Sünders gibt.

Die erste grundlegende exegetische Frage lautet, ob die Aussage in V. 13c–d prädestinatianisch im Sinne einer providentiellen Gnadenwahl oder resultativ im Sinne einer dialogischen Antwort auf das Verhalten der Menschen zu deuten ist, wie es die Wegmetapher in V. 11b nahelegen könnte. Aber diese Frage läßt sich nicht apriorisch, sondern nur aposteriorisch im Blick auf V. 12 entscheiden. In 12a wird offensichtlich auf die Erwählung der Aaroniden, und das bedeutet zur Zeit Ben Siras: der Zadokiden als hohepriesterliches Geschlecht (vgl. Sir 50), angespielt (vgl. Sir 45,6–17).[100] In 12b ist ebenso speziell in hyperbolischer

---

99 Vgl. Sir 41,4 (Mas) und z. B. Jes 17,14; Hiob 20,29; 27,13.

100 Vgl. Ex 4,14–16; 28–29; Lev 8; 16,15–17 und zu Ben Siras Einstellung zum zadokidischen Hohepriestertum Sir 45,25e–26 und 50, 24d–g; vgl. dazu Oligan, Ben Sira's Relationship to the Priesthood, 261–286, nach dem Ben Sira die Ansprüche der Zadokiden zugunsten aller Priester abzuwehren versucht, mit Marböck, Hohepriester Simon, 215–299 (ders., Weisheit und Frömmigkeit, 155–168) und Mulder, Simon the High Priest, 317–373, die m. E. Ben Sira mit Recht als Verehrer und Verteidiger des zadikodischen Hohepriestertums beurteilen.

Redeweise von der Ausschließung von Datan, Abiram und der Rotte Korach vom Priestertum und ihrer Vernichtung die Rede.[101] Für diese Interpretation spricht, daß im Lob der Väter in Sir 45 unmittelbar auf den Bericht von der Erwählung Aarons („ferner erhöhte er als heilig den Aaron vom Stamme Levi ...") in den V. 18–19 von der Revolte des Datan und Abiram und der Auflehnung der Rotte Korach die Rede ist.[102] In beiden Fällen handelt es sich um geschichtliche Vorgänge, im ersten um einen Akt freier göttlicher Gnadenwahl, im zweiten um einen solchen des göttlichen Gerichts.[103] Mithin sollen die beiden Vergleiche in den V. 10 und 13 nicht auf ein der Geschichte voraus liegendes prädestinierendes Handeln Gottes, sondern auf ein geschichtliches bezogen werden, mit dem er im ersten Fall ein Geschlecht erwählt und im zweiten die im Gegensatz dazu stehende Amtsanmaßung eines anderen beantwortet. Der „Anteil", den Gott einem Menschen gibt, kann eine Gabe freier Gnadenwahl, kann aber ebenso Antwort auf das Verhalten des Menschen sein.[104] So handeln die V. 7–13 zum einen von einem anfänglichen und zum anderen von einem geschichtlichen Handeln Gottes. Beiden gemeinsam ist die Souveränität der göttlichen Schicksalszuweisung. Sie kann wie im Fall 1 und 2a völlig in der Freiheit Gottes begründet sein, sie kann aber ebenso wie im Fall 2b Gottes Antwort

---

[101] Vgl. dazu auch Wicke-Reuter, Providenz und Verantwortung, 244–249.

[102] Vgl. Num 16 und Ps 106,16–18.

[103] Vgl. Num 16 mit Sir 45,18–19 und dazu Kaiser, Convenant and Law, 235–260, bes. 244–249.

[104] Vgl. dazu ausführlich Wicke-Reuter, Providenz und Verantwortung, 258–266.

auf ein bestimmtes negatives Verhalten darstellen.[105] Beide Möglichkeiten sollen abschließend im Licht der V. 14–15 bedacht werden, in denen Ben Sira seine Schüler dazu auffordert, darauf zu achten, daß alle Werke Gottes paarweise sind und in einer antithetischen Beziehung zueinander stehen – wie zum Beispiel Gut und Böse, Leben und Tod, der Gute und der Frevler, Licht und Finsternis. Mithin besitzt Gott die souveräne Freiheit, Menschen zu erwählen und zu verstoßen. Sein Handeln selbst fügt sich in den Rahmen der die ganze Schöpfung bestimmenden Polarität ein, zu der auch der Gegensatz zwischen den Guten und den Bösen gehört.[106] Mit der Existenz beider muß der Mensch rechnen. Eine nur gute Welt wäre ebenso unwirklich wie eine nur böse.[107] Aber damit ist zugleich gesagt, daß auch das Böse die Ordnung der Welt nicht sprengt, zumal (und damit rückt unser Text ganz in die Nähe des großen Zeushymnus des Kleanthes) das Böse von Gott gerichtet wird (V. 12c–d).[108]

Mithin folgert aus 36(33),7–15 nicht, daß Gott den Charakter und die Taten des Menschen vorherbestimmt, daß er sie prädestiniert hat, sondern lediglich, daß er in seiner Freiheit seine Erwählten bevorzugen und selbstverständlich die Sünder bestrafen kann. Denn die Entscheidung darüber,

[105] Daran scheitert m. E. die interessante Auslegung von Lange, Weisheit und Prädestination, 38–40, nach dem in 36(33),7–15 die Zugehörigkeit zu einem Geschlecht und die ethische Disposition des Menschen als Teil einer prädestinierten Urordnung gedeutet wird.

[106] Daß der auf Heraklit zurückgehende Gedanke bei Ben Sira stoisch vermittelt ist, dürfte offensichtlich sein; vgl. dazu oben, 134 Anm. 52 sowie Wicke-Reuter, Providenz und Verantwortung, 273.

[107] Wicke-Reuter, Providenz und Verantwortung, 270–273 zeigt überzeugend, daß die V. 14–15 nicht dualistich gedeutet werden dürfen.

[108] Vgl. z. B. Sir 2,12–14; 5,1–8; 15,12–13; 39,28–31.

ob der Mensch von ihm verflucht und verstoßen wird, fällt nach Ben Siras Überzeugung erst dann, wenn er sich als Frevler erwiesen und gegen die Gebote Gottes verstoßen hat, wie es Ben Sira in 15,16–17 erklärt hat:

Vor dir sind Feuer und Wasser geschüttet,
was du erwählst, danach strecke aus deine Hand.
Vor dem Menschen (liegen) Leben und Tod,
was er erwählt, das wird ihm gegeben.[109]

Überdies hat er schon im folgenden Kapitel ausdrücklich erklärt, daß Gott jeden Menschen nach seinem Tun richtet (Sir 16,11–14):[110]

11 Und gäbe es einen Starrsinnigen,
es wäre ein Wunder, bliebe er straflos.
Denn Erbarmen und auch Zorn sind bei ihm,
er erläßt und vergibt und ergießt seinen Zorn.
12 Groß wie sein Erbarmen so ist sein Züchtigen,
jedermann richtet er nach seinen Taten.
13 Der Sünder entkommt nicht[111] mit dem Raub,
doch des Gerechten Hoffnung endet nicht.

---

[109] Sir 15,16–17. Vgl. dazu auch oben, 44–46. Philo von Alexandrien hat das Problem der menschlichen Verantwortlichkeit, die undiskutierbar zum Bestand des biblischen Denkens gehört, und damit zugleich das des Bösen mittels der Teilhabe der menschlichen Vernunft am göttlichen Logos gelöst: Die vernünftige Seele ist eine Kopie der göttlichen Vernunft, Frick, Divine Providence, 174: „Choosing good or evil is thus a matter of the training in the rationality of the mind, an intellcetual task that does essentially not imply more involvement of God's providence. But from the point of view of God, there is another very important answer that involves providence directly. In a fragment of the lost treatise *Legum Allegoriae* [frg. 8], Philo says that, ‚strictly speaking, the human mind does not choose the good through itself, but in accordance with the providence (ἐπιφροσύνη) of God, since he bestows the fairest things upon the worthy'."

[110] Der Text von Sir 16,1–24 ist durch G, HA und S bezeugt.

[111] Lies mit Prato, problema, 227 ad loc. ein לא statt des אל.

14 Jeder der Gutes tut, erhält seinen Lohn,
und jeden Menschen trifft es nach seinen Taten.

Mithin besteht zwischen Sir 36(33),7–15 sowie 15,11–17 und 16,11–14 kein prinzipieller Unterschied. Dort trifft die Empörer gegen Gottes Anordnung die verdiente Strafe, hier wird der Mensch für sein Schicksal verantwortlich gemacht. Denn bereits bei seiner Erschaffung hat ihm Gott die Fähigkeit, zwischen Gut und Böse zu unterscheiden, gegeben (17,7).[112] Ähnlich wie Kleanthes ist auch Ben Sira davon überzeugt, daß Gott die Bösen nicht ungestraft läßt. Bei Kleanthes vollzieht sich das Gericht in der Selbstzerstörung der Bösen. Das hat auch Philo in *De praemiis et poenis* gelehrt,[113] ohne deshalb den Glauben an das Gericht unmittelbar nach dem Tode aufzugeben,[114] wie er dem von Plato übernommenen Glauben an die Reinkarnation entspricht.[115] Jesus Sirach teilte dagegen den altmediterranen Totenglauben, nach dem die Seele im Tode in die Unterwelt hinabfährt.[116] Daher fühlte er sich zu dem Nachweis gedrungen, daß Gott in seiner Gerechtigkeit die Sünder bereits in diesem Leben und spätestens in der Art ihres Sterbens richtet,[117] um umgekehrt auch den zu segnen, der seine Gebote hält und auf ihn vertraut, wie es die biblische Tradition bezeugt (Sir 2,7–11):[118]

---

112 Vgl. dazu Wicke-Reuter, Providenz und Verantwortung, 267–273 und Kaiser, Weisheit und Freiheit, 291–306, bes. 301–304. und zu 15,14 auch 299–301.

113 Vgl. Philo Praem. 151.

114 Vgl. Philo Praem. 152.

115 Vgl. Philo Somn. 138–142.

116 Vgl. dazu Kaiser, Verständnis des Todes, 175–192 (ders., Athen, 275–292).

117 Vgl. Sir 11,10–28.

118 G ist für dieses Kapitel der Haupt- und S der Nebenzeuge.

7 Οἱ φοβούμενοι τὸν κύριον, ἀναμείνατε τὸ ἔλεος αὐτοῦ
καὶ μὴ ἐκκλίνητε, ἵνα μὴ πέσητε.
8 οἱ φοβούμενοι κύριον, πιστεύσατε αὐτῷ,
καὶ οὐ μὴ πταίσῃ ὁ μισθὸς ὑμῶν.
9 οἱ φοβούμενοι κύριον, ἐλπίσατε εἰς ἀγαθὰ
καὶ εἰς εὐφροσύνην αἰῶνος καὶ ἔλεος.[119]
10 ἐμβλέψατε εἰς ἀρχαίας γενεὰς καὶ ἴδετε·
τίς ἐνεπίστευσεν κυρίῳ καὶ κατῃσχύνθη;
ἢ τίς ἐνέμεινεν τῷ φόβῳ αὐτοῦ καὶ ἐγκατελείφθη;
ἢ τίς ἐπεκαλέσατο αὐτόν, καὶ ὑπερεῖδεν αὐτόν;
11 διότι οἰκτίρμων καὶ ἐλεήμων ὁ κύριος
καὶ ἀφίησιν ἁμαρτίας καὶ σῴζει ἐν καιρῷ θλίψεως.

7 Die ihr den Herrn fürchtet, wartet auf sein Erbarmen,
und wendet euch nicht ab, damit ihr nicht fallt.
8 Die ihr den Herrn fürchtet, vertraut auf ihn,
und euer Lohn wird nicht entfallen.
9 Die ihr den Herrn fürchtet, hofft auf Gutes,
auf ewige Freude und Erbarmen.
10 Blickt auf die früheren Geschlechter und seht:
Wer vertraute auf den Herrn und wurde zuschanden?
Oder wer blieb in seiner Furcht und wurde verlassen?
Oder wer rief ihn an, und er hätte ihn übersehen?
11 Denn barmherzig und gnädig ist der Herr,
er vergibt Sünden und rettet in der Zeit der Trübsal.[120]

Aber Ben Sira weiß auch, daß der Mensch sein Leben lang von Nöten und Ängsten geplagt wird. Wenn er am Ende hinzufügt, daß die äußeren Schrecken um der Bösen willen erschaffen worden sind, erinnert das an seine Rechtfertigung der Güte der Werke Gottes in 39,12–35: Daß von Seuchen, Hungersnöten und kriegerischen Verwüstungen nicht nur die Frevler, sondern auch die Guten betroffen werden, blendet er aus, um in 40,11–17 den Gegensatz zwischen dem Los des Frevlers und dem des Guten ins Gedächtnis zu rufen

[119] V. 9c gehört zur jüngeren G II-Tradition.

[120] Zu den V. 10–11 vgl. Calduch-Benages, gioiello, 85–96.

und dadurch die Rechtschaffenen aufzufordern, unbeirrt das Rechte zu tun (Sir 40,1–17):[121]

1 Große Mühsal und ein schweres Joch
hat Gott den Menschkindern zugeteilt:
Vom Tag seines Austritts aus dem Mutterleibe
bis zu dem Tag, an dem er zur Mutter alles Lebens zurückkehrt:[122]
3 Von dem, der hoch auf dem Thron sitzt,
bis zu dem, der in Staub und Asche sitzt,[123]
4 Von dem, der Turban und Kopftuch trägt,
bis zu dem, der in Felle gekleidet:

5 Nur Zorn, Ärger, Neid und Furcht,
Angst vor dem Tode, Hader und Streit.
Auch wenn er auf seinem Lager ruht,
ändert nächtlicher Schlaf sein Denken.[124]
6 Er schläft kaum einen Augenblick,
dann schrecken ihn Träume auf.
Verwirrt von seinem Traumgesicht
flieht er vor seinem Verfolger.

7 Im richtigen Augenblick wacht er auf
und staunt, daß der Schrecken vorüber.[125]
8 Bei allem Fleisch vom Menschen bis zum Vieh
und bei Sündern siebenfach mehr:[126]
9 Seuche und Blutvergießen, Hitze und Dürre,
Verwüstung und Untergang, Hunger und Tod.
10 Wegen des Frevlers wurde das Übel erschaffen,
und seinetwegen[127] eilt das Verderben herbei.

[121] Hauptzeuge des Textes ist HB mit den Verbesserungen von HBm.

[122] V2 gehört zur jüngeren G II-Überlieferung.

[123] Lies mit S; vgl. Prato, problema, 304.

[124] Lies mit Bm; vgl. Prato, problema, 305 ad loc.

[125] Zum Text von V. 7, der in HB nur fragmentarisch überliefert ist, vgl. Prato, problema, 305–306 ad loc.

[126] Der V ist in HB unlesbar; lies mit G; vgl. Prato, problema, 306–307 ad loc.

[127] Lies mit Bm.

11 Alles, was aus der Erde (kommt), kehrt zur Erde zurück,
und alles, was aus der Höhe, zur Höhe.
12 Alles unrecht erworbene Gut wird vernichtet,
aber Güte (חסד) bleibt ewig bestehen.[128]
13 Der Besitz der Frevler[129] gleicht einem reißenden Bach
und einem mächtigen Strom in Blitz und Donner:
14 Bei seinem Steigen rollt er Steine,
doch plötzlich und dauernd versiegt er.
15 Der Sproß des Gewalttäters vermehrt sich nicht,
denn der Gottlose wurzelt auf einem Felsenzahn.[130]
16 Wie Röhricht auf der Uferbank
wird er von allem Gewächs zerdrückt.
17 Aber Güte wankt nicht in Ewigkeit,
und Almosen bleiben[131] für immer.

Ist dieses Nacheinander von einer pessimistischen Lebenssicht und einem Hinweis auf das Scheitern des Frevlers und die Beständigkeit der Gemeinschaftstreue, treue Güte (חסד), nur eine Ausflucht vor den nackten Tatsachen des Lebens? Stünde die Lehrrede isoliert, so könnte man so urteilen. Liest man sie dagegen auf dem Hintergrund von Sir 36(33),7–15 und zumal des unmittelbar vorausgehenden Lehrhymnus auf die Güte der Werke Gottes in Sir 39,12–35,[132] so kommt man eher zu einem umgekehrten Ergebnis: Denn einerseits gehören Gutes und Böses, Glück und Unglück zur unvermeidlichen Polarität des Daseins, so daß das eine nicht ohne das andere zu haben ist. Andererseits aber stimmt die Feststellung in V. 11, daß die Übel um der Frevler willen geschaffen worden sind, mit Sir 39,28–31,

[128] Lies mit G; zum Befund vgl. Prato, problema, 308 ad loc.
[129] Lies mit G und Mas, vgl. Prato, problema, 308 ad loc.
[130] Vgl. 1 Sam 14,4 und Hiob 39,28.
[131] Text: Singular.
[132] Vgl. dazu oben, 96–105.

vgl. V. 24–25, überein.[133] Und obwohl auch die Guten von den Sorgen des Lebens nicht verschont bleiben, gilt doch der Grundsatz, daß Gott jedem nach seinem Tun vergilt (Sir 16,12–14; 17,23).[134] Deshalb schließt Jesus Sirach sein Lehrgedicht durchaus konsequent mit der Versicherung, daß wer treue Güte übt und Almosen gibt, niemals ins Wanken kommt. Denn mit ihr erfüllt der Mensch das Gesetz des Lebens (Sir 17,11–14).[135]

Es gibt jedoch einen Text über den Tod, der mit seiner Aussage nicht ganz isoliert steht, nämlich Sir 11,10–28. Hier seien nur die V. 14 und 17 sowie 23–28 zitiert:

14 Gutes und Böses, Leben und Tod,
Reichtum und Armut kommen vom Herrn.[136]
17 Die Gabe des Herrn bleibt bei dem Gerechten[137],
und sein Wohlgefallen gibt Gelingen für immer.
...
23 Sage nicht: „Was brauche ich noch
und was kann mir künftig noch nützen?"
24 Sage nicht: „Ich habe genug
und was kann mir weiterhin schaden?"[138]
25 Am glücklichen Tage vergißt man das Unglück
und am unglücklichen Tage des Glück.[139]

---

[133] Vgl. dazu oben, 102–105 und zur Beziehung zwischen 39,9–35 und 40,1–17 Marböck, Kohelet und Sirach, 289–290 (ders, Weisheit und Frömmigkeit, 93–94).

[134] Vgl. auch Sir 3,31; 32(35),13.23–24.

[135] Vgl. Mich 6,8.

[136] Die V. 15 und 16 fehlen in der G I-Tradition und in Lat.

[137] Lies mit HA den Singular und mit G das Hiph^c^il.

[138] Lücken in HA nach G aufgefüllt.

[139] Die Übersetzung folgt G. HA ist fragmentarisch.

26 Aber leicht ist es für den Herrn am Tage des Endes,
dem Menschen sein Tun zu vergelten.[140]
27 Die Zeit des Unglücks läßt die Lust vergessen
und das Ende des Menschen gibt über ihn Auskunft.[141]
28 Vor dem Tode preise keinen glücklich,
denn an seinem Ende wird der Mensch erkannt.[142]

Viererlei gilt es festzuhalten: 1. Gott entscheidet über Tod und Leben des Menschen (V. 14); 2. gibt er den Frommen dauerhaftes Glück (V. 17); aber 3. darf sich Mensch nicht in Sicherheit wiegen, weil sich sein Schicksal jederzeit ändern kann. 4. Daher kann man den Menschen erst glücklich preisen, wenn man sein Ende kennt. Der Topos ist in der griechischen Literatur breit bezeugt.[143] Unter Berufung auf Sir 5,7[144] ist er wie folgt zu deuten: Ein friedlicher Tod nach einem erfüllten Leben war für Ben Sira ein guter Tod und zeigte ihm, daß der Verstorbene tatsächlich in Gottes Augen gut war, ein böser, qualvoller und vorzeitiger Tod konnte, aber mußte nicht als Hinweis darauf verstanden werden, daß Gott den Betroffenen als Sünder strafen wollte.[145] Daher konnte er seine Schüler ermahnen, den Tod, in welchem Alter immer er sie träfe, als Folge einer ewigen Satzung Gottes ohne Murren anzunehmen (Sir 41,3–4):

---

[140] Der Vers fehlt in HA und in S.

[141] Die Übersetzung folgt HA V. 25c–d.

[142] Die Übersetzung folgt HA V. 26c–d.

[143] Vgl. Hdt. I 32,7; Soph. Oid.T. 1528–1530; Eur. Andr. 100–103; Men. sent. 498.

[144] „Zaudere nicht, zu ihm umzukehren / und verschiebe es nicht von Tag zu Tag! Denn urplötzlich entbrennt sein Zorn, und du gehst am Tage der Rache zugrunde."

[145] Vgl. auch Marböck, Gerechtigkeit Gottes, 26–28 (ders., Weisheit und Frömmigkeit, 177–178).

Fürchte dich nicht vor dem Tod, der dir bestimmt.
Bedenke, daß die vor und nach dir mit dir gehen.
Das ist von Gott das Ende[146] alles Fleisches,
Was willst du dich des Höchsten Weisung widersetzen?
Ob (nach) tausend Jahren, hundert oder zehn –
in der Unterwelt kann man sich nicht beschweren.

## 7. Ben Siras Hymnus auf die Schönheit der Schöpfung Gottes als Zeugin seiner unergründlichen Weisheit (Sir 42,15–43,33)

Nach so viel Problematischem, wie es nun einmal dem menschlichen Schicksal unvermeidlich innewohnt, können wir unseren Rückblick auf das Denken der Alten über die im Kosmos waltende Harmonie und Schönheit mit einem Ausblick auf den entsprechenden Hymnus des Siraziden beschließen, der bei ihm am Ende seiner Lehren in 42,15–43,33 steht. Er führt seine Schüler vor die Herrlichkeit der Welt als Zeugnis für die Weisheit ihres Schöpfers, um am Ende zu dem Lob des Gottes aufzurufen, dessen Weisheit unergründlich ist. Denn selbst der Weise muß bekennen, daß er von den Werken der göttlichen Weisheit nur einen Bruchteil zu erkennen vermag; ist doch die Zahl seiner Wunderwerke so unermeßlich, daß selbst seine Thronengel sie nicht einmal aufzuzählen vermögen. Er setzt so ein (Sir 42,15–17):[147]

15 Gedenken will ich der Werke Gottes,[148]
was ich gesehen, will ich berichten.

[146] So mit Mas.

[147] Der Text ist durch Mas, HB und G als Haupt- und durch S als Nebenzeuge belegt.

[148] Lies mit Mas; vgl. Prato, problema, 122 ad loc. und Skehan/Di Lella, Wisdom of Ben Sira, 487 ad loc.

Durch des Herren[149] Wort (entstanden) seine Werke,
und sie handeln nach seinem Wohlgefallen.[150]
16 Die leuchtende Sonne ist bei allen offenbar,
und die Herrlichkeit des Herrn bei all seinen Werken.
17 Die Heiligen des Herrn[151] reichen nicht aus,
all seine Wunder aufzuzählen.[152]
Der Herr gibt seinem Heere Kraft,[153]
vor dem Anblick seiner Herrlichkeit zu bestehen.[154]

Anschließend rühmt Jesus Sirach Gottes Vorauswissen von allem, was geschehen wird, und seine alle Räume und alle Zeiten umspannende Allwissenheit, die beide durch die Worte seiner Propheten belegt werden. Denn dank seiner vollkommenen Weisheit weiß er alles, was geschehen ist, geschieht und geschehen wird (Sir 42,18–21):

18 Das Urmeer und das Herz erforscht er,
und ihre Geheimnisse sind ihm bekannt.[155]
Denn der Höchste besitzt alle Erkenntnis
und erblickt von weither, was da kommt.[156]
19 Er tut das Vergangene und Künftige[157] kund
und offenbart die geheimsten Dinge.[158]
20 Es mangelt ihm an keiner Einsicht,
und ihm entgeht kein Ding.[159]

---

[149] So G und Mas; HB: Gott.

[150] Wörtlich: „und sie nehmen an das Tun seines Gefallens". Vgl. Skehan/Di Lella, Wisdom of Ben Sira, 487 ad loc.

[151] Lies mit G, Mas und S. „Herr" statt mit HB „Gott"; anders Prato, problema, 122 ad loc.

[152] Lies mit G und Mas; vgl. Prato, problema, 123 ad loc.

[153] Lies in 17c nach Mas.

[154] Lies in 17d nach Mas. Wörtlich: „stark zu sein".

[155] Lies mit G und Mas.

[156] Lies mit Mas, vgl. Prato, problema, 124 ad loc.

[157] Lies mit HBm; vgl. Prato, problema, 124. ad loc.

[158] Lies mit HB, vgl. Mas.

[159] Lies mit HB, vgl. Mas.

21 Die Macht seiner Weisheit steht fest,
einer ist er von Ewigkeit her.[160]
Nichts braucht zugefügt und nichts entfernt zu werden,
er bedarf keines Beraters.[161]

Die Vollkommenheit seiner Werke aber beruht auf seiner Vorsehung, seiner Providenz, in der er alles so geschaffen hat, daß für jeden Zweck oder Bedarf (צרך) vorgesorgt[162] und alles zugleich von unübertrefflicher Schönheit ist (Sir 42,22–25):

22 Sind nicht all seine Werke begehrenswert
bis zum Anblick eines bunten Funkens?[163]
23 Dies alles lebt und besteht für immer,
und steht alles für jeden Zweck bereit.
24 Sie alle gehören paarweise zusammen,
und keines von ihnen schuf er vergebens.[164]
25 Eins übertrifft das andre durch seine Schönheit,
und wer würde satt, ihre Pracht zu schauen?[165]

Dann aber rühmt Ben Sira die Schönheit und Klarheit des Himmels, die zugleich erwärmende und versengende Kraft der Sonne, den Mond, der den Menschen die Zeiten einteilt, und die Pracht der leuchtenden Sterne, die Gottes Ordnung folgen, den Blitz, der Gottes Zorn kund tut, den Donner, vor dem die Erde erbebt, die Stürme[166] mit ihrem Regen und den Schnee, dessen Weiße die Betrachter mit Staunen erfüllt, den Frost, der alles erstarren läßt, die durch

160 Lies mit Mas; vgl. HB.

161 Lies mit HM und HB, die sich ergänzen.

162 Vgl. Sir 39,21–27 und dazu oben, 101–109.

163 Lies V. 21a mit Mas. und in 21b nach Strugnell bei Skehan/Di Lella, Wisdom of Ben Sira, 488 ad loc.: עדני צוץ וחזות מראה.

164 Vgl. zu V. 24a–b HB mit Mas und zu b auch S.

165 Vgl. zu V. 25 Mas mit HB.

166 Vgl. auch SapSal 13,1–9 und dazu zuletzt ausführlich Kepper, Hellenistische Bildung, 147–195.

den Tau gemilderte Dürre und das von Leben erfüllte Meer, das Gott in der Urzeit bezwungen hat (43,1–26):

1 Die Schönheit der Höhe und der Glanz der Feste,
der Himmel läßt sehn[167] seine Herrlichkeit.
2 Bei ihrem Aufgang leuchtet warm die Sonne,[168]
ein wunderbar Gefäß, des Höchsten Werk.[169]
3 Am hohen Mittag versengt sie die Erde,
wer könnte ihrer Hitze widerstehen?
4 Dem zum Guß angefachten Ofen gleich
verbrennt der Sonne Strahl die Berge,[170]
läßt die Zunge der Leuchte das Bewohnte (Land) vergehen,
von ihrem Brennen entzündet sich das Auge.
5 Denn groß ist der Herr, der sie geschaffen,
und sein Wort leitet seinen Starken.[171]

6 Und auch der Mond bestimmt[172] die Zeiten,
ein ewiges Zeichen, beherrscht er die Zeit.
7 Durch ihn gibt es Termine und Feste,
und Dunkel[173] gefällt ihm bei seiner Wende.
8 Monat um Monat erneuert er sich,[174]
wie wunderbar ist er bei seiner Wiederkehr.
Ein Zeichen[175] ist er für die Wolken in der Höhe,
er bedeckt[176] die Feste mit seinem Glanz.

---

[167] Lies mit Bm; wörtlich: „läßt sehen“; zum Text vgl. Prato, problema, 128 bzw. Skehan/Di Lella, Wisdom of Ben Sira, 488 ad loc.

[168] Lies mit HB, vgl. Prato, problema, 128 ad loc.

[169] Lies mit Mas.

[170] Zum Text vgl. Prato, problema, 129 bzw. Skehan/Di Lella, Wisdom of Ben Sira, 488 ad loc.

[171] Zum Text vgl. Prato, problema, 130 ad loc. Lies mit Mas und ergänze in 5b par zu 5a den Singular.

[172] Wörtlich: „läßt wandern“.

[173] Lies statt עתה ein עופה; vgl. Prato, problema, 131 ad loc.

[174] Lies mit HB; vgl. Skehan/Di Lella, Wisdom of Ben Sira, 489 ad loc; anders Prato, problema, 131 ad loc.

[175] Wörtlich: „ein Gerät des Heeres“.

[176] Zur Diskussion vgl. Prato, problema, 131–132 ad loc.

9 Des Himmels Schönheit und die Pracht des Sterns,
sein Licht strahlt auf in Gottes Höhen.
10 Durch Gottes Wort steht er an seinem Platz
und schwindet nicht bei seinen Wachen.[177]

11 Den Regenbogen sieh und preise seinen Schöpfer,
denn überaus herrlich ist seine Pracht.
12 Er überwölbt den Himmel mit seinem Glanz,
denn Gottes Hand spannte ihn aus mit Stärke.
13 Sein Schelten weist dem Hagel seine Bahn,[178]
und läßt die Blitze, wenn er richtet, leuchten.
14 Um seinetwillen schloß er auf die Scheuer[179]
und ließ er die Wolken wie Geier fliegen.
15 Seine Kraft machte die Wolken schwer
und schlug herab die Hagelsteine.

17a Sein lauter Donner läßt die Erde beben,[180]
16a durch seine Kraft läßt er die Berge schwanken.
16b Sein Wort läßt den Südwind wehen,
17b des Nordwinds Brausen, Wind und Wetter.
Wie Funken schüttelt er seinen Schnee,
er liegt an wie Heuschreckenschwärme.
18 Seine weiße Pracht entzückt das Auge,
bei seinem Fallen staunt das Herz.
19 Und auch den Reif streut er wie Salz
und läßt wie einen Safir Blumen blühen.

20 Des Nordwinds Kälte läßt er wehen,
der die Quelle härtet zu einer Scholle.
Jede Wasserstelle überkrustet er
und bekleidet den Teich wie mit einem Panzer.
21 Den Ertrag der Berge verbrennt er wie Dürre,

---

[177] Lies das Suffix der 3.sing.

[178] Zum Text vgl. Prato, problema, 133 bzw. Skehan / Di Lella, Wisdom of Ben Sira, 489 ad loc.

[179] Lies mit Ms, vgl. Skehan / Di Lella, Wisdom of Ben Sira, 489; anders Prato, problema, 133–134 ad loc.t.

[180] Wörtlich: „sich winden".

und sprossende Auen wie Flammen.
22 Das alles heilt der Wolke Träufeln,
fallender[181] Tau macht fett das verdorrte Land.

23 Es war sein Plan, der Rahab überwältigte[182]
und über die Tiefsee Inseln spannte.
24 Die Seefahrer erzählen von ihrer Grenze,
hören es unsere Ohren, sind wir vor Staunen starr.
25 Dort gibt es Wunder, seine staunenswerten Werke,
alle Arten von Leben und die Untiere Rahabs.
26 Um seinetwillen hat jeder Bote Erfolg
und tut auf seine Worte hin, was ihm[183] gefällt.

Doch dann hält der Sirazide inne, um festzustellen, daß in dieser unermeßlichen Fülle der Geschöpfe nur ER allein waltet, er dessen Herrlichkeit niemand ergründen noch zureichend preisen kann. Und doch hat er seinen Frommen Weisheit verliehen (1,10). Sie reicht aus, sein Wirken in der Schönheit und Harmonie seiner Werke zu erkennen und das zu tun, was ihm gefällt.[184] Damit ist zugleich hervorgehoben, was den jüdischen Weisen mit den griechischen und römischen Philosophen verbindet und unterscheidet: Die Philosophen suchen das Wesen der Welt analytisch zu ergründen und kommen dabei zu dem Schluß, daß die Spannungen dieser Welt in Gestalt des Gegensatzes zwischen den Gütern und den Übeln in der Harmonie des Ganzen aufgehoben ist. Ben Sira folgt ihnen darin, endet aber beim Rühmen der Werke des Gottes, dessen Größe die seiner Werke und dessen Weisheit die aller Weisen übersteigt, und begründet damit die Forderung, ihn zu fürchten

181 Wörtlich: „frei gelassener".

182 Zum Text vgl. Smend, Weisheit, 409–410; Prato, problema, 137 und Skehan/Di Lella, Wisdom of Ben Sira, 490 ad loc.

183 D.h.: Gott.

184 Vgl. dazu oben, 104.

und immer neu zu loben, obwohl und weil kein Lobgesang IHN angemessen rühmen kann. So gilt das letzte Wort der dankbaren Feststellung, daß er seinen Frommen Weisheit gibt. Damit schließt sich das Ende der Lehrreden mit ihrem Anfang zusammen, an dem er bekannte, daß er den größten Anteil an seiner Weisheit denen gibt, die ihn lieben – und das sind die, die seine Gebote halten (Sir 1,10) und den Herrn fürchten, weil die Furcht des Herrn die Wurzel und Krone der Weisheit ist (Sir 1,11–21) und wer sie begehrt, seine Gebote halten muß (Sir 1,25–27).[185] Und so lautet denn Ben Siras Abgesang so (Sir 43,27–33):

27 Noch mehr von diesem fügen wir nicht zu,
und das Ende der Rede lautet: Alles ist ER![186]
28 Laßt uns denn jubeln, weil wir (ihn) nicht ergründen,
denn er ist größer als all seine Werke.
29 Zu fürchten über alle Maßen ist der Herr,
und wunderbar sind seine Machterweise.
30 Die ihr den Herren preist, erhebt die Stimme,
mit aller Kraft, denn er ist noch mehr.
Die ihr ihn rühmet, singet lauter,
ermüdet nicht, weil ihr (ihn) nicht ergründet.
31 Wer hätte ihn gesehen, daß er ihn schildern könnte,
und wer könnte ihn preisen, wie er ist?[187]

---

[185] Zur Gottesfurcht als froher Hingabe an den Herrn Haspecker, Gottesfurcht bei Jesus Sirach, 302–303 und Egger-Wenzel, „Fear in God“, 211–226, bes. 223–224 bzw. als „latente Grundhaltung des weisen Menschen in Beziehung auf Gott, den der Mensch als Schöpfer verehrt, fürchtet und liebt“ (Wischmeyer, Kultur des Buches Jesus Sirach, 280). Zu den einschlägigen Parallelen in den Proverbien und Psalmen vgl. Corley, Proverbs and Ben Sira, 155–182, bes. 162–163.

[186] Zu der Übersetzung des הוא הכל, griechisch τὸ πᾶν ἐστιν αὐτός, vgl. Kaiser, Rezeption der stoischen Providenz, 41–54, bes. 50 (ders., Athen, 293–303, bes. 302).

[187] Zur Ursprünglichkeit des in HB fehlenden Verses vgl. Prato, problema, 140 ad loc.

32 Die Fülle des Verborgenen ist mehr als das,[188]
denn wenig nur sah ich von seinen Werken.
33 Das alles hat der Herr geschaffen,
und seinen Frommen gibt er Weisheit.

---

188 Ergänze: „was wir gesagt haben und sagen könnten."

# IV. „Nur der Weise ist frei …“. Die Paradoxien der Stoiker in Ciceros *Paradoxa Stoicorum* und Philos *Quod omnis probus liber sit.*

## 1. Die Stellung von Ciceros *Paradoxa Stoicorum* in seinem Philosophischen Gesamtwerk

Als Cicero im Frühjahr des Jahres 46 v. Chr. seine Schrift über die Paradoxa der Stoiker seinem Freund, dem späteren Cäsar-Mörder Marcus Iunius Brutus, widmete, lag seine politische Glanzzeit fast zwanzig Jahre zurück. Sie hatte ihren Zenit bekanntlich in seinem Konsulat des Jahres 63 v. Chr. erreicht, in dem es ihm gelungen war, die Catilinarische Verschwörung aufzudecken und erfolgreich niederzuschlagen.[1]

[1] Zu Leben, Umfang und Abfolge der Werke Ciceros vgl. knapp die einschlägigen Artikel von J.G.F. Powell/J.H. Simon/D. Obbing, Art. Tullius Cicero, Marcus, OCD, 1996, 1558b–1564 bzw. J. Leonhardt, Art. Cicero, DNP II, 1997, 1191–1202; seine Biographie bieten z.B. Seel, Cicero; Gelzer, Cicero; Fuhrmann, Cicero und Gawlick/Görler, Cicero-Philosophie, 995–1168 mit ausführlicher Bibliographie. Sie gehen sämtlich auch auf seine Schriften ein. Gelzers Darstellung erweist sich dank ihres durchgehenden Zwiegesprächs mit den Quellen als unentbehrlich. Zu Ciceros Schriften und philosophischer Leistung vgl. vor allem Gawlick/Görler, Cicero. Philosophie, 1015–1125 bzw. Görler, Cicero, 83–109. Zum Stolz seines Lebens, der Niederschlagung der Catilinarischen Verschwörung vgl. z.B. Seel, Cicero, 65–107; Gelzer, Cicero, 80–107; Fuhrmann, Cicero, 99–102; bzw. Christ, Krise und Untergang, 262–268 oder Bringmann, Geschichte der römischen

Noch in seinem letzten Werk, *De officiis*, rühmt er sich vor dem Sohn seiner den Staat rettenden Tat:

*Illud autem optimum est, in quod invadi solere ab improbis et invidis audio: ‚Cedant arma togae, concedat laurea laudi.' Ut enim alios omittam, nobis rem publicam gubernantibus nonne togae arma cesserunt? Neque enim periculum in re publica fuit gravius umquam nec maius otium. Ita consiliis diligentiaque nostra celeriter de manibus audacissimorum civium delapsa arma ipsa ceciderunt. Quae res igitur gesta umquam in bello tanta? qui triumphus conferendus. (78) Licet enim mihi, M. fili, apud te gloriari, ad quem et hereditas huis gloriae et factorum pertinet.*

Schön ist das bekannte Wort, das, wie ich höre, gehässige und gemeine Kreaturen mit Vorliebe zum Ziel ihrer Angriffe machen: ‚Weichen mögen die Waffen der Toga, dem Lobe der Lorbeer.' Denn um andere zu übergehen: – als wir das Gemeinwesen lenkten, sind da nicht der Toga die Waffen gewichen? Es hat ja nie eine bedrohlichere Gefahr im Gemeinwesen gegeben und tieferen Frieden im Innern. So sind durch unsere Beschlüsse und Umsicht rasch den Händen der verwegensten Mitbürger die Waffen von selber entglitten und entfallen. Was für eine Tat von solcher Bedeutung wurde also je im Kriege ausgeführt? Welcher Triumph war vergleichbar? (78) Ich darf, mein Sohn Marcus, bei dir mich rühmen, dem dieses Erbe dieses Ruhmes und der Nachahmung der Taten zukommt.[2]

Doch seit dem Ersten Triumvirat, das Caesar, Pompeius und Crassus im Jahre 60 geschlossen hatten, rückte er politisch mehr und mehr in den Hintergrund. Nachdem Crassus im Jahre 53 im Partherfeldzug gefallen,[3] Pompeius 48 v. Chr.

---

Republik, 302–309. Zu Caesars Rolle vgl. Gelzer, Caesar, 42–49 und Canfora, Caesar, 51–64 und zum sozialgeschichtlichen Hintergrund Alföldy, Römische Sozialgeschichte, 76–77.

[2] Cic. off. I 77–78 (Übers. Gunermann).

[3] Vgl. dazu Bringmann, Geschichte der römischen Republik, 335–337 und die Charakteristik des Crassus von Bengtson, Grundriß, 219: „Crassus war ein Kapitalist und Ausbeuter reinsten Wassers, eine

bei seiner Landung in Pelusium ermordet war[4] und Caesar in den drei nachfolgenden Jahren sowohl die ägyptische wie die kleinasiatische Frage gelöst und die Pompejaner in Afrika und Spanien besiegt hatte, war seine Herrschaft unbestritten, während der Senat zusehends seinen Einfluß verlor.[5] Cicero nutzte dieses ihm vom Schicksal auferlegte *otium*, diese Muße, indem er sich zunächst der Abfassung von Werken zur Rhetorik und Staatsphilosophie und in seinen beiden letzten Lebensjahren solchen zur Religionsphilosophie und Ethik zuwandte, um seinem Volk auf diese Weise nützlich zu sein:

---

brutale Wolfsfigur und insofern ein echter Repräsentant dieser an Idealen so armen, an Machtgier aber so reichen Epoche der späteren Republik." Zu seiner Biographie vgl. knapp W. Will, Art. Licinius [I 11] L. Crassus, M., DNP VII, 1999, 161–162.

[4] Vgl. dazu Gelzer, Pompejus, 202–203; Christ, Pompejus, 163–167 und zur Charakterisierung des Pompejus als eines Mannes, der ohne klare Zielsetzung an der Optimatenpolitik scheiterte, weil er ihr treu bleiben wollte, so daß Caesar an der degenerierten bisherigen Führungsschicht das Urteil der Geschichte vollstrecken mußte, Gelzer, Pomejus, 204–205 und Christ, Pompejus, 213–216. Zu seiner Biographie vgl. knapp W. Will, Art. Pompeius [I 3] P. Magnus, Cn., DNP X, 2001, 99–107.

[5] Vgl. dazu Gelzer, Caesar, 227–251; Christ, Krise und Untergang, 368–380 bzw. Bringmann, Geschichte der römischen Republik, 350–353 und zu Caesars Ausbau seiner Machtstellung bis zum Diktator ausführlich Canfora, Caesar, 72–288, zur Frage der von Suet. Caes. 30,5 referierten und durch Cicero. off. III 82 gestützten Ansicht, daß Caesar *aetate prima*, von früher Jugend an die Alleinherrschaft angestrebt habe, 144–147 und zum tiefliegenden Unterschied zwischen dem Machtmenschen Caesar und dem Humanisten Cicero Seel, Cicero, 216–240; zu Caesars Charakteristik auch Gelzer, Caesar, 305–309 bzw. Christ, Krise und Untergang, 397–405, zum sozialgeschichtlichen Hintergrund seines Aufstiegs Alföldy, Römische Sozialgeschichte, 84 und zur knappen Information W. Will, Art. Caesar I., DNP II, 1997, 908–916.

*Philosophia iacuit usque ad hanc aetatem nec ullum habuit lumen litterarum Latinarum; quae inlustranda et excitanda nobis est, ut, si occupati profuimus aliquid civibus nostris, prosimus etiam, si possumus otiosi.*

Die Philosophie ist bis zu unserer Zeit vernachlässigt worden und in lateinischer Sprache überhaupt noch nicht hervorgetreten. Es ist also unsere Aufgabe, ihr Ansehen und Leben zu geben, um unsern Mitbürgern, denen wir in unserer staatlichen Tätigkeit vielleicht etwa genützt haben auch in der Muße zu dienen, soweit wir es können.[6]

Daß Cicero dabei, um seinem Licht zum rechten Leuchten zu verhelfen, seine Vorgänger, von denen zumal Lucretius mit seinem epikureischen Werk *De natura* zu nennen gewesen wäre, als nicht existent betrachtet, sei angemerkt.[7]

Wie isoliert sich Cicero seit dem Jahre 60 v.Chr. politisch zunehmend fühlte, mögen folgende Äußerungen von ihm aus den Briefen an seinen Freund Atticus belegen. So schrieb er ihm am 20. Januar 60:

*Ita sum ab omnibus destitutus, ut tantum requietis habebam, quantum cum uxore et filiola et mellito Cicerone consumitur. nam illae ambitiosae nostrae fucosaeque amicitiae sunt in quodam splendore forensi, fructum domesticum non habent. itaque cum bene completa domus est tempore matutino, cum ad forum stipati gregibus amicorum descendimus, reperire ex magna turba neminem possumus, quocum aut iocari libere aut suspirare familiariter possimus.*

Ich fühle mich so vollkommen vereinsamt, daß ich Ruhe nur bei meiner Frau, meinem Töchterchen und dem süßen Cicero [seinem Söhnchen] finde. Jene eigennützigen Scheinfreundschaften sind ja nur ein Blendwerk für die Öffentlichkeit, für mein Privatleben bringen sie mir keinen Gewinn. So ist zwar mein Haus zur Morgenstunde voll, und dicht umringt von Freundesscharen gehe

[6] Cic. Tusc. I 5 (Übers. Gigon); vgl. auch Cic. off. II 1.2–6 und III 1.1–4.

[7] Vgl. Gigon, in Cic. Tusc., 415.

ich aufs Forum; aber unter der ganzen Bande ist kein einziger, mit dem ich unbeschwert scherzen oder vertraulich meinem Unmut Ausdruck geben könnte.[8]

Selbst als er den triumphalen Einzug in Rom nach seiner Rückkehr aus dem Exil in vollen Zügen genoß, der ihm seine große Beliebtheit im römischen Volk demonstrierte, konnte er in seinem Bericht an Atticus vom 10. September 57 das nüchterne Resümee ziehen:

*Ita sunt res nostrae, ‚ut in secundis fluxae, ut in adversis bonae.' in re familiari valde sumus, ut scis, perturbati. praeterea sunt quaedam domestica, quae litteris non committo.*

So stehe ich also da: ‚am Glück gemessen – nicht eben fest, im Vergleich zum Unglück – nicht übel.' Meine Vermögensverhältnisse sind, wie Du weißt, sehr in Unordnung geraten. Außerdem gibt es da einige Familienangelegenheiten, über die ich mich hier nicht äußern möchte.[9]

Ob er dabei auf finanzielle Schwierigkeiten oder solche in seiner Ehe anspielt, die 46 geschieden wurde, mag hier offen bleiben. Als Beispiel für die Schärfe der innenpolitischen Angriffe, denen sich Cicero in den Jahren nach seiner Rückkehr ausgesetzt sah, sei aus der nicht gänzlich vom Verdacht der Fälschung freien *Invectiva in M. Tullium Ciceronem* von G. Sallustius Crispus aus dem Jahre 54 zitiert, in der es heißt:

*Verum, ut opinor, homo novus Arpinas, ex M. Crassi familia, illius virtutem imitatur, contemnit simultatem hominum nobilium, rem publicam caram habet, neque terrore neque gratia removetur a vero, amicitia tantum ac virtus est animi. immo vero homo levissimus, supplex inimicis, amicis contumeliosus, modo harum, modo illarum partium, fidus nemini, levissimus senator, mercennarius patronus,*

---

[8] Cic. Att. I 18, 1 (Übers. Kasten).

[9] Cic. Att. IV 1, 8.

*cuius nulla pars corporis a turpitudine vacat, lingua vana, manus rapacissimae, gula immensa, pedes fugaces, quae honeste nominari non possunt, inhonestissima. atque is cum eius modi sit, tamen audet dicere: ‚o fortunatam me consule Romam!'*

Aber ich glaube gar, der Emporkömmling aus Arpinum[10] aus der Gefolgschaft des Marcus Crassus[11] ahmt dessen Tüchtigkeit nach, verachtet die Feindschaft der Nobilität, hat Liebe zum Staat und läßt sich weder durch Einschüchterungsversuche noch durch Gunst vom rechten Weg abbringen; er ist ganz Freundschaft und hohe Gesinnung. Das Gegenteil ist wahr! Er ist ein ganz haltloser Mensch, kriecherisch gegenüber seinen Feinden, schmähsüchtig gegenüber seinen Freunden, Anhänger bald der einen, bald der anderen Partei, niemandem treu, ein ganz charakterloser Senator, ein käuflicher Advokat, ein Mensch, an dem kein Körperteil von Schande frei ist, verlogen seine Zunge, raubgierig die Hände, unersättlich der Schlund, fluchtbereit die Füße und ganz schändlich, was man anständigerweise nicht aussprechen kann. Obwohl er ein solcher Mensch ist, wagt er trotzdem zu sagen: ‚Glücklich geborenes Rom, da ich dein Konsul gewesen bin.[12]

Und als Caesar an den Iden des März des Jahres 44 v. Chr. ermordet war, erkannte Cicero schon zwei Monate später (am 24. Mai 44) scharfsichtig, daß die von ihm gebilligte Tat für ihn persönlich ein Fehlschlag gewesen ist, durch den seine eigene Situation lediglich gefährdeter geworden war:

*licet enim de me, ut libet, existimes (velim quidem quam optime), si haec ita manant, ut videntur (feres, quod dicam), me Idus Martiae non delectant. ille enim numquam revertisset, nos timor confirmare*

---

[10] Zu dem Geburtsort Ciceros Arpinum im oberen Tal des Liris, ca 120 km südöstlich von Rom, vgl. z. B. Cic. leg. I 1,1; II 1,3; 3,6 und G. Uggeri, Art. Arpinum, übers. S. Wolfinger,. DNP II, 1997, 23–24.

[11] Zur Vita des Marcus Licinius Crassus (115–53) vgl. W. Will, Art. Licinius [I 11], DNP VII, 1999, 161–162; zu Ciceros Verhalten und Einstellung ihm gegenüber vgl. unten, 201.

[12] Ps.-Sall. in Tull. 4–5 (Übers. Eisenhut/Lindauer); zur Diskussion über die Echtheit vgl. Eisenhut/Lindauer, 462–467.

*eius acta non coegisset, aut … ita gratiosi eramus apud illum (quem di mortuum perduint!), ut nostrae aetati, quoniam interfecto domino liberi non sumus, non fuerit dominus ille fugiendus. rubeo, mihi crede, sed iam scripseram; delere nolui.*

Du magst von mir denken, wie Du willst – hoffentlich recht gut! –; wenn das so weitergeht, wie es den Anschein hat, dann – nimm es nicht übel – ist es mit meiner Begeisterung für die Iden des März vorbei. ER wäre doch nie zurückgekehrt,[13] und wir hätten nicht aus Angst Regierungsakte bestätigen brauchen; im übrigen … war ich bei ihm – mögen die Götter ihn noch im Tode verderben! – so Liebkind, daß ich angesichts der Tatsache, daß wir durch die Ermordung des Herrn auch nicht frei geworden sind, mir in meinem Alter diesen Herrn gern hätte gefallen lassen können. Glaub' mir, die Schamröte steigt mir ins Gesicht; aber schon steht es da, und so soll es auch stehen bleiben.[14]

Dennoch hielt Cicero auch weiterhin daran fest, daß die Tat in seinem Sinne war, obgleich ihn die Verschwörer nicht in ihre Pläne eingeweiht hatten. Daß sie überzeugt waren, in seinem Sinne zu handeln, belegt der von Cicero in seiner 2. Philippischen Rede widerspruchslos hingenommene Vorwurf des Marcus Antonius, Brutus habe nach der Tat den blutigen Dolch erhoben und dabei Ciceros Namen ausgerufen und ihm zur wieder gewonnenen Freiheit gratuliert:

*Cur mihi potissimum? quia sciebam? Vide ne illa causa fuerit appellandi mei quod, cum rem gessisset consimilem rebus eis quas ipse gesseram, me potissimum testatus est se aemulum mearum laudum exstitisse. (29) Tu autem, omnium stultissime, non intellegis, si, id quod me arguis, voluisse interfici Caesarem crimen sit, etiam laetatum esse morte Caesaris crimen esse? Quid enim interest inter suasorem facti et probatorem? aut quid refert utrum voluerim fieri an gaudeam factum? Ecquis est igitur exceptis eis qui illum regnare gaudebant qui illud aut fieri noluerit aut factum improbarit? Omnes ergo in culpa.*

---

[13] Von seinem vorbereiteten Feldzug gegen die Parther.

[14] Cic. Att. XV 4,3 (Übers. Kasten).

*Etenim omnes boni, quantum in ipsis fuit, Caesarem occiderunt: aliis consilium, aliis animus, aliis occasio defuit; voluntas nemini.*

Warum ausgerechnet mir? Weil ich davon gewußt hatte? Sollte er nicht eher deshalb meinen Namen gerufen haben, weil er eine Tat vollbracht hatte, die meinen Taten gleichzustellen ist? Deshalb wollte er gerade mich als Zeugen anrufen, daß er als Erbe meiner Ruhmestaten aufgetreten sei.[15] (29) Du Oberdummkopf merkst dabei aber folgendes gar nicht: Gilt der Wunsch, Caesar zu ermorden, als Verbrechen – das warfst du mir ja vor–, dann ist doch die Freude über Caesars Tod ebenso ein Verbrechen. Was ist nämlich der Unterschied zwischen einem, der die Tat rät, und einem, der sie gut heißt? Oder was macht es für einen Unterschied, ob ich die Tat gewollt habe, oder ob ich mich hinterher darüber freue? Wo gibt es nun jemand – außer denen, die sich der Segnungen seiner Herrschaft erfreuten – der nicht gewollt hat, daß die Tat geschehe oder der das Geschehene nicht gebilligt hat? Demnach haben alle Gutgesinnten, soweit es in ihren Kräften stand, Caesar ermordet. Die einen hatten keinen Plan, die anderen keine Courage, wieder anderen mangelte es an Gelegenheit; am Willen zu Tat fehlte es keinem.[16]

Seine beiden Wünsche, mit denen Cicero diese Rede beendete, sollten jedoch nicht in Erfüllung gehen:

*Duo modo haec opto, unum ut moriens populum Romanum liberum relinquam – hoc mihi maius ab dis immortalibus dari nihil potest – alterum ut ita cuique eveniat ut de re publica quisque mereatur.*

Zwei Dinge wünsche ich nur noch: Einmal, daß ich bei meinem Tode das römische Volk in Freiheit zurücklasse – das größte Geschenk, das mir die unsterblichen Götter gewähren könnten – und

---

[15] Cicero spielt auf seine Rettung des Vaterlandes durch die Niederschlagung der Catilinarischen Verschwörung an, deren er sich noch in rep. I 4 (ergänzt nach Pis. 3,6) rühmt: Denn als abtretender Konsul habe geschworen, daß er den Staat und die Stadt Rom allein durch sein Eingreifen gerettet habe, was das Volk in der Volksversammlung eidlich betätigt habe.

[16] Cic. Phil. II 28–29.

zum anderen, daß es jedem zuletzt so ergehe, wie er es um das Gemeinwesen verdient hat.[17]

Denn obwohl er in den folgenden Monaten den Höhepunkt seines politischen Wirkens erreichte, indem es ihm zeitweise gelang, Octavian gegen Antonius auszuspielen,[18] sollte er der von den Triumviren Antonius, Lepidus und Octavianus erlassenen Proskription zum Opfer fallen.[19] Am 7. Dezember 43 wurde er durch die Häscher des Marcus Antonius bei Formiae ermordet. Dabei soll er sich nach dem Zeugnis Plutarchs männlich verhalten haben.[20] Überschwenglich pries ihn der Historiker der frühen Kaiserzeit Velleius Paterculus in seiner *Historia Romana* in einer rhetorisch an Antonius gerichteten Rede:

*Rapuisti tum Ciceroni lucem sollicitam et aetatem senilem et vitam miseriorem te principe quam sub te triumviro mortem, famam vero gloriamque factorum atque dictorum adeo non abstulisti, ut auxeris. (5) Vivit vivetque per omnem saeculorum memoriam, dumque hoc vel forte vel providentia vel utcumque constitutum rerum naturae corpus, quod ille paene solus Romanorum animo vidit, ingenio complexus est, eloquentia inluminavit, manebit incolume, comitem aevi sui laudem Ciceronis trahet omnisque posteritas illius in te scripta mirabitur, tuum in eum factum execrabitur citiusque e mundo genus hominum quam ingenium cedet huius.*

Du hast Cicero nur kummervolle Tage geraubt, ein Greisenalter und ein Leben, das unter deiner Tyrannei noch elender gewesen wäre als der Tod während deines Triumvirats. Den Ruhm aber und die Glorie seiner Worte und Taten hast du ihm keineswegs

---

[17] Cic. Phil. II 119 (Übers. Giebel).

[18] Vgl. dazu Gelzer, Cicero, 345–400; Christ, Krise und Untergang, 430–433 bzw. Fuhrmann, Cicero, 246–291.

[19] Vgl. Plut. Cicero 46,2–4; dazu Gelzer, 401–409; Christ, Krise und Untergang, 433–437 bzw. Fuhrmann, 292–307 und zum Umfang der Proskriptionen Alföldy, Römische Sozialgeschichte, 80.

[20] Vgl. Plut. Cicero 48,2–4.

genommen – du hast sie vielmehr noch vermehrt. (5) Cicero lebt und wird leben im Gedächtnis aller Zeiten. Solange diese Welt besteht – mag sie durch Zufall, durch göttliche Vorsehung oder auf welchem Wege auch immer entstanden sein – diese Welt, die er sozusagen als einziger Römer im Geist geschaut, mit seinem Verstand umfaßt und durch seine Redegabe erhellt hat, so lange wird sie auf ihrem Weg durch die Zeit vom Ruhm Ciceros begleitet werden. Jedes Zeitalter wird bewundern, was er gegen dich geschrieben, und wird verfluchen, was du an ihm getan hast, und eher wird das Menschengeschlecht von der Erde schwinden als Ciceros Ruhm.[21]

Sein Ruhm als Redner und Vater der lateinischen Philosophie ist unumstritten. Über den Erfolg seines politischen Wirkens sind die Meinungen geteilt. Beachtenswert ist das Urteil von Christian Habicht, der im Blick auf seine in den Jahren 44 und 43 unternommenen Versuche, die Republik zu retten, erklärt: „Wenn auch Ciceros Bemühungen, die Republik zu retten, am Ende scheiterten, so ist sein Kampf vielleicht doch nicht ganz ohne bleibende Wirkung geblieben. Früheres Versagen machte er damit quitt, indem er, zum ersten Male in seiner Laufbahn, für die Sache, die er für recht ansah, sein Leben in die Schanze schlug und in Kraft den Kampf lenkte. Ohne den letzten persönlichen Einsatz hätte er für die Nachwelt nicht zur Verkörperung des republikanischen Ideals werden können. Seine Worte verwehrten es Augustus, in Caesars Fußstapfen zu treten.“[22]

Ciceros *Paradoxa Stoicorum,* denen wir uns im folgenden zuwenden wollen, stehen in der Mitte zwischen der ersten und der zweiten Gruppe seiner Schriften. Sie wurden im

---

21 Vell. II 66, 4–5 (Übers. Giebel).

22 Habicht, Cicero, 118–119. Zum Prinicipat des Octavianus / Augustus vgl. knapp Christ, Krise und Untergang, 463–466 bzw. ausführlich ders., Geschichte der römischen Kaiserzeit, 83–177, bes. 86–120 bzw. Bringmann, Geschichte der römischen Republik, 408–429 oder ausführlich Kienast, Augustus, 78–98 und 109–124.

Frühjahr 46 nach dem *Brutus* und vor dem *Orator* verfaßt.[23] Zu der ersten gehörten seine staatsphilosophischen Schriften: *De re publica* dürfte zwischen Frühjahr 54 und spätestens April 51 abgeschlossen worden sein. Die Arbeit an *De legibus* hat Cicero nach dem Januar 52 begonnen und bei seiner Abreise in seine Provinz Kilikien im Mai 51 unterbrochen,[24] um sie 46 wiederaufzunehmen. In den ersten Monaten des Jahres 46 verfaßte er den *Brutus*, einen Dialog über die Geschichte der römischen Redekunst. Noch im Frühjahr 46 sind auch unsere *Paradoxa Stoicorum* entstanden.[25] Anschließend schrieb er *De oratore*, Vom Redner. Im Frühjahr 45 folgten die *Academica*. Ihr schlossen sich *De finibus bonorum et malorum* und im Herbst desselben Jahres die *Tusculanae disputationes* an. Daneben begann Cicero bereits mit der Arbeit an *De natura deorum*. Zwischen dem Sommer 45 und dem Frühjahr 44 entstand *De divinatione* und im Frühsommer *De fato*. Noch vor Caesars Ermordung schrieb er Anfang 44 den *Cato maior de senectute* und anschließend wohl den *Laelius de amicitia* und die *Topica* und im Herbst als letztes seiner philosophischen Werke *De offi-*

[23] Vgl. dazu ausführlich Gawlick/Görler, Cicero, 1030–1053 und zum Hintergrund von Ciceros Philosophischem Denken Powell, Cicero's Philosophical Works, 1–35, zu Ciceros Verhältnis zu Platon und Aristoteles, die sich mehr auf die von ihnen gegebenen Denkanstöße als auf ihre konkreten Lehren bezog, vgl. Long, Cicero's Plato, 37–61 und zu ihrem politischen Charakter als Aufrufe gegen die Herrschaft Caesars Straburger, Ciceros Philosophisches Spätwerk, 38–68.

[24] Zu seiner vom Senat im Februar 51 beschlossenen Entsendung als Proconsul in die Provinz Kilikien sowie seine Reise dorthin und seine dortige Wirksamkeit vgl. Gelzer, Cicero, 211–212 und 225–242.

[25] Zum politischen Aspekt des Brutus und der Paradoxa vgl. Strasburger, Ciceros Philosophisches Spätwerk, 30–31. Dem künftigen Caesarmörder waren weiterhin der *Orator*, *De finibus*, *Tusculanes Disputationes* und *De natura deorum* gewidmet, vgl. Strassburger, Ciceros philosophisches Spätwerk, 39.

*ciis*. Es ist schlechthin bewundernswürdig und zeugt für eine ebenso souveräne Kenntnis der griechischen Philosophie wie eine ungewöhnliche Arbeitskraft, daß Cicero trotz des auf ihm lastenden Drucks der Jahre des Bürgerkriegs und der durch Caesars Ermordung ausgelösten politischen Stürme seine Absicht vollendete, den Römern eine Summe der ihm wichtig erscheinenden Meinungen der griechischen Denker in reflektierter Weise in lateinischer Sprache in die Hand zu geben. Der Eindruck von seiner Leistung wäre noch größer, wenn wir uns hier nicht nur auf die Aufzählung seiner vollständig überlieferten Schriften beschränkt, sondern auch noch *Hortensius*, den Protreptikos, die *Consolatio* anläßlich des Todes seiner Tochter Tullia, die zum Ruhm des jüngeren Cato Uticensis verfaßte *Laus Catonis*, die Caesar mit einem *Anticato* erwiderte,[26] die *Laudatio Porciae,* eine Lobschrift auf Catos Schwester, sowie *De gloria* oder *Über den Ruhm* erwähnt hätten.

Daß er die *Paradoxa* nicht in den Katalog seiner Hauptwerke aufgenommen hat, mit dem er das 2. Buch seines im Frühjahr 44. v. Chr. verfaßten Werkes *De divinatione* eröffnete,[27] besagt wenig über die Selbsteinschätzung seiner Leistung. Man würde seiner Schrift auch kaum gerecht, wollte man sie lediglich als eine Art von Fingerübung für seine weiteren philosophischen Schriften betrachten, wobei man besonders seine beiden ethischen *De finibus bonorum et malorum*[28] und *De officiis*[29] in Betracht zu ziehen hätte. Denn wie hoch er selbst von ihr dachte, zeigt der das eigene Verdienst nur scheinbar in den Schatten stellende,

[26] Vgl. dazu Gelzer, Caesar, 279–281.

[27] Cic. div. II 2.

[28] Über die Ziele des menschlichen Handelns.

[29] Über die Pflichten/Vom rechten Handeln. Im Hintergrund steht der griechische Begriff des καθῆκον, vgl. Cic. off. I 8.

der *modestia in dicendo,* der formal der Bescheidenheit im Reden, genügende, aber deshalb nicht weniger stolze Satz, mit dem er die Widmung an Brutus beschließt:

*Hoc tamen opus in acceptum ut refereas nihil postulo; non enim est tale, ut in arce poni possit quasi Minerva illa Phidiae, sed tamen ut ex eadem officina exisse appereat.*

Dennoch verlange ich nicht, daß du dieses Werk als einen Gewinn betrachtest; denn es ist nicht so, daß man es gleichsam wie die Minerva des Phidias auf der Akropolis aufstellen könnte; aber dennoch ist es offensichtlich aus derselben Werkstatt [und das heißt: als ein vollendetes Kunstwerk] hervorgegangen.[30]

Auch der heutige Leser wird diesem Urteil gern beipflichten, sofern er sich den Sinn für die Meisterschaft erhalten hat, mit der Cicero dem von Hause aus eher spröden und lakonischen Latein Biegsamkeit und Glanz gegeben hat. Die von ihm in diesem Werk vorgelegte positive Rezeption der stoischen Paradoxa zeugt für seine Nähe zur stoischen Ethik. Denn obwohl er sich als Anhänger von Sokrates und Platon verstand und sich in der spekulativen Philosophie zur akademischen Skepsis bekannte,[31] hat er in seinen ethischen

---

[30] Cic. parad. Prooem. 5 (Übers. Gigon).

[31] Gawlick/Görler, Cicero, 1095–1099 bescheinigen ihm denn auch als Grundzug seines Denkens eine „skeptische Offenheit", bzw. 1099–1118 eine Haltung „zwischen Glauben und Zweifel". Zum Gesamtbild vgl. 1118–1125; zu seiner Eigenart als Philosoph vgl. Long, Hellenistic Philosophy, 230–231 und vor allem Gawlick, in: Gawlick/Görler, Cicero, 1118–1125, bes. 1119: „Wer Cicero den Titel eines Philosophen abspricht, geht von einem Philosophiebegriff aus, der aus einem anderen Zusammenhang stammt und nicht ohne weiteres auf ihn anwendbar ist. Wie will man denn seine Reflexion über den Menschen und seine Natur, über seine Stellung in der physischen und sozialen Welt bezeichnen, wenn nicht als Philosophie? Sicherlich hat seine Reflexion einen anderen Zuschnitt als die eines Platon, Aristoteles, Epikur oder der Stoiker, schon weil sie eigentlich Reflexion über deren

Schriften unverkennbar stoische Positionen vertreten, ohne darüber die in ihnen liegende Problematik der Bestreitung der Bedeutung der äußeren Umstände für das Glück zu verkennen.[32] In dieser gebrochenen Haltung spiegelt sich nicht nur der Einfluß des Karneades bzw. Philons aus Larisa als Vertreter der „Jüngeren Akademie“[33] und des Poseidonios, des einflußreichsten Vertreters der Mittleren Stoa,[34] von denen die beiden zuletzt Genannten zu seinen Lehrern gehörten, sondern auch die Nüchternheit des Römers, der mit Fakten umzugehen wußte, des Rhetors, der die Massen zu lenken verstand, des Philosophen, der die zwischen den altrömischen Tugenden und der stoischen Ethik der Pflichten bestehende Geistesverwandtschaft erkannte, und des Menschen, der als Kind seiner Zeit an seinen Nachruhm dachte. Cicero hat jedoch nicht verhehlt, daß er die

Reflexion ist, aber was besagt das? Der Begriff der Philosophie ist ein geschichtlicher Begriff, der systematisch offen ist; keine geschichtliche Exemplifikation dieses Begriffs kann normative Geltung beanspruchen. Daher wird es immer Diskussionen geben, ob Cicero ein Philosoph ist oder nicht. Es wäre voreilig und für das Verständnis der Geschichte der Philosophie nachteilig, wollte man ihn aufgrund eines allzu engen Begriffs von Philosophie unberücksichtigt lassen. Definitionsfragen sollten uns nicht den Blick auf die Phänomene verstellen.“

[32] In dieser Beziehung lag ihm die peripatetische Lehre näher, da sie das Glück nicht einseitig in die Innerlichkeit verlegte. Piso, der ihre Position in Cic. fin. V vertritt, wird denn von Cicero auch nur wegen seines gegenüber der stoischen Lehre bestehenden Theoriedefizites kritisiert; vgl. fin. V 83–85 und 95–96 und zur aristotelischen Definition des Glücks Aristot. eth. Nic. X, 1177b 16–26 und 1178b 33–1179a 9.

[33] Vgl. dazu Long, Hellenistic Philosophy, 94–106 und Görler, Karneades, 849–897 bzw. Philon aus Larisa, 915–937.

[34] Vgl. zu ihm Long, Hellenistic Philosophy, 216–222 und jetzt ausführlich Steinmetz, Stoa, 670–705 bzw. Kidd, Poseidonios, 61–82.

altrömischen Sitten und Lebensformen den Werken der griechischen Literaten für überlegen gehalten hat:

*Nam mores et instituta vitae resque domesticas ac familiaris nos profecto et melius tuemur et lautius, rem vero publicam nostri maiores certe melioribus temperaverunt et institutis et legibus, quid loquar de re militari? in qua cum virtute nostri multum valuerunt, tum plus etiam disciplina; iam illa quae natura, non litteris adsecuti sunt, neque cum Graecia neque ulla cum gente sunt conferenda. quae enim tanta gravitas, quae tanta constantia, magnitudo animi, probitas, fides, quae tam excellens in omni genere virtus in ullis fuit, ut sit cum maioribus nostris comparanda?*

Denn unsere Sitten und Lebensformen, die Ordnung unserer Häuser und Familien sind sicher besser und vornehmer, und was den Staat betrifft, so haben ihn unsere Vorfahren ohne Zweifel mit besseren Einrichtungen und Gesetzen verwaltet. Was soll ich vom Kriegswesen sagen, in welchem die Unsrigen durch Tapferkeit Großes zustande gebracht haben, noch Größeres durch ihr Können. Was sie ferner durch ihre angeborene Art, nicht durch Lernen erreicht haben, damit lassen sich weder die Griechen noch irgendein anderes Volk vergleichen. Denn gab es irgendwo sonst so viel Würde, soviel Beharrlichkeit, Seelengröße, Anständigkeit und Treue, eine in jeder Hinsicht so hervorragende Tüchtigkeit, daß sie mit unseren Vorfahren verglichen werden könnten?[35]

---

[35] Cic. Tusc. I 2 (Übers. Gigon und Straume-Zimmermann). Vgl. auch Liv. Praef. 11–12: *Ceterum aut me amor negotii suscepti fallit, aut nulla umquam res publica nec maior nec sanctior nec bonis exemplis ditior fuit, nec in quam civitatem tam serae avaritia luxuriaque immigraverint, nec ubi tantus ac tam diu paupertati ac parsimoniae honos fuerit. Adeo quanto rerum minus, tanto minus cupiditatis erat; nuper divitiae avaritiam et abundantes voluptates desiderium per luxum atque libidinem pereundi perdendique omnia invexere* (Aber entweder täuscht mich die Liebe zu der übernommenen Aufgabe, oder kein Staat war jemals größer, ehrwürdiger und an guten Beispielen reicher, und in keine Bürgerschaft hielten so spät Habsucht und Verschwendungssucht Einzug, und nirgendwo standen Armut und Sparsamkeit so hoch und lange in Ehren; so sehr, daß man um so weniger begehrte, je

Es entspricht dieser Überzeugung, was Cicero in seiner letzten philosophischen Schrift *De officiis* im Rückblick auf die zurückliegenden Bürgerkriege und die Diktatur Caesars[36] als die grundsätzlichen Pflichten des Menschen als Beamter, Bürger und selbst des Fremden im Staat bezeichnet hat, wenn dieser gedeihen soll:

*Est igitur proprium munus magistratus intellegere se gerere personam civitatis debereque eius dignitatem et decus sustinere, servare leges, iura discribere, ea fidei suae commissa meminisse. Privatum autem oportet aequo et pari cum civibus iure vivere neque summissum et abiectum neque se ecferentem, tum in re publica ea velle, quae tranquilla et honesta sint; talem enim solemus et sentire bonum civem et dicere. (125) Peregrini autem atque incolae officium est nihil praeter suum negotium agere, nihil de alio anquirere minimeque esse in aliena re publica curiosum. – Ita fere officia reperiuntur, cum quaeretur quid deceat et quid aptum sit personis, temporibus, aetatibus. Nihil est autem quod tam deceat, quam in omni re gerenda consilioque capiendo servare constantiam.*

Es ist also die eigentliche Aufgabe des Beamten, sich bewußt zu sein, daß er die Rolle des Staates spielt und dessen Würde und Ansehen vertreten, die Gesetze wahren, die Rechtsansprüche abgrenzen und eingedenk sein muß, daß sie seiner Verläßlichkeit anvertraut sind. Der Privatmann aber muß in gleichem und demselben Recht mit seinen Mitbürgern leben, weder demütig und zag noch sich überhebend, dann im Gemeinwesen das wollen, was ruhig und ehrenvoll ist. Einen so Beschaffenen nämlich pflegen wir als guten Bürger zu empfinden und ihn so zu nennen. (125) Des Auswärtigen und Fremden Pflicht aber ist, nichts außer seinem Geschäft zu treiben, nicht dem anderen nachzuspüren und im

---

weniger man besaß. Jüngst erst hat der Reichtum auch die Habgier zu uns gebracht und das Übermaß der Vergnügungen das Verlangen, in Schwelgerei und Ausschweifung zugrunde zu gehen und alles zugrunde zu richten [Übers. Hillen].

[36] Vgl. dazu Gundermann, in: Cicero, De officiis, 432–441 und Büchner, in: Cicero, De officiis, 325–336.

fremden Gemeinwesen sich so wenig wie möglich um alles zu kümmern. – So etwa wird sich das rechte Handeln (*officium*) auffinden lassen, wenn man fragt, was sich ziemt und was Personen, Umständen, Lebensaltern gemäß ist. Nichts aber gibt es, was sich so schickt, wie bei jeder Handlung und jedem Entschluß die Beständigkeit zu bewahren.[37]

## 2. Der Zweck der *Paradoxa Stoicorum*

Cicero behandelt in dem drei Jahre vorher verfaßten Werk sechs stoische Paradoxien, die sämtlich die innere Freiheit des Weisen angesichts der Schläge des Schicksals und der eigenen Affekte zum Inhalt haben, sie jedoch unter verschiedenen Aspekten zur Sprache bringen. Im Anschluß an ein Proömium, ein Vorwort, widmet er sich ihnen in der folgenden Reihenfolge und fügt dabei jeweils dem griechischen Original seine lateinische Übersetzung hinzu. Sie lauten: 1.) „Nur das Sittliche (καλόν/*honestum*) ist ein Gut."[38] 2.) „Ausreichend (αὐτάρκης) zum Glück ist die Tugend (ἀρετή/*virtus*)." 3) „Verfehlungen gleichen einander ebenso wie gute Taten."[39] 4.) „Jeder Unverständige (ἄφρων/*stultus*) ist geisteskrank (μαίνεται/*insanire*)."[40] 5.) „Allein der Weise ist frei (ἐλεύθερος/*liber*), und jeder Unverständige ein Sklave (δοῦλος/*servus*)."[41] 6.) „Allein der Weise (σοφός/*sapiens*) ist reich (πλούσιος/*dives*)."[42] Diesen Sätzen ist gemeinsam, und daher rührt ihr Name, daß sie den normalen

---

37 Cic. off. I 124–125 (Übers. Büchner).

38 Vgl. auch Cic. fin. III 11.26.28.29.39 und 76.

39 Vgl. auch Cic. fin. IV 74–75 und V 83.

40 Vgl. auch Cic. fin. IV 74.

41 Vgl. auch Cic. fin. III 75 und Plut. Cato Minor 67, 762, wo der Held, zum Freitod entschlossen, das Paradoxon verteidigt.

42 Vgl. auch Cic. fin. III 75.

Bewertungen menschlichen Besitzes und menschlichen Strebens widersprechen.[43]

Es kann dem Leser nicht verborgen bleiben, daß es Cicero in diesem Buch nicht darum ging, seine Landsleute für die stoische Philosophie zu gewinnen, sondern ihnen einen Spiegel vorzuhalten, um ihre Abartigkeiten an dem *mos maiorum*, an der Sitte der Vorfahren, zu messen und sie so an die altrömischen Tugenden der *virtus*, der tapferen Männlichkeit, der *constantia,* der Festigkeit, der *fides*, der Vertrauen verdienenden Treue, der *honestas*, der Ehrenhaftigkeit, und der *simplicitas,* der Schlichtheit, zu erinnern.[44] Zudem weist er mit dem ersten Satz der Erläuterungen zum ersten Paradox darauf hin, daß es ein Mißverständnis wäre, von ihm in diesem Buch ein Eingehen auf die Disputationen der Stoiker zu erwarten, da es sich bei dieser Abhandlung um das Ergebnis seiner eigenen Überlegungen handle.[45] Seiner Absicht entsprechend wählt er als Belege für die Richtigkeit der scheinbar paradoxen Behauptungen vorzüglich solche Helden aus, die früher jeder Gymnasiast

[43] Daß sie gleichsam sprichwörtlich waren, beweist Plutarchs leider nur als Auszug erhaltene und als *Compendium argumenti Stoicos absurdiora poetis dicere* bezeichnete Schrift; vgl. dazu Cherniss, in: Plut. mor. XIII/2, 606–609 und den Text mit Übersetzung 610–619 (1057–1058) und weiterhin *De communibus notitiis adversus Stoicos* 1060 B, ebd. 670–671, wo der von seinem Gefährten befragte Diadoumenos von den Seltsamkeiten der stoischen Lehre spricht, die sie gefällig als παράδοξα, als Paradoxien bezeichnen. Als Beispiele werden die Thesen angeführt, daß sie allein Könige, allein reich, sittlich anständig (καλός), Bürger und Richter seien. Der Sache nach geht es dem Platoniker Plutarch in dieser wie in seiner ausdrücklich so genannten Schrift *De Stoicorum repugnantis,* Plut. mor. XIII/2 (1033 A–1157 C), 413–603, um den Nachweis der inneren Widersprüchlichkeit der stoischen Lehren.

[44] Vgl. auch Cic. Tusc. I 2 und off. I 23; II 84, zur *fides* auch Schofield, Cicero's Definition, 81.

[45] Cic. parad. 6.

kannte: Sie reichen vom Beginn der Königszeit bis zum Ende des Dritten Punischen Krieges und bezeugen jeder auf seine Weise die Ideale der altrömischen Tugend.

So wie Cicero vom Redner verlangt, daß er sich in der Geschichte und Chronologie der alten Zeiten auskenne und die Erinnerung an alte Zeiten beschwören und entsprechende Beispiele anzuführen vermöge, wofür zudem eine von seinem Freund Atticus vorgelegte Sammlung zur Verfügung stünde,[46] hat er es auch selbst gehalten. Seine an den Redner gerichtete Forderung selbst lautet:

*cognoscat etiam rerum gestarum et memoriae veteris ordinem, maxime scilicet nostrae civitatis, sed imperiosorum populorum et regum illustrium. quem laborem nobis Attici nostri levavit labor, qui conservatis notatisque temporibus, nihil cum illustre praetermitteret, annorum septingentorum memoriam uno libro colligavit. nescire autem, quid ante quam natus sis acciderit, id est semper esse puerum. quid enim est aetas hominis, nisi memoria rerum veterum cum superiorum aetate contexitur? commemoratio autem antiquitatis exemplorumque prolatio summa cum delectatione et auctoritatem orationi affert et fidem.*

Er soll sich auch in der Geschichte und Chronologie der alten Zeit auskennen, besonders natürlich in der unseres Staates, aber auch in der machtvoller Völker und glanzvoller Könige. Diese Mühsal hat uns die Arbeit unseres Atticus erleichtert, der die Geschichte von siebenhundert Jahren unter Beachtung und Angabe der Daten in einem Buch zusammengefaßt hat, ohne etwas Bedeutungsvolleres auszulassen. Doch nicht zu wissen, was sich zutrug, ehe man geboren wurde, das hieße immer ein Kind zu bleiben. Was ist denn schon das Leben eines Menschen, wenn es nicht durch die Erinnerung an die Vergangenheit mit früheren Epochen verbunden wird? Doch die Erinnerung an alte Zeiten zu beschwören und ent-

[46] Zu der schriftstellerischen Tätigkeit des Atticus und ihren erhaltenen Trümmern vgl. E. Bowie, Art. Herodes [16] L. Vibullius Hipparchus Ti Claudius Atticus Herodes, übers. C. Strobel, DNP V, 1998, 464.

sprechende Beispiele anzuführen, macht viel Freude und verleiht der Rede eindrucksvolle Überzeugungskraft.[47]

Andererseits hat Cicero das Buch auch dazu benutzt, posthum mit Männern abzurechnen, die er als Totengräber der römischen *res publica* und der *virtus maiorum* betrachtete. So sind Ciceros Erläuterungen des 2. und des 4. Paradoxons der sittlichen Überführung seines im Januar 53 getöteten Erzfeindes, des Volkstribunen Publius Clodius Pulcher[48] und die des 6. der des Marcus Licinius Crassus Dives gewidmet, der sich unermeßlich bereichert hatte und 53. v. Chr. in dem von ihm geleiteten und verlorenen Partherfeldzug gefallen war. In den Erläuterungen des 5. Paradoxons setzt sich Cicero vermutlich mit Lucius Licinius Lucullus (117–56) auseinander,[49] der unter dem Dictator Sulla als Politiker und als militärischer Oberbefehlshaber in dessen Auftrag den von 74–63 dauernden 3. Krieg gegen den König Mithradates VI. Eupator von Pontos und seinen Bundesgenossen, den König Tigranes von Armenien, zunächst erfolgreich führte (Plut. Cimon et Lucullus 3). Aber nach einer Meuterei der römischen Truppen im harten armenischen Winter wurde er abberufen und durch Pompejus ersetzt, der den Krieg erfolgreich beendete. Sein prachtvoller Triumphzug 63 setzte die Römer in Erstaunen (Plut. Lucullus 37).[50] Er unterstützte im gleichen Jahr Cicero gegen Catilina, zog sich aber nach Ciceros Verbannung aus

---

[47] Cic. orat. 120 (Übers. Merklin). Zu Ciceros Kenntnis der Geschichtsschreibung und Zuverlässigkeit als Historiker vgl. Fleck, Cicero, 290–293.

[48] Zu seiner Vita vgl. W. Will, Art. Clodius [I 4] C. Pulcher, P., DNP III, 1997, 37–39.

[49] Vgl. H. G. Gundel, Art. Lucullus 5, KP III, 1969, 766–767.

[50] Vgl. Christ, Krise und Untergang, 268–272 und Bringmann, Römische Republik, 296–298.

dem öffentlichen Leben in seine Villen und Gärten zurück, um weiterhin ein Luxusleben zu führen und, ausgestattet mit einer reichen Bibliothek, philosophische Studien zu betreiben. Obwohl Cicero selbst zu seinen besten Freunden und Gästen gezählt haben soll (Plut. Lucullus 41.3–4; 42.1), ist ihm vermutlich Luculls unverhüllte Zurschaustellung seines Reichtums ein Dorn im Auge gewesen: Daher hält er ihm in der Erläuterung zum 5. Paradox, daß nur der Weise frei, jeder Tor aber ein Sklave sei, vor, daß ein Mann, der nicht in der Lage ist, seine eigenen Begierden zu zügeln, anderen keine Befehle erteilen sollte, weil er in Wahrheit weder ein Befehlshaber (*imperator*), noch ein Freier sei:

*Quid est enim libertas? potestas vivendi, ut velis. Quis igitur vivit, ut vult, nisi qui recta sequitur, qui gaudet officio, cui vivendi via considerata atque provisa est, qui ne legibus quidem propter metum paret, sed eas sequitur atque colit, quia id salutare maxime esse iudicat, qui nihil dicit nihil facit nihil cogitat denique nisi libenter ac libere, cuius omnia consilia resque omnes, quas gerit, ab ipso proficiscituntur eodemque referuntur, nec est ulla res, quae plus apud eum polleat quam ipsius voluntas atque iudicium?*

Was ist denn Freiheit? Die Möglichkeit zu leben, wie man will. Wer lebt demnach, wie er will, außer dem, der das Richtige verfolgt, der Freude hat an der Erfüllung seiner Pflicht, der den Lauf seines Lebens gut überlegt und vorausschauend geplant hat, der auch den Gesetzen nicht aus Angst gehorcht, sondern ihnen folgt und sie achtet, weil er diese Einstellung für ausgesprochen vernünftig hält, der nichts sagt, nichts tut und schließlich auch nichts denkt, wenn er es nicht gern und freiwillig tut, dessen Überlegungen und Handlungen allesamt von ihm selbst ausgehen und sich wieder auf ihn selbst beziehen und bei dem es nichts gibt, was größere Bedeutung für ihn hat als sein eigenes Urteil?[51]

---

[51] Cic. parad. 34 (Übers. Nickel). – Zur Forderung, dem eigenen Wesen treu zu sein, vgl. Cic. off. I 107 und 110.

Den Volkstribunen Publius Clodius Pulcher, mit dem sich Cicero vermutlich schon in der Begründung des 2. und jedenfalls in der des 6. Paradoxons auseinandersetzt, hatte Cicero im März des Jahres 59 v. Chr. vergeblich wegen seiner frevelhaften Teilnahme an den Mysterien der Bona Dea, der „Guten Göttin" angezeigt und sich ihn zu seinem lebenslangen Feind gemacht, da er vom Senat frei gesprochen worden war.[52] Clodius rächte sich, indem er Ende April 58 ein Gesetz einbrachte, daß es ermöglichte, Cicero wegen der ohne vorausgehende Gerichtsverhandlung erfolgten Hinrichtung einiger Mitverschwörer Catilinas zu verbannen, ein Urteil, dem sich Cicero bereits vor der Gesetzesänderung durch seine Flucht nach Griechenland entzog.[53] Seine im folgenden Jahr vom Senat gewünschte Rückberufung scheiterte zunächst daran, daß Clodius Pulcher im Januar 57 die darüber beschließende Volksversammlung mit seinen Banden sprengte, so daß der Beschluß erst nach einer erneuter Vorlage durch den Senat im Juli desselben Jahres zustande kam. Daher konnte Cicero vom Volk bejubelt am 11. September 57 nach Rom zurückkehren, wo er sein anläßlich seiner Verbannung eingezogenes Vermögen und seinen teilweise von Clodius Pulcher durch einen Strohmann erworbenen Grundbesitz zurückerstattet bekam.[54] Die in aller Öffentlichkeit ausgetragene Fehde zwischen den beiden endete erst, als Pulcher im Januar 53 in einem Gefecht mit seinem Gegner Milo getötet wurde. Das veranlaßte Cicero, der Milo erfolglos verteidigt hatte, sich endlich von Pompejus und damit zugleich von Caesar

[52] Vgl. Gelzer, Cicero, 110–114.

[53] Vgl. Gelzer, Cicero, 124–141. Zur catilinarischen Verschwörung 63 v. Chr. vgl. Gelzer, Cicero, 80–104 bzw. Christ, Krise und Untergang, 262–268.

[54] Vgl. Gelzer, Cicero, 144–156.

und Crassus zu distanzieren. Den Charakter des Clodius Pulcher hat Thornton Wilder bekanntlich meisterhaft in seinem durch und durch humanen Roman „Die Iden des März" (The Ides of March) vorgestellt, der mit großen dichterischen Freiheiten im Einzelnen der Rekonstruktion der Vielschichtigkeit der Persönlichkeit Caesars gewidmet ist.[55] – Da wir weiterhin dem Römer Cicero den jüdischen Religionsphilosophen Philo gegenüber zu stellen gedenken, können wir aus Raumgründen in beiden Fällen nur auf ausgewählte Abschnitte ihrer hier zum Vergleich anstehenden Schriften eingehen. Bei Cicero beschränken wir uns auf die Vorstellung seiner Behandlung des ersten und des sechsten Paradoxons, um einen Eindruck von seinen Verfahrensweisen zu geben, wobei er in der sechsten Pathos und Glanz seiner catilinarischen Reden erreicht.[56]

## 3. Ciceros Auflösung des 1. Paradoxons

Es lautet: Ὅτι μόνον τὸ καλὸν ἀγαθόν („Daß allein das Schöne gut ist"). Cicero übersetzt es mit: *Quod honestum sit id solum bonum esse* und gibt dabei das καλόν durchaus sachgerecht, aber doch typisch für das römische Wertempfinden, mit *honestus,* ehrenhaft, wieder. Denn die Ehre eines Mannes be-

[55] Vgl. dazu Christ, Caesar, 255–258, bes. 255.

[56] Zu Ciceros Stil in den „Paradoxa" vgl. Ronnich, Cicero's „Paradoxa Stoicorum", 42–43: „He modifies his style by using sentences broken into shorter clauses still phrased with eloquence but shaped by his didactic intent. The rhetorical use of grammar abounds. The vocative case of direct address, the commands of direct imperatives, the voices of named and unnamed interlocutors, the warning of the monitory subiunctives and frequent exclamation all make Cicero's style non-pedantic, non-scholastic and distinctly his own."

ruht auf der *virtus,* der *continentia,* der Selbstbeherrschung, und der *fides*, der Mannhaftigkeit und Zuverlässigkeit oder Treue, nicht aber, wie die sofort folgende Abgrenzung verdeutlicht, auf dem Besitz von Geld, herrlichen Villen, politischer Macht (*ops*) und Befehlsgewalt (*imperium*) oder den Mitteln, sich alle möglichen Vergnügen (*voluptates*) zu verschaffen. Doch gerade weil sich die herrschende römische Schicht letztere im Überfluß leisten konnte, entbehrte sie nach Ciceros paradoxer Auskunft auch am meisten, weil die *cupiditas*, die Begehrlichkeit, unersättlich ist. Dabei entspräche ihrem unersättlichen Verlangen (*libido*), ihren Besitz zu vermehren, zugleich ihre Angst, alles zu verlieren:

*Numquam mehercule ego neque pecunias istorum neque tecta magnifica neque opes neque imperia neque eas, quibus maxime astricti sunt, voluptates in bonis rebus aut expetendis esse duxi, quippe cum viderem rebus his circumfluentes ea tamen desiderare maxime, quibus abundarent. Neque enim umquam expletur nec satiatur cupiditatis sitis, neque solum ea qui habent libidine augendi cruciantur sed etiam amittendi metu.*

Niemals, beim Herkules, habe ich die Auffassung vertreten, daß das Geld dieser Leute hier, ihre herrlichen Villen, ihre Mittel und Möglichkeiten, ihre einflußreichen Stellungen und ihre Vergnügungen, denen sie am meisten ausgeliefert sind, zu den guten und erstrebenswerten Dingen gehören, weil ich nämlich sah, daß sie, obwohl sie in diesen Dingen schwammen, dennoch gerade das am meisten entbehrten, was sie im Überfluß besaßen. Denn die Gier auf Lust wird niemals befriedigt und gestillt, und diejenigen, die diese Dinge haben, werden nicht nur von dem Drang, ihren Besitz zu vergrößern, sondern auch von der Angst, alles zu verlieren, geplagt.[57]

So aber unterschied sich die zeitgenössische besitzende und herrschende Schicht nach Ciceros Urteil zu ihrem Nachteil

[57] Cic. parad. 6 (Übers. Nickel).

von ihren Vorfahren, für die der Erwerbstrieb nicht an erster Stelle stand:

*In quo equidem continentissimorum hominum maiorum nostrorum saepe requiro prudentiam, qui haec imbecilla et commutabilia verbo bona putaverunt appellanda, cum re ac factis longe aliter iudicavissent.*

Dabei vermisse ich allerdings oft die Klugheit unsrer überaus enthaltsamen Vorfahren, die zwar ein Höchstmaß an Genügsamkeit und Selbstbeherrschung bewiesen, aber der Meinung waren, daß diese vergänglichen und veränderlichen Dinge mit dem Wort ‚Güter' zu bezeichnen seien, während sie sie in Wirklichkeit ganz anders beurteilten.[58]

Vergleichbar erscheint das historische Urteil von Velleius Paterculus:

*Potentiae Romanorum prior Scipio viam aperuerat, luxuriae posterior aperuit: quippe remoto Carthaginis metu sublataque imperii aemula non gradu, sed praecepiti cursu a virtute descitum, ad vitia transcursum; vetus disciplina deserta, nova inducta; in somnum a vigiliis, ab armis ad voluptates, a negotiis in otium conversa civitas.*

Der ältere Scipio hatte der Macht der Römer den Weg geebnet, der jüngere eröffnete die Bahn für den Luxus. Als nämlich die Furcht vor Karthago beseitigt und die Rivalin aus dem Weg geräumt war, wich man nicht Schritt für Schritt vom Pfad der Tugend, man verließ ihn Hals über Kopf und betrat die Bahn des Lasters. Die althergebrachte Lebensart wurde aufgegeben, eine neue eingeführt. Die Bürger wandten sich vom Wachen zum Schlafen, von Waffenübungen zu Vergnügungen, von Geschäften zum Mußiggang.[59]

Was aber den Wert eines Menschen betrifft, so entscheidet darüber nach Ciceros Überzeugung nicht, ob er viel oder wenig besitzt, sondern ob er gut oder schlecht ist; denn auch die Schlechten können viel besitzen und trotzdem den

[58] Cic. parad. 7 (Übers. Nickel).
[59] Vell. II 1 (Übers. Giebel).

Guten schaden (7). Daher würde Cicero ganz im Gegensatz zu der Meinung der Masse, der *opinio vulgi*, niemals behaupten, daß jemand Güter (*bona*) verloren habe, wenn ihm z. B. ein Vieh oder ein Möbelstück abhanden gekommen sei (8).

Als Beispiel für die richtige Haltung aber nennt er den im 6. Jh. v. Chr. lebenden und zu den sieben Weisen zählenden Bias,[60] der aus seiner von den Feinden eroberten Vaterstadt Priene flüchtete, ohne im Gegensatz zu seinen Mitflüchtlingen irgendetwas von seiner Habe mit sich zu schleppen. Als ihn einer von jenen ermahnte, es ihnen gleich zu tun, soll er geantwortet haben:

*Ego vero facio, nam omnia mecum porto mea.*

Ich tue das schon, denn ich habe meinen gesamten Besitz bei mir.[61]

Mithin erhebt sich die Frage, was eigentlich ein Gut sei. Ciceros Antwort lautet:

*Si, quod recte fit et honeste et cum virtute, id bene fieri vere dicitur, quod rectum et honestum et cum virtute est, id solum opinor bonum.*

Wenn man von dem, was richtig im Einklang mit dem Gebot der Sittlichkeit und mit Tugendhaftigkeit getan wird, zu Recht sagt, daß es ein gutes Handeln ist, dann ist meiner Meinung nach nur das ein Gut, was richtig, sittlich geboten und tugendhaft ist.[62]

Das wahre Gute besteht mithin nicht in einem Gutes-*Haben*, sondern in einem Gut-*Sein*. Damit ist aber auch schon das stoische Paradox gerechtfertigt, daß allein das sittlich Gute ein Gut ist.

---

[60] Vgl. zu ihm K.-J. Hölkeskamp, Bias [2], DNP I, 1997, 618.

[61] Cic. parad. 8. Vgl. die Testimonia DK 10 [73a] und bes. Nr. 13: „Ein unwerter Mann wird nicht wegen Reichtums gelobt.“

[62] Cic. parad. 9 (Übersetzung Nickel).

Aber Cicero wäre nicht Cicero, wenn er so schnell den Schlußstrich zöge. Denn um einem eventuellen Einwand zuvorzukommen, stellt er seinen imaginären Gegnern die rhetorische Frage:

*Quaero enim a vobis, num ullam cogitationem habuisse videantur ei, qui hanc rem publicam tam praeclare fundatam nobis reliquerunt, aut argenti ad avaritiam aut amoenitatum ad delectationem aut supellectilis ad delicias aut epularum ad voluptates?*

Ich frage euch nämlich, ob etwa diejenigen, die uns diesen Staat in einer so vorzüglichen Verfassung hinterließen, den Anschein erwecken, irgendeinen Gedanken an Geld gehegt zu haben, um ihre Habsucht zu befriedigen, oder an reizvoll gelegenen Grundstücken, um sich daran zu erfreuen, oder an behagliches Wohnen, um es zu genießen, oder an Festmähler, um sich daran zu ergötzen?[63]

Und dann fordert er sie auf, sich die Reihe der Zeugen für die *virtus et honestas, constantia et simplicitas* der Vorfahren zu vergegenwärtigen, die durch Romulus und Numa Pompilius eröffnet und durch den älteren und den jüngeren Scipio Africanus wie den dem Alter nach zwischen beiden stehenden M. Porcius Cato maior beschlossen wird. Von ihnen sei Romulus, der Gründer Roms, auf der Leiter seiner Taten gen Himmel gestiegen,[64] während Numa Pompilius den Göttern aus unverzierten Tonschalen willkommene Opfer darbrachte (und also ein Vorbild der *simplicitas* darstellte):[65]

---

[63] Cic. parad. 10 (Übersetzung Nickel).

[64] Vgl. dazu Cic. leg. I 1.3; Tusc. I 28 und Liv. I 16, 1–8, bes. die Zusammenfassung 7.

[65] Vgl. Cic. leg. II 23.29.56. Auch Livius berichtet über seine Verdienste um Recht, Gesetze und Sitten, wobei er besonders die Einführung des Mondkalenders und von Kulten einschließlich der Einsetzung von Priesterschaften hervorhebt, Liv. I 19, 1–21, 5.

*Ponite ante oculos unum quemque – regum vultis a Romulo? vultis post liberam civtatem ab eis ipsis, qui liberaverunt eam? Quibus tandem gradibus Romulus escendit in caelum, eisne, quae isti bona appellant an rebus gestis atque virtutibus? Quid? a Numa Pomplilio minusne gratas dis immortalibus capedines ac fictiles hirnulas fuisse, quam felicitas aliorum pateras arbitramur? Omitto reliquos, sunt enim omnes pares inter se praeter Superbum.*

Stellt euch jeden einzelnen vor Augen: Wollt ihr bei den Königen mit Romulus beginnen? Wollt ihr nach der Befreiung der Bürgerschaft mit eben diesen Männern beginnen, die sich befreit haben? Auf welchen Stufen stieg denn Romulus in den Himmel? Waren es diejenigen, die diese Leute ‚Güter' nennen, oder waren es seine Taten und Leistungen? Glauben wir denn, daß die Opferschalen und die Gefäße aus Ton, die von Numa Pompilius benutzt wurden, den unsterblichen Göttern weniger willkommen waren als die mit den Farnkrautmuster verzierten Schüsseln anderer Leute? Ich gehe nicht mehr auf die übrigen Könige ein; denn sie sind außer Tarquinius Superbus[66] alle einander gleich.[67]

Was hat Lucius Junius Brutus (510 v. Chr.) zu seinen Taten bewogen (den letzten König und Tyrannen Tarquinius Superbus aus Rom zu vertreiben) außer der Absicht, sein Vaterland zu befreien?[68] Was Gaius Mucius Scaevola, als er seine Rechte ins Feuer hielt, um auf diese Weise vor dem etruskischen König Porsenna, der seinen aus Rom vertriebenen Kollegen König Tarquinius Superbus nach dort zurückführen wollte, die *virtus Romanus* zu bezeugen?[69] Marcus Porcius Cato Maior aber galt im damaligen Rom als Inbegriff des *mos maiorum,* der tugendhaften Sitten der

---

[66] Vgl. zu ihm Liv. I 49–60.

[67] Cic. Parad. 11; vgl. dazu Liv. I 15,6–16,4 und zu Numa Pompilius als Stifter der römischen Kultordnung Liv. I 20,17.

[68] Vgl. auch Cic. Tusc. I 89; IV 2.50; leg. III 40 und Liv. I 58,1–60,2.

[69] Vgl. Liv. II 12,1–13,5.

Vorfahren, schlechthin.[70] Wir brauchen Ciceros Beispiele für den unerschrockenen Mut der Männer, die Rom bis hin zu den beiden Scipionen[71] unter Einsatz ihres Lebens seine Freiheit erkämpft und bewahrt haben, nicht weiter zu verfolgen (10–13). Doch wenn die Gegner – gemeint sind natürlich die Epikuräer[72] – die viele Dinge besitzen, die Lust, die *voluptas*, die der Mensch mit dem Vieh teilt, für das höchste Gut erklären, so bleibe festzustellen, daß sie die Menschen, je größer sie ist, desto mehr um ihre Vernunft bringt. Dann aber, so lautet das nicht unerwartete Resultat, bedeutet gut und glücklich zu leben nichts anderes als

[70] Ihm hat Cicero in dem seinen Namen tragenden Dialog *De senectute* (Über das Alter) ein Denkmal gesetzt. Vgl. auch die von Cato stammenden bzw. gesammelten Apophthegmata Cic. off. II 98 und III 1, vgl. auch I 104. – Plutarch stellt ihn als Beispiel der Beredsamkeit, körperlichen Kraft, Sittenreinheit, Enthaltsamkeit, Tapferkeit und bis zur Knausrigkeit gehenden Sparsamkeit dar, der allem fremden Wesen und also zuletzt auch der griechischen Philosophie abhold war. Mit seinem jeglichem Votum im Senat angeschlossenen „*Ceterum censeo Carthaginem esse delendam!*" ist er der geistige Vater des 3. Punischen Krieges gewesen; vgl. Plut. Cato Maior 27, 352. Zu seinem bleibenden Ruhm vgl. Cic. Tusc. I 110, zur Person ausgewogen Rawson, Roman Tradition, 451–463 und zu seiner juristischen Rolle als praktizierende Ziviljurist Wieacker, Römische Rechtsgeschichte, 538–539.

[71] Gemeint sind P. Cornelius Scipio Africanus und Cornelius Scipio Aemelianus Africanus (Numantinus); vgl. zu beiden die Artikel von K.-L. Elvers, Art. Cornelius [I 70] C. Scipio Aemilianus Africanus (Numantinus) und Art. Cornelius [I 71] C. Scipio Africanus, P., DNP III, 1997, 178–182 bzw. 182–183 (mit einer Stammtafel der Scipionen auf 179), ausführlicher Bengtson, Grundriß, 101–106 und 141–146; Briscoe, Second Punic War, 44–80 und Harris, Roman Expansion, 142–162; knapp Christ, Krise und Untergang, 17–18 und 25–26 bzw. 96–98.

[72] Vgl. auch Tusc. II 7–18; III 32–51; de fin. I–II und dazu Erler, Cicero, 307–322; zur Lehre Epikurs vgl. Long, Hellenistic Philosophy, 14–74 bzw. Erler, Epikur, 40–60.

ehrenhaft und rechtschaffen zu leben (*nihil est aliud bene et beate vivere nisi honeste et recte vivere*) (14).

Cicero hat sich in den beiden ersten Büchern seines ein Jahr später verfaßten Dialoges *De finibus bonorum et malorum* (Über die Ziele des menschlichen Handelns) gründlicher mit der epikureischen Lehre auseinandergesetzt.[73] Er läßt im 1. Buch in einem angeblich im Jahre 50 geführten Gespräch L. Manlius Torquatus[74] den epikureischen Standpunkt differenziert vertreten, um ihn dann selbst im 2. zu widerlegen. Aus den Darlegungen des Torquatus sei folgende Passage als eine angemessene Zusammenfassung der epikureischen Lehre zitiert:

*O praeclaram beate vivendi et apertam et simplicem et directam viam! cum enim certe nihil homini possit melius esse quam vacare omni dolore et molestia perfruique maximis et animi et corporis voluptatibus, videtisne quam nihil praetermittatur quod vitam adiuvet, quo facilius id, quod propositum est, summum bonum consequamur? clamat Epicurus, is quem vos nimis voluptatibus esse deditum dicitis, non posse iucunde vivi, nisi sapienter, honeste iusteque vivatur, nec sapienter, honeste, iuste, nisi iucunde. neque enim civitas in seditone beata esse potest nec in discordia dominorum domus; quo minus animus a se ipse dissidens secumque discordans gustare partem ullam liquidae voluptatis et liberare potest. atqui pugnantibus et contrariis studiis consiliisque semper utens nihil quieti videre, nihil tranquilli potest.*

Welch ein herrlicher, breiter, einfacher und kurzer Weg zum glückseligen Leben! Da es nämlich mit Sicherheit nichts Besseres für den Menschen geben kann als von allem Schmerz und allen

[73] Nach Stokes, Cicero, 145 handelt es sich dabei um die in mancher Hinsicht konsequenteste Kritik an Epikurs Ethik in der ganzen Antike.

[74] Manlius war Konsul des Jahres 65 v. Chr. Er gehörte im Bürgerkrieg zwischen Pompejus und Caesar zur Senatspartei und kam 47 in der Nähe von Hippo Regius auf einem von dem Freibeuter Sittius versenkten Schiff ums Leben; vgl. Caes. Bell. Afr. 96.

Beschwerden frei zu sein und dauernd die größte Lust der Seele und des Körpers zu genießen, seht ihr nun, wie in dieser Lehre nichts versäumt wird, was dem Leben dazu verhelfen kann, jenes höchste Gut, das uns vor Augen steht, leichter zu erlangen? Jener Epikur, von dem ihr behauptet, er sei zu sehr der Lust ergeben, ruft laut, die Menschen könnten nicht lustvoll leben, ohne weise, edel und gerecht zu leben, noch auch weise, edel und gerecht, ohne lustvoll zu leben. Kein Staat kann im Bürgerkrieg glücklich sein, noch ein Haus, wenn die Herren sich streiten; um so weniger kann eine mit sich selbst uneinige und mit sich selbst streitende Seele irgendeinen Teil an reiner und freier Lust kosten. Wer es mit Absichten und Plänen zu tun hat, die einander ständig bekämpfen und widersprechen, der vermag keine Ruhe und keinen Frieden zu Gesicht zu bekommen.[75]

Cicero stellt dem im 2. Buch die These gegenüber, daß die Tugend um ihrer selbst und nicht um der mit ihr verbundenen Lust willen ausgeübt werden müsse; denn der Mensch müsse auch dann wahrhaftig, gerecht und tapfer sein, wenn es ihm keine Vorteile bringe.[76] Das 3. Buch von *De finibus* handelt von einem im Jahre 52 geführten Gespräch mit dem Gegner Caesars M. Porcius Cato Uticensis, der 46 nach der Niederlage der Senatspartei gegen Caesar bei Thapsus in Utica seinem Leben selbst ein Ende bereitet hatte.[77] Die von Cato vertretene stoische Position, welche die Glückseligkeit mit der Tugendhaftigkeit identifiziert, wird von Cicero im 4. Buch deshalb kritisiert, weil die Stoiker damit einseitig die Vernunftnatur des Menschen betonten, aber seine Leiblichkeit außer acht ließen. Im 5. Buch vertritt M. Pupius

[75] Cic. fin. I 57–58 (Übers. Gigon/Strume-Zimmermann).

[76] Zur Diskussion über die Frage der Angemessenheit der Argumentation Ciceros vgl. Stokes, Cicero, 145–170.

[77] Bell. Afr. 93; Plut. Cato Minor 68–70, 792–794; vgl. zu ihm T. Frigo, Porcius [I 7], P. Cato (Uticensis), M., DNP X, 2001, 158–161.

Piso[78] in einem angeblich im Jahre 79 in der Akademie zu Athen geführten Gespräch die peripatetische Position des Antiochos von Askalon,[79] die das sittlich Gute als das höchste Gut anerkennt, aber bestreitet, daß man glückselig sein könne, wenn es einem an äußeren Gütern ermangle. Das Glück des Menschen müsse mithin mit seiner ganzen Natur zusammenstimmen.[80]

---

[78] Er war im Jahre 61 Konsul und verfeindete sich bald darauf mit Cicero, vgl. zu ihm J. Bartels, Art. Pupius [I 3] P. Piso Frugi, M., DNP X, 2001, 601.

[79] Vgl. zu ihm Görler, 938–967, bes. 956–961.

[80] Gawlick, in: Gawlick/Görler, Cicero, 1041a weist angemessen darauf hin, daß das Sachproblem mittels der (auch von Kant getroffenen) Unterscheidung zwischen dem obersten und dem vollendeten Gut gefördert werden könne: „Die Stoiker suchen das oberste Gut und bestimmen es richtig, aber sie irren, wenn sie meinen, es sei auch das vollendete. Die Epikureer dagegen suchen das vollendete Gut und bestimmen es richtig, nämlich in Beziehung auf das Empfinden des Menschen; aber sie irren, wenn sie dies für ethisch befriedigend halten." Angesichts der eigenartig sich steigernde Rückverlegung der Gesprächssituationen und ihrer Partner verdient der Hinweis von Straßburger, Ciceros Philosophisches Spätwerk, 45 auf Cic. Att. XII 12,2 vom 16. März 45 Beachtung, wo es heißt: „*De Epicuro: ut voles; etsi* μεθαρμόσομαι *in posterum genus hoc personarum. incredibile est, quam ea quidam requirant. ad antiquos igitur,* ἀνεμέσητον γάρ (Mit Epikur sollst Du recht haben; indessen werde ich es in Zukunft anders machen mit diesen Dialogpartien. Kaum zu glauben, wie manche Leute darauf versessen sind. Zu den Alten also, denn das ist unverfänglicher)." Die Wahl der Dialogpartner war in der politisch aufgeheizten Zeit nicht ungefährlich. Cicero vermied als Zeichen seiner republikanischen Gesinnung Caesarianer, mit der einzigen Ausnahme des Hirtius in *De fato* (Mai/Juni 44), vgl. dazu Straßburger, Spätwerk, 47, und zum Gegensatz zwischen Ciceros und Caesars Welt 63.

## 4. Ciceros Auflösung des 6. Paradoxons

Das sechste Paradoxon Ὅτι μόνος ὁ σοφὸς πλούσιος oder *Solum sapientem esse divitem* nimmt Cicero zum Anlaß, mit denen abzurechnen, die mit allen Mitteln darnach streben, reich zu werden, damit sie sich ihres Besitzes rühmen können. Wie bei der Behandlung des 4. Paradoxons setzt Cicero auch bei der vorliegenden bereits mit dem ersten Satz mit der direkten Anrede ein, die er bis in die Mitte des siebten Abschnitts durchhält, um dann in den dreieinhalb letzten im reinen Referat die Bilanz zu ziehen. Der imaginäre Gegner dieser Invektiven ist offensichtlich der damals bereits sieben Jahre tote Licinius Crassus. Plutarch hat später über ihn geurteilt, daß das Laster der Habsucht bei ihm all seine anderen Laster in den Schatten gestellt habe.[81] Ihn zieht Cicero in Gedanken wegen seines Stolzes auf sein zusammengerafftes Vermögen zur Rechenschaft (42):

*Quae est ista in commemoranda pecunia tua tam insolens ostentatio? solusne tu dives? Pro di immortales! egone me audivisse aliquid et dedicisse non gaudeam? Solusne dives? Quid si ne dives quidem? quid si pauper etiam? Quem enim intellegimus divitem, aut hoc verbum in quo homine ponimus? opinor in eo, cui tanta possessio sit, ut ad liberaliter vivendum facile contentus sit, qui nihil quaerat, nihil appetat, nihil optet amplius.*

Was soll deine so unverschämte Prahlerei mit deinem Geld? Bist Du allein reich? Bei den unsterblichen Göttern, darf ich mich nicht freuen, weil ich etwas gehört und gelernt habe? Bist du allein reich? Was wäre, wenn Du gerade nicht reich wärest? Was, wenn Du arm wärest? Wen betrachten wir als reich, oder auf welchen Menschen

---

[81] Plut. Crassus 2, 543. Crassus hatte sein ererbtes Vermögen von 300 Talenten auf 7.100 und d. h. ungefähr 42.000.000 Denare vermehrt, die er in Latifundien, Bergwerke und Sklaven anlegte. Ein normaler Senator oder Ritter hatte eine Censusqualifikation von 100000 Denaren nachzuweisen; Alföldi, Römische Sozialgeschichte, 79.

wenden wir dieses Wort an? Ich meine auf einen solchen, der soviel besitzt, daß er bei einer großzügigen Lebensweise reichlich zufrieden ist, der nichts sucht, der nichts erstrebt, nichts weiter wünscht.[82]

Und nun folgt sogleich der entscheidende Satz, der den Schlüssel dazu liefert, den Spieß umzudrehen und den eingebildeten Reichen als einen tatsächlich armen Menschen zu betrachten (43):

*Animus oportet tuus te iudicet divitem, non hominum sermo neque possessiones tuae.*

Deine Seele muß dich als reich beurteilen, nicht das Gerede der Menschen und auch nicht deine Besitztümer.[83]

Betrachte man das Leben eines Großkapitalisten unter diesem Gesichtspunkt, so erweise er sich trotz seines unbestrittenen Reichtums als ein armer Mensch, weil ihm die Sorge um die Erhaltung und Mehrung seines Kapitals, die Ankläger und Richter, die geheimen Absprachen zwischen Amtsbewerbern, die Entsendung von Freigelassenen zur Ausplünderung der Provinzen, die Klienten und Bittsteller, und nicht zu vergessen: das seit Sullas Zeiten beliebte Mittel der Bereicherung durch die Proskription von Besitzenden, die Ausrottung ganzer Einwohnerschaften von Landstädten und die Fälschung von Testamenten in Atem und alles für käuflich hielten:

*delectum decretum, alienam suam sententiam, forum domum, vocem, silentium, quis hunc non putet confiteri sibi quaesito opus esse? cui autem quaesito opus sit, quis umquam hunc vere dixerit divitem?*

Die Einberufung zum Militärdienst und die Entscheidung der Behörden, die fremde und die eigene Stimme, der Gerichtshof und

82 Cic. parad. 42.
83 Cic. parad. 43.

das Privathaus, die öffentliche Erklärung und das Stillschweigen – wer also könnte nicht glauben, daß dieser Mensch damit zu erkennen gibt, daß er noch mehr Gewinn machen muß?[84]

Das aber berechtigt Cicero, die Frage zu stellen und zu verneinen, ob ein Habgieriger wirklich reich sein könne:

*cui autem quaesito opus sit, quis umquam hunc vere dixerit divitem? etenim divitiarum est fructus in copia, copiam autem declarat satietas rerum atque abundantia; quam tu quoniam numquam assequere, numquam omnino es futurus dives.*

Wer könnte jemals behaupten, daß jemand, der noch mehr Gewinn machen muß, wirklich reich ist? (47) Denn der Wert des Reichtums besteht in der Fülle, Fülle aber bedeutet grenzenloser Überfluß an allen Dingen; da du diesen niemals erreichst, wirst du in keinem Fall jemals reich sein.[85]

Nach einer kurzen *Praeteritio,* in der Cicero zu erkennen gibt, daß er, obwohl sein Besitz sich nicht mit dem des Crassus vergleichen läßt, auch nicht gerade zu den Armen gehört,[86] stellt er in der Form rhetorischer Fragen drei Fälle aus der römischen Geschichte der letzten zweihundert Jahre zur Bewertung vor, die deutlich machen, daß der Mann wahrhaft reich ist, der sich nicht bestechen läßt oder der von seinem Hab und Gut Schenkungen macht. Der nach der verlorenen Schlacht von Herakleia am Siris im Jahr 280 von den Römern zu König Pyrrhos von Epirus geschickte spätere Consul C. Fabricius Luscinus, der über den Austausch der Gefangenen verhandeln sollte, habe sich von dem König

[84] Cic. parad. 46 (Übers. Nickel).

[85] Cic. parad. 46–47 (Übers. Nickel).

[86] Cicero selbst besaß Güter oder Villen in Arpinum, Tusculum, Lanuvium, Antium, Astura, Caieta, Formiae, Sinussa, Cumae, Puteoli und Pompeji, gehörte damit aber keineswegs zu den reichsten Römern seiner Zeit; Alföldy, Römische Sozialgeschichte, 79.

nicht mit Gold bestechen lassen.[87] Ebenso soll es zuvor der Consul Manius Curius mit den Samnitern gehalten haben.[88] Scipio Aemilianus Africanus habe auf das Erbe seines leiblichen Vaters Lucius Aemilianus Paullus zugunsten seines Bruders Quintus Fabius Maximus verzichtet.[89] Sie alle hätten damit gezeigt, daß der wahre Reichtum nicht im Besitz, und sei es dem von Gold und Silber, sondern in der *virtus*, der Mannhaftigkeit oder Tugend bestehe:

*Quis igitur, si quidem ut quisque, quod plurimi sit, possideat, ita ditissimus habendus sit, dubitet, quin in virtute divitiae sint, quoniam nulla possessio, nulla vis auri et argenti pluris quam virtus aestimanda est?*

Wenn nun jeder in dem Sinne als der Reichste anzusehen ist, daß er das besitzt, was am wertvollsten ist – wer könnte dann eigentlich daran zweifeln, daß wahrer Reichtum in der Tugend besteht, da ja kein Besitz, keine Menge an Gold und Silber für wertvoller zu halten ist als die Tugend.[90]

Nicht anders als bei den Gewinnsüchtigen aber verhalte es sich bei denen, die einen grenzenlosen Aufwand betrieben, sich die Decken ihrer Landhäuser vergoldeten, die Fußböden mit Marmor bekleiden ließen und geradezu besessen nach dem Besitz von Kunstwerken, kostbarer Möbel und Kleider seien, so daß sie nicht einmal mehr die Zinsen für ihre Schulden zu zahlen in der Lage seien.

---

87 Vgl. Plut. Pyrrhus 20, 395; vgl. auch Cic. parad. 12, wo ihn Cicero als Beispiel der *continentia*, des Maßhaltens, anführt.

88 Zu seinen militärischen Leistungen im Kampf gegen die Samniter und gegen Pyrrhos vgl. K.-L. Elvers, Art. Curius [4] C. Dentatus, M., DNP III, 1997, 242–243. Cicero zählte ihn zumal wegen seiner einfachen Lebensweise und seinem entsprechenden Haus zu den Vorbildern römischer Tugend, vgl. Cic. parad. 12.38.

89 Vgl. Plut. Aemilius Paulus 39, 276.

90 Cic. parad. 48 (Übers. Nickel).

*Uter igitur est divitior, cui deest an cui superat? qui eget an qui abundat? cuius possessio, quo est maior, eo plus requirit ad se tuendam, an quae suis se viribus sustinet.*

Wer ist also reicher? Wer zu wenig oder wer zuviel hat? Wem etwas fehlt oder wer im Überfluß schwimmt? Wessen Besitz mit wachsendem Umfang auch erhöhten Aufwand zu seiner Unterhaltung erfordert, oder wer sich aus eigener Kraft erhält?[91]

Offenbar war sich Cicero bewußt, daß er selbst in dieser Beziehung nicht unangreifbar war. Denn nachdem er erklärt hatte, daß von seinem kleinen Einkommen nach der Begleichung seiner Ausgaben noch etwas übrig bliebe (49), gesteht er in 50 zu, daß er selbst dem Zeitgeist seinen Tribut leiste und in die Irrtümer (*errores*) seiner Generation verwickelt sei.[92] Dann aber stellt er nach einem Seitenblick auf den in der Mitte des 2. Jh.s v. Chr. wirkenden Consularen und Juristen Manius Manilius[93] und dessen bescheidenen Landsitz und Bauernhof die Frage, um sie sogleich zu beantworten: *Nos igitur divitores qui plura habemus? Utinam quidem!* (Sind wir also reicher, die wir mehr besitzen? Wäre es doch so!). Doch leider bestimmt nicht das Vermögen, sondern die Lebensweise, der Verbrauch, über Reichtum oder Armut:

*Non esse cupidum pecunia est, non esse emacem vectigal est; contentum vero suis rebus esse maximae sunt certissimaeque divitiae.*

Keine Gelüste haben, bedeutet Geld, keinem Kaufzwang ausgesetzt zu sein, bedeutet Einkommen, aber zufrieden zu sein mit dem, was man hat, das ist der größte und sicherste Reichtum.[94]

---

[91] Cic. parad. 49 (Übers. Nickel).

[92] Zu seiner finanziellen Lage im Jahr 46 vgl. aber Plut. Cicero 41, 3–4, 882.

[93] Vgl. zu ihm W. Kierdorf, Art. Manilius [I 3] M., M'., DNP VII, 1999, 817–818 und Wieacker, Römische Rechtsgeschichte, 540–541. Cicero ehrt ihn in *De re publica* als Mitunterredner.

[94] Cic. parad. 51 (Übers. Nickel).

So ist denn die abschließende Auskunft gut vorbereitet:

*Qua praediti qui sunt soli sunt divites, soli enim possident res et fructuosas et sempiternas, solique (quod est proprium divitiarum) contenti sunt rebus suis, satis esse putant, quod est, nihil appetunt, nulla re egent, nihil sibi deesse sentiunt, nihil requirunt. Improbi autem et avari, quoniam incertas atque in casu positas possessiones habent et plus semper appetunt, nec eorum quisquam adhuc inventus est, cui quod haberet esset satis, non modo non copiosi ac divites, sed etiam inopes ac pauperes existimandi sunt.*

Nur diejenigen, die über die Tugend (*virtus*) verfügen, sind reich, denn sie allein besitzen ein gewinnbringendes und unverlierbares Vermögen, sie allein (was für den Reichtum charakteristisch ist) sind mit ihrem Besitz zufrieden; sie halten das, was sie haben, für genug, sie wollen nichts weiter; sie entbehren nichts, sie empfinden keinen Mangel; sie benötigen nichts. Dagegen darf man die Bösartigen und Habsüchtigen, da sie unsicheren und vom Zufall abhängigen Besitz haben und ständig mehr wollen und da sich bisher noch keiner unter ihnen fand, dem das, was er besaß, genügte, nicht nur nicht für wohlhabend und reich, sondern muß sie sogar für bedürftig und arm halten.[95]

Umgekehrt gelte von den Schlechten und Habsüchtigen, daß ihr Besitz vom Zufall (*casu*) abhängt und ihre Besitzgier unstillbar sei. Mithin seien sie *non modo non copiosi ac divites, sed etiam inopes ac pauperes exestimandi,* („auf keine Weise als wohlhabend und reich, sondern als bedürftig und arm zu betrachten").

Blicken wir zurück, so hat sich unsere eingangs vorgetragene These in vollem Umfang bestätigt: In diesem von Cicero mit der ganzen unter seinen Zeitgenossen nur ihm zur Verfügung stehenden rhetorischen Kunst ausgestatteten Büchlein hält er der verkommenen Oberschicht der späten Republik den Spiegel des *mos maiorum*, der väterlichen Sitte

[95] Cic. parad. 52 (Übers. Nickel).

mit ihrer Ehrenhaftigkeit, Sparsamkeit, Opferbereitschaft und Tapferkeit vor, Tugenden, derer ein Staat bedarf, wenn ihm die Zukunft gehören soll.

## 5. Philo von Alexandrien – ein hellenistisch gebildeter Jude der frühen Kaiserzeit

Wenden wir uns nun Philos Schrift *Quod omnis probus liber sit* (Daß jeder Rechtschaffene frei ist) zu, so springen wir aus der römischen in die hochhellenistische Welt Alexandriens und genauer in die des alexandrinischen Judentums, das in der Gestalt Philos den literarischen Höhepunkt eines inzwischen dreieinhalb Jahrhunderte währenden Assimilationsprozesses erreicht hatte, der durch die Laographia des Kaisers Augustus 24/23 v. Chr. und das Schreiben des Kaisers Claudius an die Alexandriner aus dem Jahre 41 n. Chr. eingegrenzt wurde.[96] Die alexandrinischen Juden bewohnten zwei eigene Stadtteile, in denen sie als ein *Politeuma* eine eingeschränkte Selbstverwaltung unter der Führung eines Genarchen und einer Gerousia besaßen, ohne daß damit für sie die Rechte der Vollbürgerschaft verbunden waren. Außerdem besaßen sie das Privileg, uneingeschränkt ihrem väterlichen Glauben zu leben und sich am Sabbat und den jüdischen Feiertagen in ihren Synagogen zu versammeln. Ausweislich der aus dem jüdisch-hellenistischen Schulbetrieb hervorgegangenen *Weisheit Salomos* konnten ihre Schulen ein beachtenswertes Niveau erreichen, weil ihre Lehrer über die Kenntnis der hellenistischen Hochsprache und Allgemeinbildung verfügten.[97] Während unter den Ptolemäern nicht

[96] Vgl. zum Folgenden Smallwood, Jews, 226–235.

[97] Vgl. dazu Kepper, Hellenistische Bildung, 95–97.

die Nationalitätszugehörigkeit, sondern das Vermögen die entscheidende Rolle für den Zugang zur Ephebenausbildung gespielt zu haben scheint, sollte sich das in der römischen Kaiserzeit ändern: Die von Augustus vermutlich zusammen mit der von ihm im Zuge der Neuordnung der Reichsverwaltung beim Antritt des Prinzipats 27 v. Chr. verfügte Laographia, die allen nicht das volle Bürgerrecht Besitzenden eine Kopfsteuer auferlegte,[98] scheint erstmals im Jahr 24/23 auch auf die alexandrinischen Juden Anwendung gefunden zu haben.[99] Sie wurden damit den Eingeborenen gleich gestellt und verloren den Zugang zur gymnasialen Ephebenausbildung, welche die Voraussetzung zur Bekleidung höherer Ämter verlieh.[100] Das hat offensichtlich in der jüdischen Oberschicht zu einer Reihe von Versuchen geführt, die diskrimierenden Folgen durch entsprechende Eingaben abzuwehren.[101] Allen derartigen Versuchen wurde jedoch durch den Brief des Kaisers Claudius an die Alexandriner vom November 41 n. Chr. eine Grenze gesetzt, in dem er den Juden die Teilnahme an athletischen Wettkämpfen untersagte, die von den Gymnasiarchen oder Kosmeten[102] geleitet

98 Vgl. dazu Jacques/Scheid, Rom und das Reich, 174–175.

99 Vgl. Tcherikover, Hellenistic Civilization, 311 und Smallwood, Jews, 231–232.

100 Vgl. dazu Tcherikover, Hellenistic Civilization, 311–313, aber auch Kasher, Jews, 233–357, bes. 310–326 und 356–357, der bestreitet, daß es bei den alexandrinischen Juden überhaupt ein Verlangen nach einer Teilnahme an der Ephebenausbildung gegeben habe; zur griechischen Institution der Ephebie vgl. Hans-Joachim Gehrke, Art. Ephebeia, DNP III, 1997, 1071–1074.

101 Vgl. dazu Tcherikover, Hellenistic Civilization, 312 und Smallwood, Jews, 232.

102 Zur Aufgabe der Kosmeten als den für das Training der Epheben, Spenden, Feste und Bau der Wasserleitungen verantwortlichen Beamten vgl. R. Hurschmann/P.J. Rhodes, Art. Kosmetes, DNP VI, 1999, 767.

wurden. Damit wurde ihnen der Zugang zur Ephebenausbildung ein zweites Mal und endgültig verboten. Die Juden werden vielmehr ausdrücklich aufgefordert, sich mit den ihnen verliehenen Privilegien zufrieden zu geben und keine weiteren Rechte anzustreben.[103] Philo selbst freilich gehörte zu einer so wohlhabenden und einflußreichen Familie Alexandriens, daß sie von diesen Restriktionen nicht betroffen wurde. Sein Bruder Alexander war, ohne sein Judentum zu verleugnen, als Alabarch ein hoher Steuerbeamter und so reich, daß er König Herodes Agrippa 200000 Drachmen borgen konnte.[104] Sein Neffe, Alexanders Sohn, Tiberius Julius Alexander, der sich vom Judentum losgesagt hatte,[105] amtierte von 46–48 n. Chr. als Procurator von Judäa[106] und wurde unter Nero Präfect von Ägypten.[107] Philo selbst war innerhalb der Judenschaft seiner Stadt so angesehen, daß er anläßlich der im Sommer 38 n. Chr. erfolgten schweren antijüdischen Ausschreitungen in Alexandrien, die von dem römischen Statthalter Flaccius nicht unterbunden wurden, als Anführer einer Delegation nach Rom geschickt wurde, um erfolglos Beschwerde bei dem sich als Gott aufspielenden Kaiser Caligula einzulegen.[108] Denkt man an das schreck-

[103] Vgl. dazu Tcherikover, Hellenistic Civilization, 313–314 und Smallwood, Jews, 248–250.

[104] Jos. Ant. XVIII 159–160.

[105] Jos. Ant. XX 100.

[106] Jos. Bell. II 220.

[107] Jos. Bell. II 309. Zu seiner Statthalterschaft von Judäa vgl. Smallwood, Jews, 257–259, bes. 258.

[108] Vgl. dazu Philo. Flacc.; LegGai. sowie Jos. Ant. XVIII 257–260 und zur Selbstvergottung des Kaisers Winterling, Caligula, 139–151 und bes. 147–148, wo er auf Josephus' und Philos entsprechenden Vorwurf eingeht. Zu der nach seinem Tode aufgekommenen Behauptung, er sei wahnsinnig gewesen, vgl. 175–180. Sie geht von Tac. ann. I 1,2 aus: *Tiberii Gaique et Claudii ac Neronis res florentibus ipsis ob metum falsum,*

liche Ende des Jüdischen Aufstandes der Jahre 66–70, in dem nach Flavius Josephus über 1.100000 bzw. Tacitus 600.000 Juden umgekommen und Abertausende in die Sklaverei verkauft worden sein sollen (vgl. Bell. VI 414–434 mit Tac. hist. V 13,3),[109] so ist es kaum zufällig, daß der intensive, freilich stets vom Prinzip von Anknüpfung und Widerspruch bestimmte Hellenisierungsprozeß des alexandrinischen Judentums mit Philo seinen Höhepunkt und sein Ende erreichte.[110]

## 6. Philos Schrift *Quid omnis probus liber sit*

### *6.1. Zum Buch und seinem Bildungshorizont*

Philos Schrift *Quod omnis probus liber sit* (Inwiefern jeder Rechtschaffene frei sei) ist ein so überwältigendes Zeugnis der philosophischen und historischen Bildung ihres Verfassers, daß man trotz ihrer mehrfachen allegorischen Bezugnahmen auf Stellen aus dem Pentateuch und ihrer

*postquam occiderant recentibus odiis compositae sunt* (Des Tiberius und Gaius [Caligula] wie des Claudius und Nero Taten sind zu ihren Lebzeiten aus Furcht verfälscht, nach ihrem Tod mit frischem Haß niedergeschrieben worden).

[109] Vgl. dazu auch Smallwood, Jews, 324–330 und Kaiser, Josephus to the Besieged Jerusalemites, 239–264, bes. 258–259.

[110] Nach Jos. Bell. II 489–490 wäre es im Jahre 66 erneut zu Zusammenstößen zwischen Griechen und Juden in Alexandrien gekommen. Nach dem Fall von Jerusalem bzw. der Festung Machairos versuchten entkommene Sikarier die alexandrinischen Juden ihrerseits zu einem antirömischen Aufstand zu bewegen, ohne daß sie sich damit durchsetzen konnten. In der Folge wurde jedoch der von Onias erbaute jüdische Tempel von Leontopolis auf Anweisung des Kaisers Vespasian durch den neuen römischen Statthalter T. Julius Lupus zerstört; vgl. Jos. Bell. VII 409–421 und dazu Smallwood, Jews, 366–368.

Darstellung der Essener als einer vorbildlich frommen und tugendhaften Gemeinschaft freier Juden wiederholt ihre Authentizität angezweifelt hat. Inzwischen ordnet man sie eher unter seinen frühen Schriften ein, weil in seinen späteren, einseitig der allegorischen Auslegung der Tora gewidmeten Werken der philosophische Einfluß ganz in den Dienst der Exegese gestellt ist.[111] Schon aus dem ersten Satz des Buches geht hervor, daß es sich bei ihm um die Fortsetzung eines vorausgehenden handelt, das die entsprechende Gegenthese vertrat, daß jeder Schlechte ein Sklave sei:

Ο μὲν πρότερος λόγος ἦν ἡμῖν, ὦ Θεόδοτε, περὶ τοῦ δοῦλον εἶναι πάντα φαῦλον, ὡς καὶ διὰ πολλῶν καὶ εἰκότων καὶ ἀληθῶν ἐπιστωσάμεθα· οὑτοσὶ δ' ἐκείνου συγγενής, ὁμοπάτριος καὶ ὁμομήτριος ἀδελφὸς καὶ τρόπον τινὰ δίδυμος, καθ' ὃν ἐπιδείξομεν, ὅτι πᾶς ὁ ἀστεῖος ἐλεύθερος.

Unsere frühere Untersuchung, Theodotos, befaßte sich mit dem Thema, jeder Schlechte sei ein Sklave, wie wir es durch viele vernünftige und wahre Argumente glaubhaft machen konnten. Die vorliegende Abhandlung ist jener verwandt, ihr Bruder vom gleichen Vater und von der gleichen Mutter und auf gewisse Weise ihr Zwilling. In ihr werden wir zeigen, daß jeder Tüchtige frei ist.[112]

In ihr gelte es, dem Rat der Pythagoräer gemäß, nicht der üblichen Meinung der Vielen zu folgen, sondern auf philosophische Weise selbständig nach der Wahrheit zu fragen, die weder ein Ungebildeter noch ein Sophist zu finden vermöge. Philo nimmt also in Anspruch, mit dieser Schrift einen eigenständigen Beitrag zur ethischen Diskussion seiner Tage zu leisten.[113] Seine Argumentation entspricht ihrer Art nach der

---

[111] Eine bequeme Übersicht über Philos Schriften und Einführung in sein Denken bieten Borgen, Philo, 233–282 und Morris, Philo, 809–890. Zu seinen philosophischen Positionen vgl. Dillon, Middle Platonists, 139–183 und Runia, Philo, 128–145.

[112] Philo Prob. 1 (Übers. Bormann).

[113] Philo Prob. 2–4.

hellenistischen Diatribe.[114] Sie basiert auf den stoischen Paradoxa und macht den Leser mit einer großen Zahl von griechischen Philosophen, Dichtern und einfachen Menschen bekannt, die durch ihre Lehren oder ihr Leben Zeugnis für die Freiheit des Weisen abgelegt haben. In diesem Sinne werden von den Philosophen die Sieben Weisen,[115] Bias von Priene,[116] Zenon der Eleat,[117] Anaxarchos von Abdera,[118] der Sokratiker Antisthenes,[119] der Kyniker Diogenes,[120] Theo-

[114] Als charakteristisch für sie gelten nach H. Görgemanns, Art. Diatribe B. Ältere Diatribe, DNP III, 1997, 531 kurze parataktische Sätze, schlichte Ausdrucksweise, Pointierung durch Stilfiguren wie Antithesen und Parallelismen, affektische Syntax mit rhetorischen Fragen und Exklamationen, dialogische Elemente, polemische und ironische Wendungen, Vergleiche aus der Natur und dem Alltagsleben, Zitate besonders in Gestalt von Versen und inhaltlich zumal ethische Fragen des Alltagslebens, Elemente, die uns schon in Ciceros *Paradoxa* begegnet sind.

[115] Philo Prob. 73. Zu den in der Antike belegten unterschiedlichen Gruppierungen vgl. Diog. Laert. I 40–42. DK 10 [73a] bietet im Anschluß an Demetrios von Phaleron bei Stobaios Aussprüche des Kleoboulos von Lindos, des Solon aus Athen, des Chilon, aus Sparta, des Thales aus Milet, des Pittakos aus Losbos, des Bias aus Priene und des Periander aus Korinth.

[116] Philo Prob. 153; vgl. zu ihm oben, 194 mit Anm. 6.

[117] Prob. 106. Zu dem Eleaten Zenon, dem durch seine Paradoxa berühmten Schüler des Parmenides, vgl. Diog. Laert. 9.25–29 und dann Guthrie, Greek Philosophy I, 80–118 bzw. knapp I. Bodnár, Art. Zenon [1] Z. aus Elea, übers. B. Strobel, DNP XII/2, 2003, 742–744.

[118] Prob. 106–109. Zu dem demokritischen Philosophen und Begleiter Alexanders des Großen auf seinem Zug in den Osten vgl. Diog. Laert. IX 56–60 und dann T. Dorandi, Art. „Anaxarchos", übers. V. E. Kraus, DNP I, 1996, 670.

[119] Prob. 28. Zu Antisthenes vgl. Diog. Laert. VI 1–304 bzw. K. Döring, Art. Antisthenes 2, DNP I, 1996, 793–794.

[120] Prob. 121–124. Zu Diogenes von Sinope vgl. Diog. Laert. VI 20–335 und M.-O. Goulet-Cazé, Art. Diogenes [14] von Sinope, übers. von A. Wittenberg, DNP III, 1997, 598–600.

dorus aus Kyrene, der Schüler Aristipps,[121] und natürlich der Stoiker Zenon,[122] mit dessen Maxime, der Natur gemäß zu leben, das Buch schließt, und nicht zu vergessen Platon erwähnt oder zitiert.[123] Als eine bekannte Philosophische Lebensgemeinschaft seiner Tage führt er gleich in den ersten Sätzen des Buches die Pythagoräer ein.[124] Von den Dichtern zitiert er vor allem Homers Ilias und Euripides.[125] Aber auch Theognis,[126] Aischylos,[127] Sophokles[128] und Ion[129] werden je einmal angeführt. Philo kennt die Erzählungen von Solon und Lykurg als den *vorbildlichen* Gesetzgebern in Athen bzw. Sparta.[130] Er erinnert an das heldenhafte Verhalten eines spartanischen Knaben, der den Tod der Sklaverei vorzog, in

---

[121] Prob. 127–129. Zu Theodoros aus Kyrene vgl. Diod. Laert. II 97–103 und K. Döring, Art. Theodoros [9] Th. aus Kyrene, DNP XII/1, 2002, 326–327.

[122] Diog. Laert. VIII 53–57 (SVF I 228); XIV 97 (SVF nicht aufgenommen) und VIII 87, vgl. SVF I 179 (c). Zu Zenon von Kition, dem Begründer der stoischen Philosophie, vgl. Diog. Laert. VII 1–160 und dann Graeser, Zenon von Kition bzw. knapp B. Inwood (übers. B. Strobel), Art. Zenon [2] Z. von Kition, DNP XII/2, 2002, 744–748.

[123] Prob. 13: Plat. Phaidr. 247a und 243d.

[124] Prob. 2.

[125] Prob. 25 (99); 101.103 (aus einem verlorenen Herakles), 116: Eur. Hec. 548–551; 141: Auge frg.; 152: frg. aus unbekanntem Stück. Zur Nähe der Bildungssprache Philos zu der der Sapientia Salomonis vgl. Kepper, Hellenistische Bildung, 63–66.

[126] Prob. 155: Theog. 535–534.

[127] Prob. 143: Aischyl. Argo frg.

[128] Prob. 19: Soph. frg. 688.

[129] Prob. 134: Ion trag. frg. 53. Zu dem in den 60er Jahren des 5. Jh.s v. Chr. in Athen gegen Euripides antretenden Tragödiendichter Ion von Chios vgl. Lesky, Dichtung der Griechen, 523 bzw. B. Zimmermann, Art. Ion [2] aus Chion, DNP V, 1998, 1075–1076.

[130] Prob. 47; vgl. 114. Zum Interesse der antiken Überlieferung an den Aisymeten und Nomotheten, den Schiedsrichtern und Gesetzgebern des 7. und 6. Jh. v. Chr. vgl. Hölkeskamp, Schiedsrichter, 28–59.

die er nach der Eroberung Spartas durch Antigonos Doson (221 v. Chr.) verkauft werden sollte.[131] Aber er kann auch auf Kroisos und Midias oder den Großkönig als Männer verweisen, die ihr Reichtum nicht glücklich gemacht hat.[132] Umgekehrt weiß er ebenso von der Klugheit des Miltiades, den Mut seiner Athener im Kampf gegen die Perser zu entfachen, zu erzählen[133] wie von der Hochgesinnung der Einwohner von Xantos, die, als die Einnahme ihrer Stadt durch den Caesarmörder Marcus Iunius Brutus bevorstand, den Freitod der Schande vorzogen, in die Hand eines Verräters zu fallen.[134] An patriotischem Edelmut ließ es Philo also nicht fehlen. Sein Horizont erstreckt sich jedoch auch über die Grenzen des römischen Reiches hinaus; denn er kann ebenso die persischen Magier[135] wie die indischen Gymnosophisten heranziehen,[136] ausführlich die Geschichte

[131] Prob. 114; vgl. auch Sen. epist. 77,14.

[132] Prob. 136; zur Rolle des im 8. Jh. v. Chr. lebenden König Midas von Phrygien in der griechisch-römischen Literatur vgl. J. Scherf, Art. Midas II. Kroisos in der griechischen und lateinischen Überlieferung, DNP VIII, 2000, 154–155, zu der entsprechenden des im 6. Jh. lebenden Königs Kroisos C. Schmidt, Art. Kroisos II. Kroisos in der griechischen und lateinischen Überlieferung, DNP VI, 1999, 859–860.

[133] Prob. 132. Zu Miltiades dem Jüngeren, dem Sohn des Kimon und Sieger in der Schlacht von Marathon im Jahre 490 v. Chr. vgl. Hdt VI.109–117, bes. 109.1–110.1. und zu seiner Biographie knapp K. Kinzl, Art. Militides [2] M.d.J., DNP VIII, 2000, 192–193.

[134] Prob. 118–120; vgl. App. civ. IV 80, wo freilich allein ihre Freiheitsliebe als Ursache für die Tötung ihrer Frauen und Kinder und ihren Freitod benannt wird, während Plut. Brutus XXXI 1,251 ihren Selbstmord als Folge eines unbeschreiblichen Antriebs zum Wahnsinn bezeichnet, den man am ehesten mit einer Todesliebe (ἔρωτι θανάτου) vergleichen könne.

[135] Prob. 74; vgl. auch Philo SpecLeg. III 100 und zu den medischen Magiern Widengren, Religionen, 112–144 und passim.

[136] Prob. 74. Als Gymnosophisten werden unbekleidete indische Weise bezeichnet, von denen zehn in Gefangenschaft gerieten und

von dem Gymnosophisten Kalanos und Alexander dem Großen erzählen und dessen Brief an den König als Beispiel für eine durch keinen Machtspruch zu erschütternde innere Freiheit zitieren. Ihm stellt er den Ausspruch Zenons an die Seite, daß es leichter ist, einen aufgeblasenen Schlauch zu versenken als einen Rechtschaffenen dazu zu zwingen, irgendetwas gegen seinen Willen zu tun.[137] Man darf darüber jeoch nicht übersehen, daß Philo viermal Hinweise auf Texte aus den Mosebüchern als Beispiele für die in ihnen enthaltene Weisheit eingeschaltet hat.[138] Vor allem aber ist hier der im Rahmen des Buches ungewöhnlich ausführliche Bericht über die Lebensweise der Essener als einer jüdischen Gemeinschaft zu erwähnen, die angeleitet vom mosaischen Gesetz ein philosophisch bestimmtes Leben führt, das durch die Ideale der Selbstgenügsamkeit, Brüderlichkeit und Gottverbundenheit bestimmt ist.[139] Mithin können wir darauf schließen, daß die Schrift auch dem Nachweis diente, daß ein jüdischer Denker dem zeitgenössischen philosophischen Standard zu entsprechen vermag, ohne dabei einen Zweifel

---

vor Alexander den Großen geführt ihre Weisheit demonstrierten, Plut. Alexander 64.1–65.1, 701. Ihre Lebensart zeichnete sich nach den antiken Zeugen durch „Ehrfurcht vor der Natur, Ablehnung der Errungenschaften der Zivilisation" aus (C. Muckensturm-Poulle, Art. Gymnosophisten, DNP III, 1998, 28–29); vgl. dazu die Alexander im Gespräch mit dem Kyniker Diosgenes in den Mund gelegte Beschreibung ihres Lebenswandels bei Plut. mor. 332 B.

137 Prob. 92–96; zur Begegnung Alexanders mit Kalanos in Taxila, der ihn weiterhin begleitete und sich dann auf einem Scheiterhaufen verbrannte vgl. auch Strab. XV 1.63–68 und Plut. Alexander 65.3–4, 701 und 69.3–4, 703 sowie C. Muckensturm-Poulle, Art. Kalanos, DNP VI, 1999, 151. Zur Selbstverbrennung der Gymnosophisten vgl. auch Philo. Abr. 182 und zu dem Ausspruch Zenons SVF I 218.

138 Vgl. Prob. 29: Ex 17,20; 7.43: Ex 7,1; 8.57: Gen 27,40; 10.68: Dtn 30,11–14.

139 Vgl. Prob. 75–91 und dazu Stegemann, Essener, 227–278.

daran zu lassen, daß er das mosaische Gesetz für das beste Lehrbuch der Philosophie und ein ihm geweihtes Leben als ein wahrhaft philosophisches beurteilt. Das sollte vermutlich ebenso das Selbstbewußtsein der Juden stärken wie bei den Nichtjuden Bewunderung für die auf dem Gesetz beruhende Lebensweise der Juden erwecken. Denn um es auf den Punkt zu bringen: Nach Philos Überzeugung besitzen die Juden in Mose nicht nur einen den griechischen Philosophen ebenbürtigen, sondern einen jenen als Vorbild dienenden wahren Philosophen.[140]

### *6.2. Der Aufbau des Buches und seine Behandlung des Freiheitsparadoxes*

Noch ehe er das dem Buch seinen Namen gebende Paradoxon behandelt, stellt er I.6–10 drei weitere vor, die dem normalen Menschenverstand zuwider sind, um an ihnen zu zeigen, daß die Menschen, die stolz auf ihre alltäglichen Ansichten sind, in Wahrheit Sklaven ihrer Sinneswahrnehmungen sind und daher der philosophischen Belehrung bedürfen, mit der man nicht früh genug anfangen kann. Die drei dafür als Belege zitierten schockierenden Sätze dienen Philo lediglich als Aufhänger für seine Thesen, daß jedermann der Philosophischen Belehrung bedarf. Es handelt sich dabei um die folgenden drei paradoxen Aussagen, daß 1.) die am öffentlichen Leben einer Stadt Beteiligten als im Exil lebend, die nicht in der Bürgerrolle Eingetragenen aber als Bürger zu bezeichnen seien; 2.) die wirklich Reichen als arm, vollständig besitzlose Menschen dagegen als reich zu betrachten seien,[141] und 3.) die Angehörigen der über die

[140] Vgl. Prob. 62–71.

[141] Vgl. auch Philo Virt. 3.8–9.

besten Verbindungen verfügenden und aus alten Familien stammenden Oberschicht als Sklaven, die Nachkommen von Gefangenen und Sklaven in der dritten Generation aber als Freie zu beurteilen seien.[142] Diese Sätze demonstrieren anschaulich den Unterschied zwischen philosophischem und alltäglichem Denken und sind daher geeignet, die These zu stützen, daß ein dem Augenschein und mithin der Meinung (δόξα) verfallener Mensch bedauernswert sei und mit seiner Geringschätzung philosophischer Urteile lediglich seine Unbildung verrate. Wären solche Menschen erst in die Geheimnisse des Denkens eingeweiht, so blickten sie reuevoll auf ihr einstige Geringschätzung (ὀλιγωρία) zurück, weil sie fühlten, daß ein Leben ohne φρόνησις, ohne Einsicht, nicht lebenswert sei.[143] Daher sollten alle Menschen die erste Blütezeit ihrer Jugend vor allem der παιδεία, der Bildung weihen, mit der sich zu beschäftigen für alt und jung zuträglich sei:

ὥσπερ γάρ, φασί, τὰ καινὰ τῶν ἀγγείων ἀναφέρει τὰς τῶν πρώτων εἰς αὐτὰ ἐγχυθέντων ὀσμάς, οὕτως καὶ αἱ τῶν νέων ψυχαὶ τοὺς πρώτους τῶν φαντασιῶν τύπους ἀνεξαλείπτους ἐναποματτόμεναι, τῇ φορᾷ τῶν αὖθις ἐπεισρεόντων ἥκιστα κατακλυζόμεναι, τὸ ἀρχαῖον διαφαίνουσιν εἶδος.

Denn wie es heißt, daß neue Gefäße den Geruch dessen, was zuerst in sie gegossen wurde, für immer aufnehmen,[144] so nehmen auch die Seelen junger Menschen das Gepräge der ersten an sie herangetragenen Vorstellungen unauslöschlich an und lassen es nicht durch die Fülle des später auf sie Einströmenden wegspülen, sondern lassen die ursprüngliche Form durchscheinen.[145]

---

142 Vgl. auch Philo Virt. 35.189.

143 Philo Prob. 2.14–15.

144 Horaz Ep. I 2,69.

145 Philo Prob. 2.15 (Übers. Bormann).

### 6.3. Der erste Beweisgang

Der folgende Abschnitt 16–61 dient der Erläuterung und dem Erweis der Wahrheit des dem Buch seinen Namen gebenden Paradoxons, daß jeder Rechtschaffene frei und umgekehrt jeder Unverständige ein Sklave sei. Als Beispiel sei hier Philos erster, das Thema erörternder Argumentationsgang vorgeführt, der von 16 bis 31 reicht. Wenn man das Paradoxon, daß jeder rechtschaffene Mann frei ist, angemessen verstehen wolle, habe man zunächst auf die Verwendung der Begriffe (λόγοι) zu achten:

δουλεία τοίνυν ἡ μὲν ψυχῶν, ἡ δὲ σωμάτων λέγεται. δεσπόται δὲ τῶν μὲν σωμάτων ἄνθρωποι, ψυχῶν δὲ κακίαι καὶ πάθη. κατὰ ταὐτὰ δὲ καὶ ἐλευθερία· ἡ μὲν γὰρ ἄδειαν σωμάτων ἀπ' ἀνθρώπων δυνατωτέρων, ἡ δὲ διανοίας ἐκεχειρίαν ἀπὸ τῆς τῶν παθῶν δυναστείας ἐργάζεται. (18) τὸ μὲν οὖν πρότερον οὐδὲ εἷς ζητεῖ· μυρίαι γὰρ αἱ ἀνθρώπων τύχαι, καὶ πολλοὶ πολλάκις καιροῖς ἀβουλήτοις τῶν σφόδρα ἀστείων τὴν ἐκ γένους ἀπέβαλον ἐλευθερίαν· ἀλλ' ἔστιν ἡ σκέψις περὶ τρόπων, οὓς οὔτ' ἐπιθυμίαι οὔτε φόβοι οὔθ' ἡδοναὶ οὔτε λῦπαι κατέζευξαν, ὥσπερ ἐξ εἱρκτῆς προεληλυθότων καὶ δεσμῶν οἷς ἐπεσφίγγοντο διαφειμένων.

Unter Sklaverei versteht man teils eine Knechtschaft der Seele, teils des Leibes; Herren über den Leib sind Menschen, über die Seele herrschen Boshaftigkeit und Affekte. Dasselbe gilt von der Freiheit, teils gewährt sie dem Körper Schutz vor mächtigeren Menschen, teils bewirkt sie, daß der Geist von der Herrschaft der Affekte frei ist. (18) Das erstere nun macht niemand zum Gegenstand einer Erörterung; denn es gibt zahllose menschliche Schicksale, und oft verloren viele sehr Vortreffliche durch widrige Zufälle die Freiheit, die sie ihrer Herkunft nach besaßen. Vielmehr befaßt sich unsere Untersuchung mit Charakteren, die sich von Begierden, Ängsten, Lüsten und Trauer nicht fesseln ließen, die gleichsam aus einem Gefängnis entkamen und die Fesseln, an die sie gekettet waren, abstreiften.[146]

---

146 Philo Prob. 17–18 (Übers. Bormann).

Von diesen aber lasse sich im Anschluß an ein Wort des Sophokles sagen, daß sie keinem sterblichen Herrscher unterworfen seien, sondern allein Gott als ihren Herren besäßen:

τῷ γὰρ ὄντι μόνος ἐλεύθερος ὁ μόνῳ θεῷ χρώμενος ἡγεμόνι, κατ᾽ ἐμὴν δὲ διάνοιαν καὶ τῶν ἄλλων ἡγεμών, ἐπιτετραμμένος τὰ περίγεια, οἷα μεγάλου βασιλέως, θνητὸς ἀθανάτου, διάδοχος.

Denn in Wirklichkeit ist nur frei, wer Gott allein als Führer hat; nach meiner Ansicht aber ist der Freie auch der Führer der andern, dem die Herrschaft über die iridischen Dinge anvertraut wurde. gleichsam der Statthalter eines unsterblichen Großkönigs, obwohl selbst sterblich.[147]

Nichts hänge so eng zusammen wie Selbständigkeit im Handeln (αὐτοπραγία) und Freiheit:

εἰ δή τις εἴσω προελθὼν τῶν πραγμάτων ἐθέλησειε διακύψαι, γνώσεται σαφῶς, ὅτι οὐδὲν ἄλλο ἄλλῳ σογγενὲς οὕτως, ὡς αὐτοπραγία, διότι πολλὰ μὲν τῷ φαύλῳ τὰ ἐμποδών, φιλαργυρία, φιλοδοξία, φιληδονία, τῷ δ᾽ ἀστείῳ τὸ παράπαν οὐδέν, ἐπανισταμένῳ καὶ ἐπιβεβηκότι καθάπερ ἐν ἄθλων ἀγῶνι τοῖς (22) καταπαλαισθεῖσιν, ἔρωτι, φόβῳ, δειλίᾳ, λύπῃ, τοῖς ὁμοιοτρόποις. ἔμαθε γὰρ ἀλογεῖν ἐπιταγμάτων, ὅσα οἱ ψυχῆς παρανομώτατοι ἄρχοντες ἐπιτάττουσι, διὰ ζῆλον καὶ πόθον ἐλευθερίας, ἧς τὸ αὐτοκέλευστον καὶ ἐθελουργὸν κλῆρος ἴδιος.

Will man aber in den Sachverhalt eindringen und ihn genau betrachten, so wird man deutlich erkennen, daß nichts miteinander so sehr verwandt ist wie selbständiges Handeln und Freiheit. Dem schlechten Menschen nämlich steht vieles im Weg, Gier nach Geld, nach Ruhm, nach Vergnügen;[148] den Tüchtigen dagegen hindert gar nichts, weil er sich gegen Liebe, Furcht, Feigheit, Trauer und ähnliches erhebt und über sie triumphiert wie der Sieger im Ringkampf über die Besiegten. (22) Er nämlich lernte, die Befehle zu mißachten, welche die ungesetzlichsten Herrscher über die Seele

[147] Philo Prob. 20 (Übers. Bormann).

[148] Vgl. Philo Decal. 142–150.

erteilen, weil er inbrünstig nach Freiheit verlangt, deren besonderes Erbteil darin besteht, sich selbst zu befehlen.[149]

Diese innere Freiheit nähme dem Menschen ebenso die Angst vor dem Tode wie die Furcht vor den Übeln, die ihn gewöhnlich versklavten. Dabei lägen die Übel nicht in den Sachen, sondern sie würden erst durch das Denken zu solchen. So verhalte es sich auch mit der Beurteilung eines Menschen als Sklaven, wenn man ihn allein aufgrund seiner Arbeit als einen solchen betrachte, während es in Wahrheit auf die Gesinnung des Menschen ankomme. Denn sie allein entscheide darüber, ob jemand ein Sklave oder ein freier Mensch sei (24–25):

ὁ μὲν γὰρ ἀπὸ ταπεινοῦ καὶ δουλοπρεποῦς φρονήματος ταπεινοῖς καὶ δουλοπρεπέσι παρὰ γνώμην ἐγχειρῶν τὴν ἑαυτοῦ δοῦλος ὄντως· ὁ δὲ πρὸς τὸν παρόντα καιρὸν ἁρμοζόμενος τὰ οἰκεῖα καὶ ἑκουσίως ἅμα καὶ τλητικῶς ἐγκαρτερῶν τοῖς ἀπὸ τύχης καὶ μηδὲν καινὸν τῶν ἀνθρωπίνων εἶναι νομίζων, ἀλλ᾽ ἐξητακὼς ἐπιμελῶς, ὅτι τὰ μὲν θεῖα αἰωνίῳ τάξει καὶ εὐδαιμονίᾳ τετίμηται, τὰ δὲ θνητὰ πάντα σάλῳ καὶ κλύδωνι πραγμάτων διαφερόμενα πρὸς ἀνίσους ῥοπὰς ταλαντεύει, καὶ γενναίως ὑπομένων τὰ συμπίπτοντα φιλόσοφος εὐθύς ἐστι καὶ ἐλεύθερος. (25) ὅθεν οὐδὲ παντὶ τῷ προστάττοντι ὑπακούσεται, κἂν αἰκίας καὶ βασάνους καί τινας φοβερωτάτας ἀπειλὰς ἐπανατείνηται, νεανιευσάμενος δὲ ἀντικηρύξει·
„ὄπτα, κάταιθε σάρκας, ἐμπλήσθητί μου
πίνων κελαινὸν αἷμα· πρόσθε γὰρ κάτω
γῆς εἶσιν ἄστρα, γῆ δ᾽ ἄνεισ᾽ ἐς οὐρανόν,
πρὶν ἐξ ἐμοῦ σοι θῶπ᾽ ἀπαντῆσαι λόγον."

Denn wer auf Grund niederer und sklavenhafter Gesinnung sich mit Niederem und Sklavenhaften entgegen seiner eigenen Meinung befaßt, ist wirklich Sklave.[150] Wer aber seine eigenen Verhältnisse entsprechend dem augenblicklichen Zeitpunkt einrichtet und zugleich freiwillig und geduldig dem, was das Schicksal bringt, standhält und glaubt, daß es nichts Neues in den menschlichen An-

[149] Pilo. Prob. 3.21.
[150] Vgl. Cic. Parad. 35.

gelegenheiten gibt,[151] sondern sorgfältig geprüft hat, daß das Göttliche sich durch ewige Ordnung und ewiges Glück auszeichnet,[152] während alles Sterbliche in der wogenden Brandung der Ereignisse herumgeschleudert wird, der ist ohne weiteres ein Philosoph und ein freier Mann. (25) Daher wird er nicht jedem beliebigen, der ihm Befehle gibt, gehorchen, selbst wenn der ihn mit Beschimpfungen, Schlägen und fürchterlichsten Androhungen unter Druck setzt, sondern er wird freimütig entgegnen:[153]

„Zünde mich an, verbrenne mein Fleisch, trinke dich voll
an meinem dunklen Blut! Denn eher werden die Sterne
unter die Erde sinken und die Erde zum Himmel aufsteigen,
als daß du von mir ein Schmeichelwort hörst!“[154]

Mit dem Euripides-Zitat aus dessen verlorenem Satyrspiel „Syleus“ faßt Philo in metaphorisch überspitzter Weise die Haltung des wahren Weisen zusammen, der über den Zufälligkeiten des Schicksals steht: Im Extremfall ließe er sich selbst durch Foltern nicht beugen, sondern bewahrte er seine innere Freiheit auch unter äußersten Leiden. Weiterhin geht es Philo darum zu zeigen, daß der Tüchtige, dessen Gesinnung fest in der Vernunft gegründet ist, auch als der richtige Herrscher über die Vielen zu betrachten sei. So habe Antisthenes die „Einsicht (als) etwas Festes und Unbeugsames“ bezeichnet und ihm „eine unerschütterliche Schwere“ zugeschrieben. Die Richtigkeit dieser These stützt Philo mit dem Hinweis auf Ex 17,20 ab, wo es heißt, daß die Hände Moses schwer wurden:

---

[151] Vgl. Cic. Tusc. III. 30; Sen. epist. 91.15; Diog. Laert. VII 123; Koh 1,9; 1.10–11.

[152] Vgl. Cic. nat. deor. II 56.

[153] Übers. Bormann.

[154] Eur. frg. 687 (Nauck). Bormann überarbeitet unter Benutzung von Seeck.

ὁ δὲ δὴ τῶν Ἰουδαίων νομοθέτης τὰς τοῦ σοφοῦ χεῖρας βαρείας εἰσάγει, διὰ συμβόλων τὰς πράξεις αἰνιττόμενος οὐκ ἐπιπολαίως ἀλλὰ παγίως ἐρηρεισμένας ἀπὸ διανοίας ἀρρεποῦς.

Der Gesetzgeber der Juden beschreibt die Hände des Weisen als schwer. Hierbei spielt er symbolisch darauf an, daß die Taten des Weisen nicht oberflächlich, sondern fest gegründet sind in einer Gesinnung, die niemals wankt.[155]

Darauf aber folgt unmittelbar in 5.30–31 eine Rühmung des wahrhaft Freien:

πρὸς οὐδενὸς οὖν ἀναγκάζεται, ἅτε καταπεφρονηκὼς μὲν ἀλγηδόνων, καταπεφρονηκὼς δὲ θανάτου, νόμῳ δὲ φύσεως ὑπηκόους ἔχων ἅπαντας ἄφρονας· ὅνπερ γὰρ τρόπον αἰγῶν μὲν καὶ βοῶν καὶ προβάτων αἰπόλοι καὶ βουκόλοι καὶ νομεῖς ἀφηγοῦνται, τὰς δ' ἀγέλας ἀμήχανον ἐπιτάξαι ποιμέσι, τὸν αὐτὸν τρόπον οἱ μὲν πολλοὶ θρέμμασιν ἐοικότες ἐπιστάτου καὶ ἄρχοντος δέονται, ἡγεμόνες δ' εἰσὶν οἱ ἀστεῖοι τὴν τῶν ἀγελαρχῶν (31) τεταγμένοι τάξιν. Ὅμηρος μὲν οὖν „ποιμένας λαῶν" εἴωθε καλεῖν τοὺς βασιλέας, ἡ δὲ φύσις τοῖς ἀγαθοῖς κυριώτερον τουτὶ τοὔνομα ἐπεφήμισεν, εἴ γε ἐκεῖνοι ποιμαίνονται τὸ πλέον ἢ ποιμαίνουσιν – ἄκρατος γὰρ αὐτοὺς ἄγει καὶ εὐμορφία πέμματά τε καὶ ὄψα καὶ τὰ μαγείρων καὶ σιτοποιῶν ἡδύσματα, ἵνα τὰς ἀργύρου καὶ χρυσοῦ καὶ τῶν σεμνοτέρων ἐπιθυμίας παραλείπω –, τοῖς δ' ὑπ' οὐδενὸς συμβέβηκε δελεάζεσθαι, νουθετεῖν δὲ καὶ ὅσους ἂν αἴσθωνται πάγαις ἡδονῆς ἁλισκομένους.

Durch nichts also kann ihm ein Zwang auferlegt werden, weil er dazu gelangt ist, Schmerzen zu verachten, den Tod gering zu schätzen, durch das Gesetz der Natur aber alle Toren zu Untertanen hat. Denn ebenso wie Ziegen und Rinder und Schafe durch Ziegen- und Rinder- und Schafhirten geleitet werden, die Herden aber unfähig sind, den Hirten zu befehlen, so bedarf die Menge, dem Herdenvieh vergleichbar, eines Vorstehers und Herrschers. Führer aber sind die Tüchtigen (ἀστεῖοι), die zur Leitung der Herde bestimmt sind. (31) Homer pflegt die Könige ‚Völkerhirten' zu nennen,[156] die Natur aber legte den Guten diesen Namen mit größerer Genauigkeit zu, da jene meistens mehr regiert werden als

[155] Philo Prob. 29 (Übers. Bormann).

[156] Vgl. z. B. Hom. Il. I 263; II 243.

regieren. Ungemischter Wein nämlich leitet sie, Wohlgestalt, Backwerk und Braten, sowie die von Köchen und Bäckern bereiteten Leckerbissen, nicht zu reden von ihrem Silber und Gold und ihren hochtrabenden Wünschen. Den Tüchtigen aber kommt es zu, sich von nichts ködern zu lassen, sondern diejenigen zu tadeln, die sie in den Banden der Lust gefangen sehen.[157]

## *6.3. Der zweite Beweisgang und die naturrechtliche Begründung des Rechts*

Doch wenden wir uns nach diesem Beispiel, an dem sich der protreptische, mahnende und erziehende Charakter der Schrift ablesen läßt, wieder ihrem Gesamtaufbau zu: In 32–97 folgen dann als Beleg für die Wahrheit des Satzes, daß nur der sittlich Gute frei ist, Beispiele aus Vergangenheit und Gegenwart, die demonstrieren, daß innere Freiheit durch äußere Gewalt nicht zu brechen ist. Gerade in diesem Beweisgang hat Philo seine grundsätzlichen Gedanken über die naturrechtliche Begründung der richtigen Vernunft und der Gesetzgebung eingefügt, die bei Cicero in *De legibus* ihre auffallende Entsprechung besitzt. Nachdem er in 7.45 festgestellt hatte, daß nur die Menschen wirklich frei sind, die ein Leben nach dem νόμος, dem Gesetz führen, erklärt er in 46–47, daß der ὀρθὸς λόγος, die „aufrechte" oder „richtige Vernunft" das unfehlbare Gesetz, den νόμος ἀψευδής darstellt, das dank seiner unvergänglichen Natur unsterblich dem unsterblichen Geist (διάνοια) eingeprägt ist.[158] Entsprechend ist der ὀρθὸς λόγος seinerseits die Quelle aller anderen Gesetze, während er gleichzeitig dem Weisen die Freiheit gibt, dem, was er vorschreibt oder verbietet zu gehorchen:[159]

---

157 Philo Prob. 30–31 (überarb. Übers. Bormann).

158 Zu Philos Vorstellungen vom Geschick der Seele vgl. Cher. 114.

159 Vgl. Abr. 16; VitMos. II 8–9.

νόμος δὲ ἀψευδὴς ὁ ὀρθὸς λόγος, οὐχ ὑπὸ τοῦ δεῖνος ἢ τοῦ δεῖνος, θνητοῦ φθαρτός, ἐν χαρτιδίοις ἢ στήλαις, ἄψυχος ἀψύχοις, ἀλλ᾿ ὑπ᾿ ἀθανάτου φύσεως ἄφταρτος ἐν ἀθανάτῳ διανοίᾳ τυπωθείς. (47) διὸ καὶ θαυμάσαι ἄν τις τῆς ἀμβλυωπίας τοὺς τρανὰς οὕτω πραγμάτων ἰδιότητας μὴ συνορῶντας, οἳ μεγίστοις μὲν δήμοις Ἀθήναις καὶ Λακεδαίμονι πρὸς ἐλευθερίαν αὐταρκεστάτους εἶναί φασι τοὺς Σόλωνος καὶ Λυκούργου νόμους κρατοῦντάς τε καὶ ἄρχοντας πειθαρχούντων αὐτοῖς τῶν πολιτευομένων, σοφοῖς δὲ ἀνδράσι τὸν ὀρθὸν λόγον, ὃς καὶ τοῖς ἄλλοις ἐστὶ πηγὴ νόμοις, οὐχ ἱκανὸν εἶναι πρὸς μετουσίαν ἐλευθερίας ὑπακούουσι πάντων, ἅττ᾿ ἂν ἢ προστάττῃ ἢ ἀπαγορεύῃ.

Das untrügliche Gesetz aber ist die aufrechte Vernunft. Es ist nicht von einem beliebigen Sterblichen aufgeschrieben und so selbst sterblich, es steht nicht auf unbeseeltem Papier oder Säulen und ist so selbst unbeseelt, sondern es wurde von der unsterblichen Natur als unsterbliches der unsterblichen Vernunft eingeprägt. (47) Deshalb mag man sich wohl wundern über die Kurzsichtigkeit derer, die so deutliche Besonderheiten nicht erkennen, sondern behaupten, für die größten Staaten, Athen und Sparta, reichten die Gesetze Solons und Lykurgs völlig aus, ihre Freiheit zu gewährleisten. Die aufrechte Vernunft aber, die auch Quelle der andern Gesetze ist, genügt ihrer Ansicht nach nicht, weise Männer, die all ihren Geboten oder Verboten gehorchen, in den Besitz der Freiheit kommen zu lassen.[160]

Andererseits sind für Philo die von Mose gegebenen Gesetze deshalb die besten, weil sie unmittelbar von Gott kommen und unerschütterlich in Geltung bleiben, weil sie die Siegel der φύσις, der Natur selbst tragen. Sachlich besitzt das naturrechtliche Gesetzesverständnis Philos bei Cicero seine Entsprechung. Bei ihm heißt es in *De legibus* I 33:

*Ius quod dicam natura esse, tantam autem esse corruptelam malae consuetudinis, ut ab ea tamquam igniculi exstinguantur a natura dati, exorianturque et confirmentur vitia contraria. Quodsi, quo modo est natura, sic iudicio homines humani – ut ait poeta – nihil a se alienum putarent, coleretur ius aeque ab omnibus. Quibus enim ratio a natura*

[160] Prob. 46–47 (Übers. Bormann).

*data est, isdem etiam recta ratio data est; ergo et lex, quae est recta ratio in iubendo et vetando; si lex, ius quoque. Et omnibus ratio: ius igitur datum est omnibus …*

Das, was ich Recht nenne, ist zwar von Natur aus vorhanden, das Übel der schlechten Gewohnheit ist aber so groß, daß dadurch seine natürlichen Ansätze im Keim erstickt werden und Fehler mit entgegengesetzter Wirkung entstehen und sich festsetzen. Wenn aber die Menschen in Übereinstimmung mit der Natur auch zu der Überzeugung kämen, daß ihnen – wie der Dichter sagt – nichts Menschliches fremd ist, dann würde das Recht von allen gleichermaßen geachtet. Denn wem die Natur Vernunft gab, dem gab sie ebenso auch die richtige Vernunft; also gab sie ihm auch das Gesetz, das die richtige Vernunft auf dem Gebiet des Befehlens und Verbietens ist; wenn das Gesetz, dann auch das Recht. Und alle besitzen die Vernunft: Demnach ist allen das Recht gegeben …[161]

Philo weiß ebenfalls, daß die Menge andere Dinge im Kopf hat und andere Ziele als der Weise verfolgt. Daher sind es nur wenige (oder eine Gemeinschaft wie die der Essener Prob. 75–87), zudem halten sie sich von der Menge fern, um über das, was die Natur ihnen zeigt, nachzudenken und darum zu beten,[162] daß das Leben der anderen geändert werde, weil die Tugend dem gemeinsamen Wohl dient (Prob. 63).[163] Es ist offensichtlich, daß Philo dabei an das Gebet um die Umkehr oder Bekehrung der Frevler und der Völker als die Voraussetzung für das Kommen der Heilszeit denkt.[164] Naturrecht und biblisches Gesetz liegen für Philo auf der gleichen Ebene: Das Gesetz vom Sinai ist der Inbegriff der *lex naturae*.[165] Es besitzt einen wörtlichen und einen symbolischen oder allegorischen Sinn.

161 Übers. Nickel.
162 Vgl. auch Philo VitCont. 66.
163 Zur Bedeutung der Buße bei Philo vgl. Praem. 15–16.
164 Vgl. Praem. 26 und 169.
165 Philo VitMos. II 12–14.

Daher kann Philo denen, die nach Weisheit, Besonnenheit, Männlichkeit und Gerechtigkeit und also nach den vier Tugenden suchen, in Anspielung auf Dtn 33,11–12 erklären, sie brauchten nicht über Land zu reisen oder über das Meer zu fahren (68):[166]

καίτοι τίς ἢ μακρᾶς ὁδοιπορίας ἢ τοῦ θαλαττεύειν ἐστὶ χρεία πρὸς ἔρευναν καὶ ζήτησιν ἀρετῆς, ἧς τὰς ῥίζας ὁ ποιῶν οὐ μακρὰν ἀλλ᾿ οὑτωσὶ πλησίον ἐβάλετο; καθάπερ καὶ ὁ σοφὸς τῶν Ἰουδαίων νομοθέτης φησίν. „ἐν τῷ στόματί σου καὶ ἐν τῇ καρδίᾳ σου καὶ ἐν ταῖς χερσί σου," αἰνιττόμενος διὰ συμβόλων λόγους, βουλάς, πράξεις.

Indessen, welche Notwendigkeit besteht, große Reisen zu Lande oder zu Wasser zu unternehmen, um die Tüchtigkeit zu erforschen und aufzuspüren, da doch ihr Schöpfer ihre Wurzeln nicht weit entfernt, sondern so nahe einpflanzte? So sagt auch der weise Gesetzgeber der Juden: „In deinem Mund und in deinem Herzen und in deinen Händen", wobei er sinnbildhaft auf Worte, Entschlüsse und Taten anspielt.

Dabei setzt Philo voraus, was er Abr. 243–244 ausführt, daß der λόγος, die Vernunft, die Wurzel der Tugenden ist. Im Hintergrund seiner ganzen Lehre vom Naturrecht steht seine Überzeugung, daß sich der Kosmos in harmonischer Übereinstimmung mit dem νόμος, dem Gesetz befindet und umgekehrt der νόμος, das Gesetz, in der mit dem Kosmos befindet. (Opif. 3).[167]

### *6.4. Der abschließende Beweisgang für die These, daß die Freiheit das höchste Gut ist*

In 15.98–21.157 wird die Richtigkeit der These, daß die Freiheit das höchste Gut und die Sklaverei das größte Übel

166 Vgl. Praem. 80–81.

167 Vgl. dazu und zum identischen philosopischen Hintergrund bei Cicero Termini, Historical Part, 265–295, bes. 279–287.

ist, durch Zitate von Dichtern und durch Beispiele aus der Geschichte erhärtet. In 22.158–160 zieht Philo dann die lehrhafte Summe, daß es an der Zeit seit, die leere Meinung (κενὴ δόξα), das Vorurteil der Vielen, hinter sich zu lassen und sich zu weigern, Freiheit nur den Besitzern bürgerlicher Rechte und Sklaverei nur gekauften oder im Hause aufgezogenen Dienern zuzuschreiben, ohne dabei die Natur der Seele zu berücksichtigen:

εἰ μὲν γὰρ πρὸς ἐπιθυμίας ἐλαύνεται ἢ ὑφ᾽ ἡδονῆς δελεάζεται ἢ φόβῳ ἐκκλίνει ἢ λύπῃ στέλλεται ἢ ὑπ᾽ ὀργῆς τραχηλίζεται, δουλοῖ μὲν αὑτήν, δοῦλον δὲ καὶ τὸν ἔχοντα μυρίων δεσποτῶν ἀπεργάζεται· εἰ δὲ φρονήσει μὲν ἀμαθίαν, σωφροσύνῃ δ᾽ ἀκολασίαν, δειλίαν δὲ ἀνδρείᾳ καὶ πλεονεξίαν δικαιοσύνῃ κατηγωνίσατο, τῷ ἀδουλώτῳ καὶ τὸ ἀρχικὸν προσείληφεν.

Denn wenn sie von der Begierde angestachelt wird oder sich von der Lust berücken läßt oder durch die Furcht von ihrem Wege abgebracht oder durch die Trauer in sich zusammengedrückt oder unter dem Zugriff des Zornes hilflos ist, dann versklavt sie sich selbst, macht aber auch den Menschen, dessen Seele sie ist, zum Sklaven unzähliger Herren. Wenn sie aber Unwissen durch Wissen, Zügellosigkeit durch Besonnenheit, Feigheit durch Tapferkeit und Habsucht durch Gerechtigkeit bezwingt, hat sie nicht nur Freiheit von Sklaverei, sondern auch Herrscherwürde erlangt.[168]

Es ist der Besitz der *einen,* sich in den vier Aspekten der Umsicht, Selbstbeherrschung, Tapferkeit und Gerechtigkeit manifestierenden Tugend oder Bestform, der ἀρετή,[169]

---

[168] Philo Prob. 159 (Übers. Bormann).

[169] Vgl. auch Philo Virt. Hier setzt er mit der Feststellung ein, daß die Gerechtigkeit bereits hinreichend behandelt sei (vgl. SpecLeg. IV 132–238), um dann die ἀνδρεία den Mut, die φιλανθρωπία oder Menschenliebe, die μετάνοια oder Umkehr und die εὐγένεια, die Wohlgeburt, zumal an Beispielen aus dem Pentateuch zu behandeln. Philo fügt zu den vier klassischen Tugenden noch die Frömmigkeit und die Menschenliebe hinzu. Als Ursprung der Tugend bezeichnet er in Virt. 8–9 die philosophische Bildung des Weisen.

die den wahrhaft Freien vom Sklaven unterscheidet, also eine Sache weder der Geburt noch des Rechts, sondern der Haltung, des Charakters ist. Jungen Seelen aber, die weder Tugend noch Laster kennen, müßte rechtzeitig statt der Milch die sanfte Speise der Unterweisung und später die harte Kost der Philosophie gegeben werden, damit sie als Männer zu dem glückverheißenden Ziel (τέλος αἴσιον) gelangten, zu dem Zenon oder ein höheres Orakel einlädt, nämlich in Übereinstimmung mit der Natur zu leben (τὸ ἀκολούθως τῇ φύσει ζῆν).[170]

## 7. Rückblick und Ausblick

Kein Zweifel: die praktische stoische Philosophie, deren Paradoxa die Konsequenzen ihrer grundlegenden Handlungsanweisung, der Natur und den Tugenden gemäß zu leben, am deutlichsten zum Ausdruck bringen, ließ sich ebenso von einem auf den *mos maiorum,* die Sitte der Vorfahren, pochenden römischen Politiker und Staatsphilosophen wie von einem jüdischen Religionsphilosophen, für den das seinem Volk von Gott durch Mose gegebene Gesetz der Inbegriff des naturgemäßen Gesetzes und Lebens war, übernehmen und verteidigen. Was der eine im Blick auf das Wohl der *res publica* anwandte, trat bei dem anderen in einen Horizont, der alle Völker einschloß, weil für Philo das jüdische Gesetz der Inbegriff des Naturrechts war und es mithin alle Menschen aller Völker betraf. Das stoische Ideal des selbstbeherrschten Weisen aber besaß durchaus seine Entsprechungen in der biblischen Weisheit mit ihren

[170] Philo Prob. 160. SVF I 179 c.

Entgegensetzungen des Weisen und des Toren.[171] Dem Grundgedanken der Stoiker, daß der Mensch sich dank des Adels seiner Seele über das Schicksal zu erheben und selbst in Ketten innerlich frei zu sein vermag, läßt sich immerhin das Gottvertrauen an die Seite stellen, kraft dessen der Fromme auch in bösen Tagen seinem Gott die Treue hält.[172] Es ist eine Grunderfahrung, daß der Mensch nur durch die entschlossene Übernahme seiner Endlichkeit von seiner Angst vor dem Tode befreit werden kann.[173] Der Stoiker schöpft aus ihr die Kraft, sich innerlich durch Schicksalsschläge nicht zerbrechen zu lassen und dadurch seine Würde als ζῷον λόγον ἔχον καὶ πολιτικόν, als ein die Welt im Wort versammelndes und zum Mitsein bestimmtes Wesen zu bewahren.[174] Aber die biblische Hoffnung, die sich auf die Verheißung des ewigen Lebens gründet, stellt

[171] Vgl. dazu Hausmann, Studien zum Menschenbild, 9–36, bes. 33–36.

[172] Vgl. z.B. Ps 37, unter dem Vorzeichen der eschatologischen Hoffnung Ps 73 und zu beiden Kaiser, Jahwes Gerechtigkeit, 264–267 und 308–332.

[173] Vgl. Heidegger, Sein und Zeit, 260–266.

[174] Aristot. pol. 1253a 1–10 Vgl. Heidegger, Sein und Zeit, 264: „Frei für die eigensten, vom Ende her bestimmten, das heißt als endliche verstandenen Möglichkeiten, bannt das Dasein die Gefahr, aus seinem endlichen Existenzverständnis her die es überholenden Existenzmöglichkeiten der Anderen zu verkennen oder aber sie mißdeutend auf die eigene zurückzuzwingen – um sich so der eigensten faktischen Existenz zu begeben. Als unbezügliche Möglichkeit vereinzelt der Tod aber nur, um als unüberholbare das Dasein als Mitsein verstehend zu machen für das Seinkönnen der Anderen. Weil das Vorlaufen in die unüberholbare Möglichkeit alle ihr vorgelagerten Möglichkeiten mit erschließt, liegt in ihm die Möglichkeit eines existentiellen Vorwegnehmens des ganzen Daseins, das heißt die Möglichkeit, als ganzes Seinkönnen zu existieren." Zur christlichen Weise der Selbstübernahme als Selbstübergabe an Gott vgl. Kaiser, Furcht, 39–76, bes. 55–60.

die von der Vernunft ermöglichte Distanz zur Welt und zum Schicksal in einen neuen, positiven Horizont, weil sie die Kraft enthält, sich in Erwartung der ewigen Gemeinschaft mit Gott über die Nöte einer vergehenden Welt zu erheben, die der Apostel auf die Formel des ὡς μή, des „als ob nicht", gebracht hat (1 Kor 7,29–31).[175]

[175] Vgl. dazu Bultmann, Optimismus und Pessimismus, 811–833 (ders., Glaube und Verstehen IV, 69–90).

# Quellenverzeichnis[1]

## Textsammlungen

O. KAISER (Hg.), Texte aus der Umwelt des Alten Testaments. Bd. 2: Religiöse Texte, Gütersloh 1991

H. DIELS, Die Fragmente der Vorsokratiker. Griechisch und deutsch, 6.Aufl. hg. v. W. Kranz, 3 Bde., Berlin 1906ff

G. S. KIRK/J. E. RAVEN/M. SCHOFIELD, Die Vorsokratischen Philosophen. Einführung, Texte und Kommentare. Ins Deutsche übers. v. K. Hülser, Stuttgart/Weimar 1994

A.A. LONG/D.N. SEDLEY, The Hellenistic Philosophers I: Translations of the Principal Sources, with Philosophical Commentary, II: Greek and Latin Texts. With Notes and Bibliography, Cambridge 1987

A.A. Long/D.N. Sedley, Die hellenistischen Philosophen. Texte und Kommentare. Übers. v. K. Hülser, Stuttgart/Weimar 1999

H. VON ARNIM, Stoicorum veterum fragmenta, Leipzig 1901ff

E. LOHSE, Die Texte aus Qumran. Hebräisch und Deutsch, Darmstadt [4]1986

[1] In den Fußnoten werden die antiken Quellen in der Regel nach dem Abkürzungsverzeichnis des „Neuen Pauly“ (DNP) abgekürzt. Die Abkürzungen der biblischen Bücher und die übrigen Abkürzungen folgen in der Regel dem Abkürzungsverzeichnis der „Theologischen Realenzyklopädie“ (TRE).

## Griechische und lateinische Autoren

*Aelian*

– Claudius Aelianus, Varia Historia. Ed. M.R. Dilts, Leipzig 1974

*Aischylos*

– Aeschyli septem quae supersunt tragoediae. Rec. G. Murray, Oxford 1938
– Die Tragödien und Fragmente. Übertr. v. J. G. Droysen, hg. v. E. Nestle. Mit einem Nachwort von W. Jens, Stuttgart 1962
– Tragödien. Griechisch – deutsch. Übers. v. O. Werner. Hg. v. B. Zimmermann, Düsseldorf $^{5}$1996

*Appian*

– Roman History. With an English Translation by H. White, Cambridge, Mass./London 1913

*Aratus*

– Phainomena, in: Callimachus, Hymns and Epigramms. Lycophron. Ed. A.W. Mayr, Aratus. With an English Translation. Ed. G.R. Mayr, Cambridge, Mass./London 1960

*Aristophanes*

– I (Acharnes, Equites, Nubes, Vespae, Pax, Ares). Rec. F.W. Hall/W.M. Geldart, Oxford 1906
– Komödien. Hg. mit Einleitung u. Nachwort v. H.-J. Newiger. Neubearb. d. Übers. v. L. Seeger (Frankfurt a. M. 1845–1848). Mit Anm. v. H.-J. Newiger u. P. Rau, München/Darmstadt 1968

*Aristoteles*

– Aristotle in Twenty-Three Volumes, Cambridge, Mass./London 1926ff
– Ethica Nicomachea. Rec. I. Bywater, Oxford 1894
– Metaphysica. Rec. W. Jaeger, Oxford 1957
– Metaphysik. Übers., mit Einl. u. Anm. versehen v. H. G. Zekl, Würzburg 2003
– Physica. Rec. W.D. Ross, Oxford 1950

– Werke in deutscher Übersetzung, hg. v. E. Grumach, fortgef. v. H. Flashar, Darmstadt 1956ff
– Nikomachische Ethik. Nach der Übers. v. E. Rolfes überarb. v. G. Bien, Hamburg 1995
– Die Nikomachische Ethik. Griechisch – deutsch. Übers. v. O. Gigon, neu hg. v. R. Nickel, Düsseldorf/Zürich 2001
– Eudemische Ethik. Übers. v. F. Dirlmeier, hg. v. E. Grumach, Darmstadt 1979
– Nikomachische Ethik. Übers. und Nachw. v. F. Dirlmeier, Anm. von E. A. Schmidt, Stuttgart 1956
– Kategorien. Griechisch – deutsch. Hg., übers., mit Einl. u. Anm. versehen v. H. G. Zekl, Hamburg 1998
– Pseudo-Aristoteles. On the cosmos. Transl. by D. J. Furley, Cambridge, Mass./London 2000

*Caesar*

– Alexandrian War. African War. Spanish War. With an English Translation by A.G. Way, Cambridge, Mass./London 1955

*Cassius Dio*

– Roman History. With an English Translation by E. Cary on the Basis of the Version of H. B. Foster in Nine Volumes, Cambridge, Mass./London 1914ff

*Cicero*

– Atticus-Briefe. Lateinisch – deutsch. Hg. und übers. v. H. Kasten, München/Zürich [4]1990
– Cato Maior. Über das Alter. Laelius. Über die Freundschaft. Lateinisch – deutsch. Hg. v. M. Faltner. Mit einer Einf. v. G. Fink, München/Zürich [2]1993
– De divinatione. Über die Wahrsagung. Lateinisch – deutsch. Hg., übers. u. erl. v. C. Schäublin, München/Zürich 1991
– De finibus bonorum et malorum. Über die Ziele des menschlichen Handelns. Lateinisch – deutsch. Hg., übers. u. komm. v. O. Gigon/L. Straume-Zimmermann, München/Zürich 1988
– De legibus. Paradoxa Stoicorum. Über die Gesetze. Stoische Paradoxien. Lateinisch – deutsch. Hg., übers. u. erl. v. R. Nickel, Düsseldorf/Zürich [2]1994

– De natura deorum. Vom Wesen der Götter III. Lateinisch – deutsch. Hg., übers. u. erl. v. W. Gerlach/K. Bayer, München/Zürich [2]1987
– De officiis. Vom rechten Handeln. Lateinisch – deutsch. Hg. u. übers. v. K. Büchner, Düsseldorf/Zürich [4]2001
– De officiis. Vom pflichtgemäßen Handeln. Lateinisch – Deutsch. Übers., komm. und hg. v. H. Gundermann. Durchges. u. erweit. Ausgabe, Stuttgart 2003 (2005)
– Gespräche in Tusculum = Tusculanae disputationes. Lateinisch – deutsch. Mit ausführl. Angaben neu hg. v. O. Gigon, München/Zürich [6]1992
– Hortensius. Lucillus. Academici Libri. Lateinsch – deutsch. Hg., übers. u. komm. v. L. Straume-Zimmermann/F. Broemer/O. Gigon, München/Zürich 1990
– De legibus. Über die Gesetze. Stoicorum Paradoxa. Stoische Paradoxien. Lateinisch – deutsch. Hg., übers. u. erl. v. R. Nickel, Düsseldorf/Zürich [2]2002
– Orator. Der Redner. Lateinisch – Deutsch. Übers. u. hg. v. H. Merklin, Stuttgart 2004
– Über die Wahrsagung. De divinatione. Lateinisch – deutsch. Hg., übers. u. erl. v. C. Schäublin, München/Zürich 1991
– Philippische Reden gegen M. Antonius. Erste und zweite Rede. Lateinisch – deutsch. Übers. u. hg. v. M. Giebel. Bibliogr. ergänzte Ausgabe Stuttgart 1998
– Vom pflichtgemäßen Handeln. De officiis. Lateinisch – deutsch. Übers., komm. u. hg. v. H. Gundermann, Stuttgart 1976
– Ziele des menschlichen Handelns. De finibus bonorum et malorum. Lateinisch – deutsch. Text u. Übers. hg. u. komm. v. O. Gigon/L. Straume-Zimmermann, München/Zürich 1988
– Über das Fatum. Lateinisch – deutsch. Hg. v. K. Bayer, München 1963
– Vom Wesen der Götter. De natura deorum. Lateinisch – deutsch. Hg., übers. u. erl. v. W. Gerlach/K. Bayer, München/Zürich 1987

*Diogenes Laertius*

- Leben und Meinungen berühmter Philosophen,. Übers. O. Apelt. U. Mitw. v. H. G. Zekl neu hg. v. K. Reich, Hamburg $^{2}$1967
- Lives of Eminent Philosophers. With an English translation by R.D. Hicks, Cambridge, Mass./London 1925

*Epiktet*

- The Discourses as Reported by Arrian, the Manual and Fragments. With an English Translation by W.A. Oldfather, Cambridge, Mass./London 1946ff
- Epiktet Teles Musonius Ausgewählte Schriften. Griechisch – deutsch. Hg. u. übers. v. R. Nickel, Zürich 1994

*Epikur*

- Epicurea ed. H. Usener, Leipzig 1887

*Euripides*

- Sämtliche Tragödien und Fragmente VI: Fragmente. Der Kyklop. Rhesos. Fragmente übers. G. A. Seeck. Der Kyklop übers. J.J.C. Donner. Rhesos übers. W. Binder. Hg. v. G.A. Seeck, München = Darmstadt 1981

*Aulus Gellius*

- Die Attischen Nächte I–II. Zum ersten Male vollständig übers. u. m. Anm. versehen v. F. Weiss, Leipzig 1875

*Heraklit*

- Fragmente. Griechisch und deutsch. Hg. v. B. Snell, München/ Darmstadt, $^{4}$1976

*Herodot*

- Historien. I–II. Griechisch – deutsch. Hg. v. J. Feix, Düsseldorf/Zürich $^{6}$2000
- Historiae. I–II. Rec. C. Hude, Oxford $^{3}$1927

*Hesiod*

- Theogonie. Griechisch und deutsch. Hg. u. übers. A. von Schirnding, Düsseldorf/Zürich $^{3}$2003
- Theogony. Ed. with Prologomena and Commentary M. L. West, Oxford 1966

*Homer*

- Odyssee. Verdeutscht v. T. v. Scheffer, Leipzig 1938
- Opera rec. D. B. Munro et T. W. Allen I–II$^{3}$, III–IV$^{2}$, Oxford 1920

*Titus Livius*

- Römische Geschichte I–III. Lateinisch – deutsch hg. v. H. J. Hillen, Düsseldorf/Zürich $^{2}$1997

*Marc Aurel*

- Wege zu sich selbst. MARKOU ANTΩNINOU AUTOKPATOPOS TA EIS EAUTON. Griechisch – Deutsch. Hg. u. übers. v. R. Nickel, München/Zürich 1990

*Musonius*

- siehe Epiktet, Teles, Musonius

*Platon*

- Opera rec. J. Burnet, Oxford 1899ff
- Werke in acht Bänden. Griechisch und deutsch, hg.v. G. Eigler, Darmstadt 1977–1990
- Timaios. Griechisch und deutsch. Hg., übers., mit einer Einl. u. Anm. v. H. G. Zekl, Hamburg 1992

*Plutarch*

- Lives in Eleven Volumes. With an English Translation by B. Perrin, Cambridge, Mass./London 1914ff
- Große Griechen und Römer I–VI. Eingel. und übers. v. K. Ziegler, Zürich/Stuttgart 1954–1965
- Moralia in sixteen volumes. With an English Translation by H. Cherniss, Cambridge, Mass./London 1927ff

*Porphyrius*

– siehe Aristoteles, Kategorien

*Poseidonius*

– ed. by L. Edelstein and I. G. Kidd. I: The Fragments, 2. Aufl. Cambridge U.K. 1989; III: The Translation of the Fragments, Cambridge U.K. 1999

*Sallust*

– Werke. Lateinisch – deutsch v. W. Eisenhut/J. Lindauer, 2. Aufl. Zürich 1996

*Seneca*

– Philosophische Schriften. Lateinisch u. deutsch, hg. v. M. Rosenbach, Darmstadt 1995
– Seneca in Ten Volumes. With an English Translation by F. J. Miller, Cambridge, Mass./London 1968ff
– Dialogorum libri duodecim, rec. L.D. Reynolds, Oxford 1977ff
– Naturales quaestiones. Naturwissenschaftliche Untersuchungen. Lateinisch – Deutsch. Übers. u. hg. v. O. u. E. Schönberger, Stuttgart 1990
– De otio. Über die Muße. De providentia. Über die Vorsehung. Lateinisch/Deutsch. Übers. u. hg. v. G. Krüger, Stuttgart 1996

*Sueton*

– Die Kaiserviten. Lateinisch – deutsch. Hg. u. übers. v. H. Martinet, Düsseldorf/Zürich 2000

*Tacitus*

– Annalen. Lateinisch – deutsch. Hg. v. E. Heller mit einer Einf. v. M. Fuhrmann, Düsseldorf/Zürich $^{4}$2002
– Historien. Lateinisch – deutsch. Hg. v. J. Borst Mitarb. H. Hross u. H. Borst, Düsseldorf/Zürich $^{6}$2002

*Teles*

– siehe Epiktet, Teles, Musonius

*Velleius Paterculus*

– Historia Romana. Lateinisch – deutsch. Übers. u. hg. v. M. Giebel, 2. bibliographisch ergänzte Ausgabe Stuttgart 1992

*Xenophon*

– Erinnerungen an Sokrates. Griechisch – deutsch. Hg. v. P. Jaerisch, München ³1980

## Jüdische Schriften

*Philo von Alexandrien*

– Opera quae supersunt. Editio maior. Hg. L. Cohn u. P. Wendland, I–VII, Berlin 1896–1930
– Die Werke in deutscher Übersetzung. Hg. L. Cohn, I. Heinemann, M. Adler u. W. Theiler, I–VII, Berlin ²1962 u. 1964
– Philo in Ten Volumes. With an English Translation by F.H. Colson and G.H. Whitacker, Cambridge, Mass./London 1929–1962

*Ben Sira*

– La sabiduría del escriba. Wisdom of the Scribe. Edición diplomática de la version siraca del libro de Ben Sira según el Códice Ambrosiano con traducción española e inglésa. Diplomatic Edition on the Syriac Version of the Book of Ben Sira according to Codex Ambrosianus with Translations in Spanish and English. By N. Calduch-Benages, J. Ferrer and J. Liesen, Estella (Navarra) 2003
– Ecclesiastico. Testo ebraico con apparato critico e versione greca, latina e siriaca a cura di F. Vattioni, Napoli 1968
– Sapientia Iesu Filii Sirach, ed. J. Ziegler, 2. durchges. Aufl. Göttingen 1980
– G. Sauer, Jesus Sirach (Ben Sira), Gütersloh 1981
– The Ben Sira Scroll from Masada. With an Introduction, Emendations and Commentary by Y. Yadin, Jerusalem 1995
– The Book of Ben Sira in Hebrew. A Text Edition of all Extant Hebrew Manuscripts and A Synopsis of all Parallel Hebrew Ben Sira Texts by P. C. Beentjes, Leiden/New York/Köln 1997

*Qumran-Texte*

– Damascus Document, War Scroll and Related Documents, ed. J.H. Charlesworth and others, Tübingen/Louisville 1993
– Damascus Document II, Some Works of the Torah, and Related Documents, ed. J.H. Charlesworth and others, Tübingen/Louisville 2006
– Rule of Community and Related Documents, ed. J.H. Charlesworth and others, Tübingen/Louisville 1994

# Literaturverzeichnis

A.W.H. Adkins, *Merit and Responsibility*. A Study in Greek Values, Chicago 1975 (Oxford 1960)

G. Alföldy, *Römische Sozialgeschichte*, Wiesbaden [4]1984

R.A. Argall, I Enoch and Sirach. A Comparative Literary and Conceptual Analysis of the Themes of Revelation, Creation and Judgment, Atlanta 1995

J. Assmann, *Re und Amun*. Die Krise des polytheistischen Weltbilds im Ägypten der 18.–20. Dynastie, Freiburg, Schweiz/Göttingen 1983

A.E. Astin/F.W. Walbank/M.W. Frederiksen/R.M. Ogilvie (Hgg.), *Rome* and the Mediterranean to 133 B.C., Cambridge 1989

C.K. Barrett, The *Acts* of Apostles II, London/New York 2002

J. Becker, Das *Heil Gottes*. Heils- und Sündenbegriffe in den Qumrantexten und im Neuen Testament, Göttingen 1964

P.C. Beentjes (Hg.), The *Book of Ben Sira* in Modern Research. Proceedings of the First International Ben Sira Conference 28.–31. July Soesterberg, Netherlands, Berlin/New York 1997

H. Bengtson, *Grundriß* der römischen Geschichte. Mit Quellenkunde I: Republik und Kaiserzeit bis 284 n. Chr., München [2]1970

K.-H. Bernhardt, *Amenophis* IV. und Psalm 104, MIO 15, 1969, 193–206

E. Bickermann, Der *Gott der Makkabäer*. Untersuchungen zu Sinn und Ursprung der makkabäischen Erhebung, Berlin 1937

E. Bickerman, The *God of the Maccabees*. Studies in the Meaning and Origin of the Maccabean Revolt, transl. E.R. Moehring, Leiden 1979

J. Bleicken, Geschichte der römischen Republik, München [4]1992

S. Bobzin, *Determinism and Freedom* in Stoic Philosophy, Oxford 1998

P. Borgen, *Philo* of Alexandria, in: M.E. Stone, Jewish Writings, 233–282

C. Boubonich, *Plato's Utopia* Recast. His Later Ethics and Politics, Oxford 2002

A.K. Bowman/E. Champlin/A. Lintott (Hgg.), The Augustan *Empire* 43 B.C-A.D. 69, Cambridge 1996

C.A. and E.G. Briggs, Critical and Exegetical Commentary on The *Book of Psalms* I–II, Edinburgh 1907 (ND 1969)

K. Bringmann, *Geschichte der römischen Republik*, München 2002

K. Bringmann, *Hellenistische Reform* und Religionsverfolgung in Judäa. Eine Untersuchung zur jüdisch-hellenistischen Geschichte (175–165 v. Chr.), Göttingen 1983

J. Briscoe, The *Second Punic War*, in: A.E. Astin u.a., Rome, 44–80

R. Bultmann, *Optimismus und Pessimismus* in Antike und Christentum, Univ. 16, Stuttgart 1961, 9–21 = ders., Glauben und Verstehen IV, 69–90.

R. Bultmann, Glauben und Verstehen, Ges. Aufs. IV, Tübingen 1965

F. Buddensiek, Die *Theorie des Glücks* in Aristoteles' Eudemischer Ethik, Göttingen 1999

W. Burkert, *Griechische Religion* der archaischen und klassischen Epoche, Stuttgart u. a. 1977

N. Calduch-Benages, Trial Motive in the Book of Ben Sira with Special Reference to Sir 2,1–6, in: P.C. Beentjes, Book of Ben Sira, 95–111

N. Calduch-Benages, Un *gioiello* di sapienza. Leggendo Siracide 2, Milano 2001

N. Calduch-Benages/J. Vermeylen (Hgg.), *Treasures* of Wisdom. Studies in Ben Sira and the Book of Wisdom, Leuven 1999

L. Canfora, *Caesar*. Der demokratische Diktator. Übertrg. v. R. Seuß, München 2001

J.H. Charlesworth, Graphic Concordance to the Dead Sea Scrolls, Tübingen und Louisville 1991

B. Childs, *Isaiah* and the Assyrian Crisis, London 1967

K. Christ, *Caesar.* Annäherung an einen Diktator, München 1994

K. Christ, *Geschichte der römischen Kaiserzeit* von Augustus bis Konstantin, München [3]1995

K. Christ, *Krise und Untergang* der römischen Republik, Darmstadt [4]2000

K. Christ, *Pompejus.* Der Feldherr Roms. Eine Biographie, München 2004

J.J. Collins, *Jewish Wisdom* in the Hellenistic Age, Edinburgh 1998

H. Conzelmann, Die *Mutter der Weisheit*, in: E. Dinkler, Zeit und Geschichte, 225–234

H. Conzelmann, Die *Apostelgeschichte*, Tübingen [2]1972

J. Corley/V. Skemp (Hgg.), *Intertextual Studies* in Ben Sira and Tobit. Essays in Honour of A.A. Di Lella, Washington D.C. 2005.

J. Corley, An Intertextual Study of *Proverbs and Ben Sira*, in: ders./V. Skemp, Intertextual Studies, 155–182

J.A. Crook, Augustus: power, authority, achievement, in: A.K. Bowman u.a., Empire, 113–146

F. Crüsemann, Studien zur *Formgeschichte* von Hymnus und Danklied, Neukirchen-Vluyn 1969

W. Dahlheim, Geschichte der römischen Kaiserzeit, München [2]1989

H. Dahlmann, *Nochmals* ‚Ducunt volentem fata, nolentem trahunt', Hermes 105, 1977, 342–351

W.D. Davies/L. Finkelstein (Hgg.), The Cambridge *History of Judaism* II: The Hellenistic Age, Cambridge 1989

J. Day/R.P. Gordon/H.G.M. Williamson (Hgg.), *Wisdom* in ancient Israel. Essays in honour of J.A. Emerton, Cambridge 1995

A. de Saint-Exupéry, *Oeuvres.* Préface de R. Caillons, Paris 1955

B.C. Dietrich, *Death*, Fate and the Gods. The development of a religious idea in Greek popular belief and in Homer, London 1965

A. Dihle, Die *Vorstellung vom Willen* in der Antike, Göttingen 1985 (The Theory of Will in Classical Antiquity, Berkeley u.a. 1982)

A.A. Di Lella, *Fear of the Lord* as Wisdom: Ben Sira 1,11–30, in: P.C. Beentjes, Book of Ben Sira, 115–133

A.A. Di Lella, *Free Will* in the Wisdom of Ben Sira 15:11–20. An Exegetical and Theological Study, in: Auf den Spuren der schriftgelehrten Weisen (FS Johannes Marböck), hg. v. I. Fischer/U. Rapp/J. Schiller, Berlin/New York 2003, 253–264

A.A. Di Lella, siehe P. Skehan/A.A. Di Lella, Wisdom of Ben Sira

J. Dillon, The *Middle Platonists* 80 B.C. to A.D. 220, Rev. ed. with a new afterword, Ithaca, New York 1996

E. Dinkler (Hg.), Zeit und Geschichte. Dankesgabe an Rudolf Bultmann, Tübingen 1964

R. Egger-Wenzel (Hg.), *Ben Sira's God*. Proceedings of the International Conference Durham-Ushaw College 2001, Berlin/New York 2002

R. Egger-Wenzel/I. Krammer (Hgg.), *Der Einzelne* und seine Gemeinschaft bei Ben Sira, Berlin/New York 1998

R. Egger-Wenzel, *„Faith in God"* Rather Than ‚Fear of God" in Ben Sira and Job: A Necessary Adjustment in Terminology and Understanding, in: Corley/Skemp, *Intertextual Studies*, 211–226

M. Erler, *Cicero* und ‚unorthodoxer' Epikureismus, Anregung 38, 1992, 307–322

M. Erler, *Epikur*, in: F. Ricken, Philosophen, 40–60

M. Erler, *Epikur – Die Schule Epikurs – Lukrez*, in: H. Flashar, Philosophie, 29–49

J. Feliks, The *Animal World of the Bible*. The Identification of all animals in the bibel and their descriptions based on the Bible, the Mishna, the Midrash and the Talmud and placed in an Israeli setting, Tel-Aviv 1962

H. Flashar (Hg.), Die hellenistische *Philosophie*. Philosophie der Antike IV/1–2, völlig neu berarb. Aufl., Basel 1994

M. Fleck, *Cicero* als Historiker, Stuttgart 1993

M. Forschner; Die ältere *Stoa*, in: F. Ricken, Philosophen, 24–39

M. Forschner, Die stoische *Ethik*. Über den Zusammenhang von Natur-, Sprach- und Moralphilosophie im altstoischen System, Stuttgart 1981

D. Fowler, *Lucretius on Atomic Motion*. A Commentary on De rerum natura 2.1–332. Ed. P.R. Fowler, Oxford 2002

P. Frick; *Divine Providence* in Philo of Alexandria, Tübingen 1999

P. Friedländer, *Platon* III: Die Platonischen Schriften. Zweite und dritte Periode, Berlin ²1960

M. Fuhrmann, *Cicero* und die römische Republik. Eine Biographie, München/Zürich ²1990

M. Fuhrmann, *Seneca* und Kaiser Nero. Eine Biographie, Berlin 1997

H.-G. Gadamer, Mythos und Vernunft, in: ders., Ästhetik und Politik I: Kunst als Aussage, Tübingen 1993, 163–169.

K. Gaiser, *Platons ungeschriebene Lehre*. Studien zur systematischen und geschichtlichen Begründung der Wissenschaften in der Platonischen Schule, Stuttgart ²1968

F. García-Martinez, *Qumran and Apocalpytic*, Studies on the Aramaic Texts from Qumran, Leiden 1992

G. Gawlick/W. Görler, *Cicero*. Zeugnisse, Überlieferung, Ausgaben, in: H. Flashar, Philosophie, 991–1168

M. Gelzer, *Caesar*. Der Politiker und Staatsmann, Wiesbaden ⁶1960

M. Gelzer, *Cicero*. Ein biographischer Versuch, Wiesbaden 1983

M. Gelzer, *Pompejus*. Lebensbild eines Römers. Durchgesehen u. mit einer Bibliographie v. E. Herrmann-Otto, Wiesbaden/Stuttgart 1984

L.P. Gerson, *God* and Greek Philosophy. Studies in the early history of natural theology (Issues in Ancient Philosophy, ed. M. Schofield), London/New York 1990

W. Görler, Ἀσθενὴς συγκατάθεσις. Zur stoischen *Erkenntnistheorie*, Würzburg 1977, 83–92

W. Görler, *Cicero*, in: F. Ricken, Philosophen, 83–109

W. Görler, *Cicero. Philosophie*, in: H. Flashar, Philosophie, 1084–1168

W. Görler, „*Hauptursachen*" bei Chrysipp und Cicero. Philologische Marginalien zu einem vieldiskutierten Gleichnis (De fato 41–44), RMP 130, 1987, 254–274

W. Görler, *Karneades,* in: H. Flashar, Philosophie, 849–897

W. Görler, Philon von Larisa, in H. Flashar, Philosophie, 915–932

J.B. Gould, The *Philosophy of Crysippus*, Leiden 1971

A. Graeser, *Zenon von Kition*. Positionen und Probleme, Berlin/New York 1975
M. Grant, *Klassiker* der antiken Geschichtsschreibung, München 1973
W.K.C. Guthrie, A History of *Greek Philosophy* I: The Earlier Presocratics and the Pythagoreans, Cambridge 1962
W.K.C. Guthrie, A History of *Greek Philosophy* II: The Presocratic Tradition. Parmenides to Democritus, Cambridge 1965
W.K.C. Guthrie, A History of *Greek Philosophy* V: The Late Plato and the Academy, Cambridge 1978
W.K.C. Guthrie, A History of *Greek Philosophy* VI: Aristotle. An Encounter, Cambridge 1981
C. Habicht, *Cicero* der Politiker, München 1990
P. Hadot, *Mark Aurel*, in: F. Ricken, Philosophen, 199–215
P. Hadot, *Philosophie als Lebensform*. Antike und moderne Exerzitien der Weisheit. Aus dem Französischen v. I. Hadot/C. Marsch, Frankfurt am Main 2002
E. Haenchen, Die *Apostelgeschichte*. Neu übersetzt und erklärt, Göttingen 1956
W.R.F. Hardie, Aristotle's *Ethical Theory*, Oxford $^{2}$1980
W.V. Harris, *Roman expansion* in the west, in: A.E. Astin u.a., Rome, 107–162
F. Hartenstein; *Wolkendunkel und Himmelsfeste*. Zur Genese und Kosmologie der Vorstellung des himmlischen Heiligtums YHWHs, in: B. Janoswki, Das biblische Weltbild, 125–179
N. Hartmann, Der *Aufbau der realen Welt*. Grundriss der allgemeinen Kategorienlehre, Berlin $^{4}$1964
N. Hartmann, *Ethik*, Berlin $^{4}$1962
N. Hartmann, Die *Philosophie des deutschen Idealismus,* Berlin $^{2}$1960
J. Haspecker, *Gottesfurcht bei Jesus Sirach*. Ihre religiöse Struktur und ihre literarische und doktrinäre Bedeutung, Rom 1967
J. Hausmann, Studien zum Menschenbild der älteren Weisheit, Tübingen 1995
G.W.F. Hegel, *Enzyklopädie* der philosophischen Wissenschaften. Hg. v. F. Nicolin/O. Pögeler, Hamburg 1991

M. HEIDEGGER, *Grundbegriffe* der aristotelischen Philosophie. Marburger Vorlesung Sommer-Semester 1924, hg. v. M. Michalski, Frankfurt am Main 2002

M. HEIDEGGER, *Sein und Zeit*, Tübingen $^{15}$1979

F. HEINIMANN, *Nomos und Physis*. Herkunft und Bedeutung einer Antithese im griechischen Denken des 5. Jahrhunderts, Darmstadt 1972 (Basel 1945)

T. HENDERSON, *Divinity and History*. The Religion of Herodotus, Oxford 2000

M. HENGEL, *Judentum und Hellenismus*. Studien zu ihrer Begegnung unter besonderer Berücksichtigung Palästinas bis zur Mitte des 2. Jh. v. Chr., Tübingen $^{3}$1988

M. HENGEL, The *Interpretation of Judaism* and Hellenism in the pre-Maccabean period, in: W.D. Davies, History of Judaism, 167–228

W. HIRSCH, *Platons Weg* zum Mythos, Berlin/New York 1971

O. HÖFFE (Hg.), *Aristoteles*. Die Nikomachische Ethik, Klassiker Auslegen, Berlin 1995

K.-J. HÖLKESKAMP, *Schiedsrichter*, Gesetzgeber und Gesetzgebung im archaischen Griechenland, Stuttgart 1999

F.-L. HOSSFELD, *Schöpfungsfrömmigkeit* in Ps 104 und bei Jesus Sirach, in: I. Fischer/U. Rapp (Hgg.), Auf den Spuren der schriftgelehrten Weisen (FS Johannes Marböck), Berlin/New York 2003, 129–138

F. JACQUES/J. SCHEID, *Rom und das Reich* in der Hohen Kaiserzeit I: Die Struktur des Reiches. Aus dem Franz. übers. v. P. Riedberger, Stuttgart/Leipzig 1998

B. JANOWSKI/B. KRÜGER mit A. KRÜGER (Hgg.), *Das biblische Weltbild* und seine altorientalischen Kontexte, Tübingen 2001

W. JAEGER, *Paideia*. Die Formung des griechischen Menschen III: Das Zeitalter der großen Bildner und Bildungssysteme (Zweiter Teil), Berlin $^{3}$1959

C. JEDAN, *Willensfreiheit bei Aristoteles?*, Göttingen 2000

J. JEREMIAS (Hg.), *Gerechtigkeit* und Leben im hellenistischen Zeitalter, Symposion anläßlich des 75. Geburtstages von O. Kaiser, Berlin/New York 2001

O. KAISER, *Anknüpfung und Widerspruch*. Die Antwort der jüdischen Weisheit auf die Herausforderung durch den Hellenismus, in: J. Mehlhausen (Hg.), Pluralismus und Identität, Gütersloh 1995, 54–69 = ders., Weisheit, 201–216

O. Kaiser, Die alttestamentlichen *Apokryphen*. Eine Einleitung in Grundzügen, Gütersloh 2000

O. Kaiser, Zwischen *Athen* und Jerusalem. Studien zur griechischen und biblischen Theologie, ihrer Eigenart und ihrem Verhältnis, Berlin/New York 2003

O. Kaiser, Die *Bedeutung des Alten Testaments* für Heiden, die manchmal auch Christen sind, ZThK 91, 1994, 1–9 = ders., Weisheit, 282–290

O. Kaiser, Die *Begründung der Sittlichkeit* im Buche Jesus Sirach, ZThK 55, 1958, 51–63 = ders., Der Mensch unter dem Schicksal, 110–121

O. Kaiser, *Convenant and Law* in Ben Sira, in: A.D.H. Mayes/R.B. Salters (Hgg.), Covenant as Context (FS Ernest W. Nicholson), Oxford 2003, 235–260

O. Kaiser, Das *Deuteronomium* und Platons Nomoi. Einladung zu einem Vergleich, in: Liebe und Gebot. Studien zum Deuteronomium (FS Lothar Perlitt), hg. v. R.G. Kratz/H. Spiekermann, Göttingen 2000, 60–79 = ders., Athen, 39–62

O. Kaiser, *Einleitung* in das Alte Testament. Eine Einführung in ihre Ergebnisse und Probleme, Gütersloh [5]1984

O. Kaiser, Die *Furcht* und die Liebe Gottes. Ein Versuch, die Ethik Ben Siras mit der des Apostels Paulus zu vergleichen, in: R. Egger-Wenzel (Hgg.), Ben Sira's God, 2002, 39–75

O. Kaiser, *Gott als Lenker* des menschlichen Schicksals in Platons Nomoi, in: S-L- McKenzie/T. Römer (Hgg,) Rethinking the Foundations. Historiography in the Ancient World and in the Bible (FS John Van Seters), Berlin/New York 2000, 91–113

O. Kaiser, Der *Gott des Alten Testaments*. Theologie des Alten Testaments *1*: Grundlegung, Göttingen 1993

O. Kaiser, Der *Gott des Alten Testaments*. Theologie des Alten Testaments *2*: Jahwe, der Gott Israels, Schöpfer der Welt und des Menschen, Göttingen 1998

O. Kaiser, Der *Gott des Alten Testaments*. Theologie des Alten Testaments *3*: Jahwes Gerechtigkeit, Göttingen 2003

O. Kaiser, *Gott und Mensch als Gesetzgeber* in Platons Nomoi, in: B. Kollmann/W. Reinbold/A. Steudel (Hgg.), Antikes

Judentum und Frühes Christentum (FS Hartmut Stegemann), Berlin/New York 1998, 278–295 = ders., Athen, 63–80

O. KAISER, *Grundriß* der Einleitung in die kanonischen und deuterokanonischen Schriften des Alten Testaments. Band 3: Die prophetischen und weisheitlichen Werke, Gütersloh 1994

O. KAISER, „Our Forfathers Never Triumphed by Arms ...“ The Interpretation of Biblical History in the Addresses of Flavius *Josephus to the Besieged Jerusalemites* in Bell. Jud. V.356–426, Deuterocanonical and Cognate Literature Yearbook 2006, Berlin/New York 2006, 376–264

O. KAISER, Der *Mensch als Geschöpf* Gottes. Aspekte der Anthropologie Ben Siras, in: R. Egger-Wenzel/I. Krammer (Hgg.), Der Einzelne, 1–19 = ders., Athen, 225–243

O. KAISER, Der *Mensch unter dem Schicksal*. Studien zur Geschichte, Theologie und Gegenwartsbedeutung der Weisheit, Berlin/New York 1985

O. KAISER, Der *Mythos als Grenzaussage*, in: J. Jeremias, Gerechtigkeit, 87–116

O. KAISER, Die *Rezeption der stoischen Providenz* bei Ben Sira, Ferdinand Deist Memorial, University of Stellenbosch. Department of Ancient Near Eastern Studies, 1998, 41–51 = ders., Athen, 293–303

O. KAISER, Das *Verständnis des Todes* bei Jesus Sirach, NZSTh 43, 2001, 175–192 = ders., Athen, 275–292

O. KAISER, Gottes und der Menschen *Weisheit*. Gesammelte Aufsätze, Berlin/New York 1998

O. KAISER, *Weisheit für das Leben*. Das Buch Jesus Sirach übersetzt und eingeleitet, Stuttgart 2005

O. KAISER, Göttliche *Weisheit und menschliche Freiheit* bei Ben Sira, in: Auf den Spuren der schriftgelehrten Weisen (FS Johannes Marböck), hg. v. I. Fischer/U. Rapp/J. Schiller, Berlin/New York 2003, 291–305

I. KANT, *Kritik der praktischen Vernunft*, hg. v. K. Vorländer, Leipzig = Hamburg 1963

I. KANT, Werke in sechs Bänden, hg. v. W. Weischedel, Darmstadt $^{4}$1956

A. KARGAST, The True *Tragedy*. A Study of Plato's Laws, London 1998

A. Kasher, The *Jews* in Hellenistic and Roman Egypt. The Struggle for Equal Rights, Tübingen 1985
H. Kees, Das alte *Ägypten*. Eine kleine Landeskunde. Mit einem Namen-, Orts- und Sachregister von A. Burkhardt, Wien/Köln/Graz ³1977
M. Kepper, *Hellenistische Bildung* im Buch der Weisheit Salomos, Berlin/New York 1999
K Kerenyi, Die griechisch-orientalische *Romanliteratur* in religionsgeschichtlicher Beleuchtung. Ein Versuch mit Nachbetrachtungen, Darmstadt ³1973
I. G. Kidd, *Poseidonios*, in: F. Ricken, Philosophen, 61–82
D. Kienast, *Augustus*. Princeps und Monarch, Darmstadt ³1999
C. Klein, *Kohelet* und die Weisheit Israels. Eine formgeschichtliche Studie, Stuttgart 1994
K. Koch, *Geschichte der ägyptischen Religion* von den Pyramiden bis zu den Mysterien der Isis, Stuttgart/Berlin/Köln 1993
K. Koch, *Imago Dei* – Die Würde des Menschen in biblischer Sicht, Göttingen 2000
H. Koester, History, Culture, and Religion of the Hellenistic Age, Berlin/New York ²1995
D. Konstan, *Friendship* in the Classical World (Key Themes in Ancient History), Cambridge 1997
G. Krüger; Einsicht und Leidenschaft. Das Wesen des Platonischen Denkens, Frankfurt am Main ³1963
T. Krüger, „*Kosmo-theologie*" zwischen Mythos und Erfahrung. Psalm 104 im Horizont alttestamentlicher und orientalischer „Schöpfungs"-Konzepte, BN 68, 1993, 49–74
H.-W. Kuhn, *Enderwartung* und gegenwärtiges Heil. Untersuchungen zu den Gemeindeliedern von Qumran, Göttingen 1966
W. Kullmann, Theoretische und politische *Lebensform* (X 6–9), in: O. Höffe, Aristoteles, 253–276
A. Lange, *Weisheit und Prädestination*. Weisheitliche Urordnung und Prädestination in den Textfunden von Qumran, Leiden/New York/Köln 1995
M. Lapidge, Stoic *Cosmology*, in: J.M. Rist, Stoics, 161–185
G. W. Leibniz, Die *Theodizee*. Übers. v. A. Buchenau; einführender Essay v. M. Stockhammer, Hamburg ²1968

A. LESKY, Die tragische *Dichtung der Griechen*, Göttingen ³1972
C. LEVIN, Der *Jahwist*, Göttingen 1993
H. LLOYD-JONES. The *Justice of Zeus*, Berkeley / Los Angeles / London 1971
K. LØGSTRUP, *Norm und Spontaneität*. Übers. R. Løgstrup, Tübingen 1989
A.A. LONG, *Cicero's Plato* and Aristotle, in: J.G.F. Powell, Cicero, 37–61
A.A. LONG, *Epictetus*. A Stoic and Socratic Guide to Life, Oxford 2002
A.A. LONG, *Hellenistic Philosophy*. Stoics. Epicureans. Sceptics, London 1974
G. MAIER, *Mensch und freier Wille*. Nach den jüdischen Religionsparteien zwischen Ben Sira und Paulus, Tübingen 1971
J. MARBÖCK, *Apokalyptische Traditionen* im Sirachbuch? in: M. Witte, Gott und Mensch, 305–319 = ders., Weisheit und Frömmigkeit, 137–153
J. MARBÖCK; *Gerechtigkeit und Leben* nach dem Sirachbuch. Ein Antwortversuch in seinem Kontext, in: J. Jeremias, Gerechtigkeit, 305–319 = ders., Weisheit und Frömmigkeit, 173–183
J. MARBÖCK, *Gesetz und Weisheit*. Zum Verständnis des Gesetzes bei Jesus Ben Sira, in: ders.; Gottes Weisheit unter uns, 52–72
J. MARBÖCK, *Gottes Weisheit unter uns*. Zur Theologie des Buches Sirach, hg. v. I. Fischer, Freiburg u. a. 1995
J. MARBÖCK, *Gottes Weisheit unter uns*. Sir 24 als Beitrag zur biblischen Theologie, in: ders., Gottes Weisheit, 75–87
J. MARBÖCK, Der *Hohepriester Simon* in Sir 50 – Ein Beitrag zur Bedeutung von Priestertum und Kult im Sirachbuch, in: N. Calduch-Benages, Treasures, 215–229 = ders., Weisheit und Frömmigkeit, 155–168
J. MARBÖCK, *Kohelet und Sirach*. Eine vielschichtige Beziehung, in: L. Schwienhorst-Schönberger, Kohelet, 275–302 = ders., Weisheit und Frömmigkeit, 79–103
J. MARBÖCK, *Sirach / Sirachbuch*, TRE 31 2000,79–96 = ders., Weisheit und Frömmigkeit, 15–29
J. MARBÖCK, Sir 15,9f – Ansätze zu einer *Theologie des Gotteslobes* bei Jesus Sirach, in: ders., Gottes Weisheit unter uns, 167–175

J. MARBÖCK; Ein *Weiser an der Wende*. Jesus Sirach – Buch, Person und Botschaft, in: ders., Weisheit und Frömmigkeit, 65–78

J. MARBÖCK, *Weisheit im Wandel*, Berlin/New York 1999 (Bonn 1971)

J. MARBÖCK, *Weisheit und Frömmigkeit*. Studien zur alttestamentlichen Literatur der Spätzeit, Frankfurt am Main 2006

J. MARCUS, The Newly Discovered Original Hebrew of *Ben Sira* (Ecclesiasticus xxxii,16–xxxiv, 1), A Fifth Manuscript of Ben Sira, Philadelphia 1931

G. MAURACH, *Seneca*, in: F. Ricken, Philosophen, 146–168

G. MAURACH, *Seneca. Leben* und Werk, Darmstadt [3]2000

E.H. MERILL, *Qumran and Predestination*. A Theological Study of the Thanksgiving Hymns, Leiden 1975

J. MOREAU, *L'ame du monde* de Platon aux Stoïciens, Hildesheim/New York 1971 (Paris 1939)

J. MORRIS, The Jewish Philosopher *Philo*, in: E. Schürer, The History of the Jewisch People in the Age of Jesus Christ (175 B.C.–A.D. 135), hg. v. G. Vermes u.a., Edinburgh 1987, 809–889

G.R. MORROW, *Plato's Cretan City*. A Historical Interpretation of the Laws. With a new foreword by Charles H. Kahn, Princeton 1993

A. MÜLLER, *Proverbien* 1–9. Der Weisheit neue Kleider, Berlin/New York 2000

O. MULDER, *Simon the High Priest* in Sirach 50. An Exegetical Study of the Signifinace of Simon the High Priest as Climax to the Praise of the Fathers in Ben Sira's Concept of the History of Israel, Leiden 2003

R.E. MURPHEY, The *personification of Wisdom*, in: J. Day, Wisdom, 222–233

M. NEHER, *Wesen und Wirken* der Weisheit in der Sapientia Salomonis, Berlin/New York 2004

F. NIETZSCHE, Also sprach *Zarathustra*. Ein Buch für alle und keinen. Hg. v. G. Colli/M. Montinari, Berlin 1968

F. NIETZSCHE, Also sprach *Zarathustra*. Hg. v. A. Bäumler, Stuttgart 1978

M.P. NILSSON, *Geschichte der griechischen Religion* I: Die Religion Griechenlands bis auf die griechische Weltherrschaft, München [2]1955

A. NISSEN, *Gott und der Nächste* im antiken Judentum. Untersuchungen zum Doppelgebot der Liebe, Tübingen 1974

A. OBSTOJ, *Seneca und Epikur,* Untersuchungen zu Senecas Verhältnis zur epikuräischen Philosophie. Diss. phil., Hannover 1989

S. OLIGAN, *Ben Sira's Relationship to the Priesthood,* HThR 80, 1987, 261–286

W. OSWALD, Israel am *Gottesberg.* Eine Untersuchung zur Literargeschichte der vorderen Sinaiperikope 19–23 und deren historischem Hintergrund, Freiburg, Schweiz/Göttingen 1998

E. OTTO, Die *Tora des Mose.* Die Geschichte der literarischen Vermittlung von Recht, Religion und Politik durch die Mosegestalt, Göttingen 2001

A. PATZER, *Antisthenes* der Sokratiker. Das literarische Werk und die Philosophie, dargestellt am Katalog der Schriften, Diss. phil., Marburg 1970

M. PHILONENKO, Sur une *interpolation* essénisante dans le Siracide (16,15–16), Or Suec 33, 1986, 317–321

H. PLESSNER, Die *Stufen des Organischen* und der Mensch, Berlin/New York [3]1975

M. POHLENZ, *Die Stoa.* Geschichte einer geistigen Bewegung, 2 Bde., Göttingen [7]1992 (=[4]1972)

M. POHLENZ, *Stoa und Stoiker.* Die Gründer. Panaitios. Poseidonios. Eingel. und übertrg., Zürich/Stuttgart 1964

O. POLUNIN/A. HUXLEY, *Flowers* of the Mediterranean, London 1965

J.G.F. POWELL (Hg.), *Cicero* the Philosopher. Twelve Papers ed. and introduced, Oxford 1999

J.G.F POWELL, Introduction: *Cicero's Philosophical Works* and their Background, in: ders., Cicero, 1–35

G.L. PRATO, Il *problema della teodicea* in Ben Sira. Composizione dei contrarie riciamo alle origini, Rome 1975

A. PRICE, *Friendship* (VIII and IX), in: O. Höffe, Aristoteles, 229–252

A. PRICE, *Love and Friendship* in Plato and Aristotle, Oxford 1989

C. Rapp, *Freiwilligkeit*, Entscheidung und Verantwortlichkeit (III.1–7), in: O. Höffe, Aristoteles, 109–133

E. Rawson, *Roman Tradition* and the Greek World, in: A.E. Astin u.a., Rome, 422–476

M.E. Reesor, *Fate and Possibility* in Early Stoic Philosophy, Phoe. 19, 1965, 285–297

M.E. Reesor, *Necessity and Fate* in Stoic Philosophy, in: J.M. Rist, Stoics, 187–202

F. Ricken (Hg.), *Philosophen* der Antike II, Stuttgart/Berlin/Köln 1994

O. Rickenbacher, *Weisheitsperikopen* bei Ben Sira, Freiburg, Schweiz/Göttingen 1973

J.M. Rist, *Stoic Philosophy*, Cambridge 1977

J.M. Rist (Hg.), The *Stoics*, Berkeley/Los Angeles/London 1978

J. Roloff, Die *Apostelgeschichte*, Göttingen 1981

K.F.D. Römheld, Die *Weisheitslehre* im Alten Orient. Elemente einer Formgeschichte, München 1989

M.V. Ronnich, *Cicero's „Paradoxa Stoicorum"*. A Commentary, an Interpretation and a Study of its Influence, Frankfurt am Main/Bern/New York/Paris 1991

H.P. Rüger, *Text* und Textform im hebräischen Sirach, Berlin 1970

D.T. Runia, *Philo* von Alexandrien, in: F. Ricken, Philosophen, 128–145

V. Ryssel, Die *Sprüche* Jesus', des Sohnes Sirachs, in: E. Kautzsch (Hg.), Die Apokryphen und Pseudepigraphen des Alten Testaments I: Die Apokrpyhen des Alten Testaments, Tübingen 1900 = Darmstadt 1962, 230–475

S. Sambursky, The Physical *World of the Greeks*. Transl. M. Dagut, London 1963

H. Sandberg, *Aristotle* and the Stoics, Cambridge 1985

G. Sauer, *Jesus Sirach* (Ben Sira), Jüdische Schriften aus hellenistisch-römischer Zeit III/5, Gütersloh 1981

G. Sauer, Jesus Sirach/*Ben Sira*, ATD. Apok. 1, Göttingen 2000

J. Scheid, siehe F. Jacques/ders.

S. Schmal, *Tacitus*, Hildesheim = Darmstadt 2005

E.J. SCHNABEL, *Law and Wisdom* from Ben Sira to Paul. A Tradition Historical Enquiery into the Relation of Law, Wisdom, and Ethics, Tübingen 1985

M. SCHOFIELD, *Cicero's Definition* of Res Publica, in: J.G.F. Powell, Cicero, 63–81

M. SCHOFIELD / M. BURNYEAT / J. BARNES (Hgg.), *Doubt* and Dogmatism. Studies in Hellenistic Epistemology, Oxford 1980

J. SCHREINER, *Jesus Sirach* 1–24, Würzburg 2003

L. SCHWIENHORST-SCHÖNBERGER, Nicht im Menschen gründet das *Glück* (Koh 2,24). Kohelet im Spannungsfeld jüdischer Weisheit und hellenistischer Philosophie, Freiburg u. a. 1994

L. SCHWIENHORST-SCHÖNBERGER (Hg.), Das Buch *Kohelet*. Studien zur Struktur, Geschichte, Rezeption und Theologie, Berlin/New York 1997

H.H. SCULLARD, From the Gracchi to Nero. A history of Rome from 133 B.C. to A.D. 68, London/New York [5]1982

O. SEEL, *Cicero*. Wort. Staat. Welt, Stuttgart [3]1967

K. SEYBOLD, Die *Psalmen*, Tübingen 1996

R.W. SHARPIES, *Causes and* Necessary *Conditions* in the Topica and De Fato, in: J.G.F. Powell, Cicero, 247–271

P. SKEHAN / A.A. DI LELLA, The *Wisdom of Ben Sira*, New York 1987

E.M. SMALLWOOD, The *Jews* under Roman Rule. From Pompey to Diocletian, Leiden [2]1981

R. SMEND (sen.), Die *Weisheit des Jesus Sirach* erklärt, Berlin 1906

J.G. SNAITH, *Ecclesiasticus* or the Wisdom of Jesus Son of Sirach, Cambridge 1974

R. SORABIJ, *Causation*, Law, Necessity, in: M. Schofield u.a., Doubt, 250–282

C. STEAD, *Divine Substance*, Oxford 1977

H. STEGEMANN, Die *Essener*, Qumran, Johannes der Täufer und Jesus. Ein Sachbuch, Freiburg/Basel/Wien [5]1996

P. STEINMETZ, Die *Stoa*, in: H. Flashar, Philosophie, 491–716

M.C. STOKES, *Cicero* on Epicurean Pleasures, in: J.G.F. Powell, Cicero, 145–170

M.E. STONE (Hg.), *Jewish Writings* of the Second Temple Period. Apocrypha, Pseudepigrapha, Qumran Sectarian Writings, Philo, Josephus, Assen/Philadelphia 1984

M. van STRAATEN, *Menschliche Freiheit* in der stoischen Philosophie, Gym. 84, 1977, 501–518

H. STRASSBURGER, *Ciceros philosophisches Spätwerk* als Aufruf gegen die Herrschaft Caesars, Hildesheim 1990

V. TCHERICOVER, *Hellenistic Civilization* and the Jews, übers. v. S. Appelbaum, NewYork [5]1979

C. TERMINI, The *Historical Part* of the Pentateuch According to Philo of Alexandria: Biography, Genealogy, and the Philosophical Meaning of the Patriarchal Lines, in: N. Calduch-Benages/ J. Liesen (Hgg.), History and Identity, Berlin/New York 2006, 265–296

C. TERMINI, Le *Potenze di Dio*. Studio su δύναμις in Filone di Alessandria, Rom 2000

W. THEILER, Zur *Geschichte der* teleologischen *Naturbetrachtung* bis auf Aristoteles, Berlin [2]1965

J.C. THOM, *Cleanthes' Hymn* to Zeus, Tübingen 2006

W. WEISCHEDEL, Der *Gott der Philosophen I–II*, Darmstadt 1972

M.L. WEST, *The Orphic Poems*, Oxford 1988

U. WICKE-REUTER, Göttliche *Providenz und* menschliche *Verantwortung* bei Ben Sira und in der Frühen Stoa, Berlin/New York 2000

G. WIDENGREN, Die *Religionen* Irans, Stuttgart 1965

F. WIEACKER, *Römische Rechtsgeschichte* I: Einleitung. Quellenkunde. Frühzeit und Republik, München 1988

W. WIELAND, Die *aristotelische Physik*. Untersuchungen über die Grundlegung der Naturwissenschaft und die sprachlichen Bedingungen der Prinzipienforschung, Göttingen [3]1992

T. WILDER, Die Iden des März. Roman. Übers. v. H.E. Herlitschka, Frankfurt am Main 1957 (The Ides of March, New York [1]1948)

A. WINTERLING, *Caligula*. Eine Biographie, München 2003

O. WISCHMEYER, Die *Kultur des Buches Jesus Sirach*, Berlin/New York 1995

T.P. WISEMAN, The Senate and the populares, 69–60 B.C., in: J.A. Crook/A. Lintott/E. Rawson (Hgg.), The Last Age of the Roman Republic, 146–43 B.C., Cambridge 1994, 327–367

M. WITTE (Hg.), *Gott und Mensch* im Dialog. FS O. Kaiser II, Berlin/New York 2004

E. Wolf, *Griechisches Rechtsdenken I:* Vorsokratiker und frühe Dichter, Frankfurt am Main 1950

E. Wolf, *Griechisches Rechtsdenken II:* Rechtsphilosophie und Rechtsdichtung im Zeitalter der Sophistik, Frankfurt am Main 1952

E. Wolf, *Griechisches Rechtsdenken IV/1*: Platon. Frühdialoge und Politeia, Frankfurt am Main 1968

U. Wolf, Über den *Sinn der* Aristotelischen *Mesoteslehre* (II), in: O. Höffe, Aristoteles, 83–108

B. G. Wright III, „*Fear the Lord* and Honour the Priest." Ben Sira as Defender of Jerusalem Priesthood, in: P.C. Beentjes, Book of Ben Sira, 189–222

M.P. Zehnder, *Wegmetaphorik* im Alten 1. Eine semantische Untersuchung der alttestamentlichen und altorientalischen Weg-Lexeme mit besonderer Berücksichtigung ihrer metaphorischen Verwendung, Berlin/New York 1999

E. Zeller, Die *Philosophie der Griechen* in ihrer geschichtlichen Entwicklung III/1: Die nacharistotelische Philosophie, Hildesheim [6]1963

E. Zenger, „Durch den Mund eines Weisen werde das Loblied gesprochen" (Sir 15,10). *Weisheitstheologie* im Finale des Psalters Ps 146–150, in: I. Fischer/U. Rapp (Hgg.) Auf den Spuren der schriftgelehrten Weisen (FS Johannes Marböck), Berlin/New York 2003, 139–156

# Stellenregister

## Griechische und römische Autoren

# Sachregister